LE

R. P. BOYER

SUPÉRIEUR DES OBLATS

DU SACRÉ-COEUR DE JÉSUS ET DU COEUR IMMACULÉ

DE MARIE

MISSIONNAIRES DE SAINT-EDME

ÉTABLIS A PONTIGNY

PAR

LE R. P. MASSÉ

———————

SE TROUVE

A SENS | A PONTIGNY
CHEZ | CHEZ
DUCHEMIN IMPRIMEUR | LES PÈRES DE SAINT-EDME

1896

LE R. P. BOYER

R. P. BOYER

LE
R. P. BOYER

SUPÉRIEUR DES OBLATS

DU SACRÉ-COEUR DE JÉSUS ET DU COEUR IMMACULÉ

DE MARIE

MISSIONNAIRES DE SAINT-EDME

ÉTABLIS A PONTIGNY

PAR

LE R. P. MASSÉ

SE TROUVE

A SENS

CHEZ

DUCHEMIN, IMPRIMEUR

A PONTIGNY

CHEZ

LES PÈRES DE SAINT-EDME

1896

APPROBATION

DE SA GRANDEUR

MONSEIGNEUR ARDIN

ARCHEVÊQUE DE SENS

D'après le rapport qui Nous a été fait par M. l'abbé Blondel, chanoine de Notre Eglise primatiale et métropolitaine, Nous approuvons et bénissons, avec bonheur, le livre intitulé : *Vie du R. P. Boyer,* par le Père MASSÉ, de Pontigny. C'est la vie d'un pieux religieux, écrite par l'aîné de sa famille religieuse, son confident pendant quarante-cinq ans.

Notre diocèse a connu et aimé cet apôtre, si plein de zèle, qui lui a donné l'exemple d'une vie sans tache, et a dirigé, avec une admirable sagesse, deux Communautés.

En retraçant les principales étapes de la vie de son vénéré Supérieur, le P. Massé conduit ses lecteurs dans les divers lieux que le bon missionnaire a habités, ou qui ont été le théâtre de ses travaux apostoliques.

A l'intérêt constant du récit, au charme d'un style élégant, s'ajoute le parfum d'édification qui s'exhale de chacune des pages d'un ouvrage où l'auteur a mis tout son esprit et tout son cœur.

Nous souhaitons vivement que cette pieuse biographie trouve sa place dans les bibliothèques des Séminaires, des Presbytères et des Communautés, où elle produira un très grand bien.

Sens, le 25 février 1896, en la fête de l'apôtre saint Mathias.

✝ ÉTIENNE, *Arch. de Sens.*

PRÉFACE

Il y a quatre ans, lorsque le R. P. Boyer rendit à Dieu sa belle âme, en des jours difficiles et douloureux, je me donnai la mission, après avoir prononcé son éloge funèbre, d'écrire sa vie. Il m'a semblé que notre intimité d'un demi-siècle, la gloire de Dieu, l'honneur de l'Eglise et de notre humble famille religieuse m'en faisaient un devoir. C'était le dernier témoignage d'amour et de vénération que je pusse donner à notre Père, le dernier service que je pusse rendre aux âmes et à notre chère Communauté. Une seule pensée aurait pu m'arrêter : mon insuffisance vivement sentie ; mais je sentais aussi que si je n'accomplissais cette bonne œuvre, nul autre ne l'entreprendrait : je la regardais donc comme une tâche sacrée.

Cette tâche me fut bienfaisante et douce. C'était revivre les meilleurs et les plus beaux jours de ma vie d'apôtre. Je baignerais ma

vieillesse dans ces souvenirs et ces lumières
qui, en me charmant, épureraient et dilateraient
mon cœur.

Parmi les œuvres de l'esprit humain, il n'en
est point qui cause à l'âme autant de joies pures
et profondes que la vie d'un homme de Dieu.
Là, tout est beau, élevé, et il n'y a pas jusqu'aux moindres actions des saints qui n'aient
un charme divin. Il est vrai que les calmes
loisirs nécessaires à un travail d'esprit me
manquaient; mais, dans les courts intervalles
que me laissaient mes continuels travaux
d'apostolat, je n'avais pas de meilleur repos
d'intelligence et de cœur que l'habituelle et
délicieuse société de celui qui manquera toujours aux dernières années de ma vie. Ce
travail me fut, d'ailleurs, plus que le doux
mémorial d'un irrévocable passé; il me parut
le prolongement et le couronnement de ma
carrière apostolique, par l'édification qu'il
portera, je l'espère, à toutes les âmes qui le
liront; notre Père ne cesserait de continuer
après sa mort le bien qu'il a fait pendant sa
vie.

Il me sembla, en outre, que ce récit, si imparfait qu'il soit, je le devais à Dieu, à l'Eglise,
à la famille naturelle et à la famille religieuse
du R. P. Boyer. La sainteté est un présent que

le Ciel fait à la terre et que la terre doit renvoyer au Ciel. Dieu forme les saints pour sa gloire : garder cette lumière sous le *boisseau,* c'est aller contre les desseins de la Providence.

Les saints canonisés par l'Eglise, sont les phares lumineux placés sur les sommets pour éclairer au loin les vallées du monde ; mais, au-dessous d'eux, il y a des saints plus humbles qui ne sont pas inscrits aux fastes de l'Eglise, et dont les sentiers ont, eux aussi, été lumineux : il importe de ne pas laisser le temps couvrir cette lumière de son ombre.

Je devais aussi ce récit à l'honneur de l'Eglise, ma Mère, qui garde dans ses annales les noms des grands serviteurs de Dieu, les seuls grands hommes de l'humanité, et qui se pare de leur gloire comme d'une auréole, comme d'une preuve vivante de sa divinité. Si l'un de ses ministres, dans ses luttes contre le monde et les passions, subit une défaite et déshonore sa sainte Mère par une tache, toutes les voix de la publicité embouchent la trompette et répercutent au loin, en le grossissant, un scandale isolé. Que cent prêtres se dépensent corps et âme, et dépensent leurs biens pour sanctifier leur troupeau, soulager les détresses, préserver l'enfance, venir en aide jusqu'à l'héroïsme à tous les déshérités de ce monde, une conspiration de silence se fait sur leur vie et sur leur mort : ils meurent inconnus, et dorment, dans leur cimetière de campagne, oubliés sous leur couche de gazon ! *Le juste meurt, et qui se souvient de lui ?* C'est une belle œuvre que de glorifier les grands amis de Dieu, quels que soient leur rang et leur condition.

Il m'a paru que je devais spécialement cet hommage à la sainte Eglise de Sens et d'Auxerre, qui fut celle du R. P. Boyer, comme elle est la mienne. Elle compte par centaines, dans son glorieux passé, les pontifes, les prêtres et les fidèles qui ont été canonisés. Hélas ! nos populations, autrefois si chrétiennes, sont bien déchues de l'antique fidélité de leurs pères. Ravagées par le jansénisme et les révolutions, longtemps privées de pasteur, elles sont tombées dans une indifférence religieuse qui inspire la compassion. Mais si l'Eglise enseignée a beaucoup souffert dans sa foi et sa vitalité religieuse, notre Eglise enseignante n'a rien perdu de son zèle et s'est toujours montrée à la hauteur de ses grands ancêtres. Sur le siège métropolitain de l'antique Eglise de Sens, nous avons vu se succéder une série de pontifes qui n'ont rien épargné pour restaurer les ruines faites par la Révolution. Dans nos villes et dans nos villages, nous avons vu vivre et mourir des prêtres

admirables, qui rappelaient, par leur science
et leur dévouement, le grand clergé d'autrefois.
Nous avons vu les anciennes Communautés,
encore toutes meurtries, renaître de leurs cendres, tandis que de nouvelles familles religieuses naissaient à leurs côtés. Nous avons
admiré, dans ce pays si stérile et si déshérité
de la foi, un regain puissant de son antique
fécondité : quatre Communautés, deux d'hommes et deux de femmes, ont jailli de son sol.
Un de ses fils, le R. P. Muard, a déjà reçu
l'honneur d'une information canonique, qui
prépare l'introduction de sa cause en cour de
Rome. C'est au sein de cette Eglise, qu'à côté
du P. Muard naissait le P. Boyer, qu'il a reçu
la formation et l'onction sacerdotales, qu'il a
exercé un continuel et merveilleux apostolat.
Parmi ses contemporains, beaucoup sont tom-
bés sur le champ qu'ils ont cultivé avec lui ;
néanmoins, tout le clergé actuel du diocèse de
Sens l'a vu à l'œuvre, l'a connu et admiré.

Je vous salue, sainte Eglise de Sens et
d'Auxerre, je vous salue, ô ma Mère, si digne
de ma vénération filiale, dans le passé comme
dans le présent ! Je vous salue, légions saintes,
pontifes, prêtres, chrétiens fidèles ! J'acquitte
une dette de cœur en vous offrant aujourd'hui
la vie d'un de vos Frères dans le sacerdoce

qui vous ont le plus honorés et le mieux servis.

Cette vie, — je la devais à la famille si honorable et si chrétienne du R. P. Boyer : il restera sa plus pure gloire et sa meilleure protection.

Je la devais surtout à sa famille *religieuse*, qui est la mienne. De même que dans la société des corps il y a le foyer, ainsi, dans l'Église, société des âmes, il y a la famille « religieuse, » qui relie plus étroitement entre elles et à Dieu les âmes vouées à la perfection. Dans la famille naturelle, on garde le culte des ancêtres ; les fils recueillent avec un soin jaloux les souvenirs d'honneur et de vertu laissés par leurs pères et les transmettent à leur postérité. Arrivé à un âge où les années se comptent, où il est doux de vivre de souvenirs et de les conserver aux siens, je veux, avant de partir, laisser à mes Pères et à mes Frères, et à ceux qui viendront après nous, le recueil trop imparfait des œuvres et des vertus de celui qu'ils n'oublieront jamais. Ils y liront les origines de leur fondation, dont je suis le dernier survivant. Nous sommes des humbles et des petits, mais les plus petits n'ont-ils pas le droit de se glorifier dans leurs pères, et de vouer à leur humble famille un amour de prédilection ?

O mes Pères et mes Frères ! Admirons les grands Ordres, anciens et nouveaux, qui

s'étendent au loin et répandent .par le monde
avec un talent admirable les lumières et les
œuvres de la foi ; que sommes-nous, chétifs, à
côté de leurs grands hommes et de leurs saints ?
Admirons-les, mais aimons de préférence notre
pauvre petite Communauté, et avec une prédilection voulue de Dieu. « Si vous mettez, dit un
saint docteur, un enfant en présence de deux
femmes, — l'une, sa mère, mais pauvre et couverte de haillons ; l'autre, opulente et grande
dame couverte de diamants, qui l'attire par ses
caresses, — et si vous lui dites : « Avec laquelle
« des deux aimez-vous mieux aller ? » — Il se
jette dans les bras de sa mère pauvre, cache sa
tête dans ses haillons, et il s'écrie : « Je veux
« aller avec ma mère ! » — Nous aussi, écrions-
nous toujours : « Je veux aller avec ma Mère !
Ceux qui la quittent sont des ingrats et des
transfuges. »

L'incomparable bonheur de notre humble
Communauté est d'avoir eu pour pierres angulaires deux saints qui assurent sa stabilité :
nous avons le R. P. Muard et le R. P. Boyer. Je
ne puis séparer leurs noms ni dans ma mémoire
ni dans mon cœur. J'ai eu le douloureux honneur
de prononcer l'éloge funèbre de l'un et de l'autre.
L'admirable vie du premier a été déjà deux fois
écrite avec autant de cœur que de talent.

Eh bien ! moi aussi, j'écrirai la vie de mon Père, et je laisserai son nom à côté de celui du P. Muard, dans les annales de notre Congrégation et dans les fastes de l'Eglise de Sens, et je dirai avec l'Esprit-Saint : « Mes Frères, souvenez-vous de ceux qui ont été placés à votre tête, qui vous ont annoncé la parole de Dieu ; considérons leur vie et leur mort, et imitons leur fidélité ! » *Fratres, mementote præpositorum vestrorum, qui vobis locuti sunt verbum Dei, quorum intuentes exitum conversationis, imitamini fidem !...*

Abbaye de Pontigny, 15 août 1895,
en la fête de l'Assomption de la Sainte Vierge.

Nous déclarons qu'en donnant au R. P. Boyer, ou à d'autres personnages nommés dans cet ouvrage, les titres de saint, de vénérable, ou quelques qualifications analogues, nous ne prétendons en rien prévenir le jugement du Saint-Siège; et nous condamnons d'avance tout ce qui, dans ce livre, serait contraire à l'enseignement de la sainte Eglise.

LE R. P. PIERRE BOYER

CHAPITRE I

(1813-1825)

PAYS NATAL — FAMILLE — ENFANCE

« Je remercie Dieu de toutes les grâces que j'ai reçues de sa bonté, et particulièrement de la grâce d'être né de parents chrétiens, animés d'une foi vive et d'une piété sincère. »

Tels furent, et le premier bonheur du R. P. Boyer, et le dernier cri de sa reconnaissance.

Arrivé au terme extrême d'une vie admirable et sainte, pleine de bonnes œuvres et de mérites, à l'âge où l'âme a besoin de se souvenir et aime à se retourner vers les années lointaines que colorent déjà les reflets du couchant, il voulut remonter jusqu'à son enfance, pour y chercher les joies, les larmes et les bénédictions d'autrefois. En regardant vers son berceau, il y revit les visages aimés de ses parents, et dans le testament où il déposa les suprêmes effusions de son cœur reconnaissant, il signala la naissance de

1

pareils parents, comme la première et une des principales faveurs de sa vie.

Nous nous conformons donc à ses sentiments en donnant d'abord un souvenir à son pays natal qu'il a toujours aimé, avec sa rivière, ses prairies et ses arbres, témoins de ses premiers jeux, ensuite à ce foyer patriarcal où il est né, où il a grandi sous les ailes bénies de ses pieux parents.

Noyers, son lieu natal, est une antique petite ville de la Bourgogne, obscure aujourd'hui, mais dont le passé ne manque ni de gloire ni d'illustrations. Gracieusement assise sur les dernières pentes d'une colline qui l'abrite contre le nord, et que couronnait naguère encore son château seigneurial, elle baigne ses pieds dans les eaux limpides du Serein. Cette petite rivière, qui descend d'une source du Morvan, voisine de Saulieu, vient, en serpentant à travers les prairies voisines, enserrer la ville de ses plis. Son cours sinueux est accusé au loin par les saules et les hauts peupliers qui lui forment à la fois une couronne et une verdoyante ceinture.

L'humble bourgade, maintenant sans importance, garde pourtant des vestiges de son ancienne valeur, son caractère de place fortifiée contre les invasions si fréquentes au moyen âge. Avec son enceinte de murailles délabrées, ses vingt-deux tours antiques, en pierre de grand appareil, ses rues tortueuses et ses vieux toits de lave, elle apparaît comme une vision du passé, comme une cité du moyen âge, attardée dans nos temps modernes, et elle semble justifier la légende

qui lui donne comme fondateur un grand chef séqua-
nais, contemporain de Jules César.

Sans remonter aussi loin dans le passé, Noyers
peut montrer, pendant plus de six siècles, sa dynastie
de seigneurs illustres, dont les noms sont mêlés aux
grands événements de l'histoire de France.

Dès le XIIᵉ siècle, elle donnait un archevêque,
Guy de Noyers, à la ville de Sens, et un évêque,
Hugues de Noyers, à la sainte Eglise d'Auxerre.
Enfin, elle continua de fournir à la France une série
ininterrompue de grands hommes, guerriers, littéra-
teurs, savants.

Lorsqu'on approche de la ville, par-dessus les toits
pressés de ses modestes maisons, on aperçoit deux
édifices imposants, l'un et l'autre bâtis par l'Eglise.
Le premier, plus magnifique, se dénonce au loin par
sa tour, qui va jusque dans le ciel, porter le témoignage de la foi, de l'espérance et de l'amour divin :
c'est le sanctuaire de Dieu. Le second, beaucoup moins
grandiose, est le collège, la maison de la science. Ainsi
la religion et la science se donnaient la main à travers
les âges, par-dessus les demeures des hommes qui
ont besoin de croire et de savoir. Chaque génération a
passé par ces deux demeures ; dans l'église, pour y
être initiée et formée à la vie chrétienne ; dans
l'école, pour y être initiée à la vie intellectuelle et
aux éléments des sciences humaines.

C'est dans cette belle église de Noyers que le
R. P. Boyer a été baptisé, a reçu les enseignements
de la foi, a fait sa première communion. a chanté sa

première messe, a célébré, après cinquante ans de
prêtrise, son jubilé sacerdotal.

C'est dans ce collège trois fois séculaire, alors habité
par son père en qualité d'instituteur communal, que
Pierre Boyer vint au monde, le 7 février 1813. Six
jours après sa naissance, l'enfant fut porté à l'église,
accompagné de son père qui voulut assister à la régéné-
ration de ce fils bien-aimé. Il reçut au baptême le nom
prédestiné de Pierre, qu'il honora toujours par une
sainte vie et par un zèle digne du premier Vicaire de
Jésus-Christ.

Il eut pour parrain le plus fervent chrétien de la
ville, M. Chalan-Belleval, voisin et ami de sa famille,
et le plus capable, au besoin, de lui tenir lieu de père.
Il éprouvait, nous dit-on, pour son filleul devenu
prêtre, une telle vénération, qu'à chaque fois qu'il eut
le bonheur de le rencontrer, il lui eût volontiers baisé
les pieds. Il avait un fils un peu plus âgé que le filleul, d'un talent très distingué et d'une piété égale à
son talent ; il récitait le bréviaire comme un prêtre, et
il resta toute sa vie pour Pierre Boyer un ami aussi
tendre qu'un frère.

Le jour où Pierre vint au monde, l'Eglise célébrait
la fête de saint Romuald, et le prêtre redisait, dans
l'évangile de cette fête, les paroles prophétiques qui
planaient sur le berceau du nouveau-né et semblaient
présager ses glorieuses destinées : « Celui qui quittera
son père, sa mère, ses frères, ses sœurs..... pour
l'amour de moi, recevra le centuple en ce monde et la
vie éternelle dans l'autre ! » Pierre Boyer a reçu lar-

gement la première récompense dans sa longue et belle carrière, et il est aujourd'hui en possession de la seconde et éternelle rémunération que personne ne lui ravira.

Les germes de piété et de dévouement déposés par le baptême dans ce cœur prédestiné, s'épanouirent dès les premières lueurs de la raison, sous l'inspiration de la généreuse chrétienne que Dieu lui avait donnée pour mère. C'était la femme forte dont parle l'Ecriture, et « *qu'il faudrait aller chercher jusqu'à l'extrémité du monde.* » Elle réunissait dans son âme douce et tendre la piété divine et la piété maternelle, et savait associer tous les devoirs de la mère de famille au scrupuleux accomplissement de tous ses devoirs envers Dieu. Elle s'appelait Anne Blot. Née en 1783, à l'ermitage de Saint-Blaise, devenu la propriété de sa famille, elle s'éteignit à Auxerre, en 1873, entourée des larmes et des prières des siens et de toutes les consolations de la religion. Elle était alors âgée de quatre-vingt-dix ans, et chargée de travaux, de vertus et de mérites plus encore que d'années. Nous l'avons vue, à l'âge de quatre-vingts ans, présider encore allègrement à tous les travaux du ménage. Arrivée sans infirmité et avec toute son intelligence à l'extrême vieillesse, ses mains tremblantes ne pouvaient plus soutenir les instruments de son travail, mais elles ne quittèrent plus son crucifix, son rosaire et ses livres de piété.

C'est elle, la première, qui écrivit sur la page blanche de l'âme de son fils, purifiée par le baptême, les caractères de foi et de piété, que le temps, loin de les effacer, fit resplendir davantage. Un jour, le R. Père Boyer, déjà vieillard, traversait les rues de Nantes, accompagné d'un jeune chrétien. Il entendit sur son passage un ouvrier qui blasphémait ; il laissa aussitôt échapper de ses lèvres ce cri de réparation : « Pardon, mon Dieu !... Mon Jésus, miséricorde !..... » Il expliqua à son jeune ami la spontanéité de cette oraison jaculatoire : « Quand j'étais enfant, ma mère m'apprit à ne jamais entendre blasphémer le nom du bon Dieu sans lui adresser aussitôt un acte d'amour et de réparation. Depuis, je n'y ai jamais manqué. »

Au don d'une telle mère, Dieu ajouta une libéralité plus rare encore. Il eut pour père un homme de bien par excellence, un chrétien de race, trempé dans la foi jusqu'à la moelle. Il était né en 1771, à Molay, village voisin de Noyers, et portait le nom de Louis-Charles Boyer ; il mourut, en 1854, à l'âge de quatre-vingt-trois ans.

Comme les jeunes gens les mieux posés du voisinage, il avait été élevé dans le célèbre collège de Noyers par les Pères doctrinaires, et il y avait reçu une instruction suffisante pour lui ouvrir la porte des carrières libérales. Il appartenait ainsi à deux siècles ; il avait vu le dix-huitième s'éteindre dans le sang des martyrs versé à flots sur les échafauds, et dans le sang des héros versé à flots sur les champs de bataille. Il vit le dix-neuvième siècle naître dans la gloire, dans un renouveau et dans des espérances que l'esprit révolutionnaire a paralysés. Il en reçut l'empreinte, et, animé d'une juvénile ardeur et d'un grand amour pour son pays, il voulut lui payer la dette du sang. Il s'engagea en 1794, et fit, sous la conduite de Pichegru, en qualité de vaguemestre, la brillante campagne de Hollande. On sait que la marche de l'armée française, à travers les Pays-Bas, ne fut qu'une série de victoires, qui se termina par l'entrée triomphale de Pichegru et de ses compagnons d'armes dans l'opulente ville d'Amsterdam.

La gloire des armes n'éblouit pas le jeune Boyer, la vie tumultueuse et la licence des camps ne convenaient pas à son caractère grave et réfléchi, il se sentait né pour une autre vocation. Il profita d'un moment d'accalmie, assez rare en ce temps-là, pour obtenir sa libération et un emploi de percepteur. Il se défit bientôt de cette dernière fonction en faveur de son frère pour suivre sa vraie et grande vocation, qu'on appelait alors « un sacerdoce, » et qui a rempli toute sa vie. Il se voua à l'enseignement des enfants du peuple. Il se montra, pendant quarante ans, l'un des maîtres les plus habiles et les plus méritants, et son nom fut habituellement gravé sur les médailles d'honneur accordées par l'Université. Son école était devenue une sorte d'école normale, d'où sortirent plusieurs prêtres et trente-cinq instituteurs qui lui gardèrent un souvenir qu'on pourrait appeler un culte, tant il renfermait de respect, d'amour et de reconnaissance. Il les avait formés à son image, et ils appartenaient comme lui à cette lignée d'anciens instituteurs, qu'on voyait passer dans les rues avec leur grand air sacerdotal et que chacun saluait du nom vénéré de « Monsieur le Maître. »

Profond était autrefois le respect des disciples de
Platon et d'Aristote qui, pour terminer leurs discussions, n'avaient qu'un oracle à la bouche : « Le Maître
l'a dit ! » Plus religieux encore était le respect des
enfants chrétiens qui entendaient leurs maîtres à
l'école leur parler de Dieu, comme des prêtres, et les
voyaient à l'église toujours à leur tête, priant et chantant avec eux les louanges de Dieu. Ces dignes maîtres
auraient cru déroger si on les eût rencontrés dans les
bals et les cafés. Ils ne fréquentaient d'ordinaire que
trois lieux : l'école, la mairie, l'église. L'école, où ils
entremêlaient les leçons de la science aux enseignements de la Religion et de la vertu ; la mairie, dont ils
étaient les secrétaires fidèles et écoutés ; l'église, où
ils paraissaient toujours à la tête de leurs élèves, leur
donnant l'exemple d'une foi et d'un respect profonds.

Défendre les intérêts de Dieu et du devoir dans le
cœur de l'enfant, lui donner Dieu même avec la science
et la vérité, c'est la fonction de tout maître, c'est surtout la fonction de tout père de famille, autrement il
tue l'homme dans l'enfant. Mais pour donner Dieu qui
renferme tout bien, il faut le posséder soi-même, il
faut le connaître, l'aimer et le servir comme l'aimait et
le servait le vénérable instituteur de Noyers. Aussi
exerça-t-il sur le cœur de son fils une action qui retentit dans toute sa vie et ne fut pas étrangère à sa
vocation. Il cultivait l'esprit et le cœur du jeune Pierre
avec la tendresse d'un père, l'autorité d'un maître, la
dignité d'un prêtre ; et, sous cette triple influence, le
fils, si heureusement doué, s'imbibait, presque à son

insu, de cette foi profonde, de cette piété tendre, de ce zèle apostolique, qui continueront de se développer dans les pépinières sacerdotales et qui rempliront sa vie entière.

Dans ce foyer chrétien, où régnait avec l'union des cœurs la « médiocrité d'or » et où l'antique hospitalité était exercée, nous dit-on, avec une largeur d'âme qui attirait et dilatait les hôtes, Pierre naquit le troisième ; il eut un frère aîné, qui mourut jeune, et deux sœurs qui vivent encore. Son frère, admirablement doué, périt, à quatorze ans, d'une mort tragique qui laissa au cœur de la mère un deuil inconsolable. Cet enfant, aimé comme un premier-né, était allé passer une partie de ses vacances à Molay, chez ses grands-parents. C'était la saison des vendanges, tant aimée des enfants. Il lui prit envie de monter sur une cuve remplie de raisins en fermentation ; il tomba foudroyé par l'acide carbonique qui s'en dégageait, sans que tous les efforts tentés pussent le conserver à la vie. La pauvre mère en resta aussi désolée que s'il eût été un fils unique. N'est-ce pas du cœur d'une mère qu'il a été dit :

Chacun en a sa part, et tous l'ont tout entier !

Lorsqu'elle assistait aux ébats joyeux de ses trois autres enfants, on remarquait qu'une larme silencieuse se mêlait à ses sourires : « Cher fils, que n'es-tu là pour partager leurs jeux, combien tu manques à mon bonheur ? »

L'aînée des filles seule se maria. La plus jeune em-

brassa la vie religieuse et entra chez les Sœurs du
Bon-Pasteur de Troyes, où elle a exercé la supériorité
pendant de longues années, où elle vient de célébrer
ses noces d'or, et où, pendant un demi-siècle, sous
le nom de sœur Agnès, elle a été, comme son pieux
frère, l'édification de la communauté.

Les premières années de Pierre s'écoulèrent dans ce
milieu béni, avec les charmes que l'innocence et la
piété ajoutent encore aux charmes de l'enfance. Il ne
faudrait pas croire pourtant que le péché originel n'eût
pas touché au moins de l'aile cette belle âme d'enfant.
Il avait ses caprices, ses exigences, son petit air autoritaire, que la vertu, aidée de la grâce, a seule assoupli.
Dans ses conférences à la jeunesse, il aimait à rappeler
ce souvenir, le sourire aux lèvres : « Quand j'avais
votre âge, j'étais vif, raide, impérieux ; on m'appelait
le « petit Napoléon ; » j'ai appris depuis à mes dépens
combien il fallait en rabattre. » Il avait même gardé
assez longtemps cet air impérieux, que tempérait
bientôt un doux sourire, mais qui serait facilement
devenu de la hauteur et de la domination, si la vertu
ne l'avait transformé en amabilité. Sa sœur aînée n'a
pas oublié les coups de pieds inoffensifs qu'elle recevait sous la table, lorsqu'elle lui servait malicieuse-
ment le mets abhorré de toute sa vie, le fromage. Elle
se souvient aussi de ses capricieuses exigences. Il souffrait impatiemment qu'on le traitât plus sévèrement
que ses sœurs et qu'on l'envoyât prendre son sommeil
avant elles ; il voulait alors que sa sœur aînée l'empor-
tât sur ses bras dans sa chambrette et qu'elle lui tint

la main jusqu'à ce qu'il se fût endormi. Mais ces caprices enfantins étaient noyés dans une telle bonté
de cœur, une amabilité si joyeuse, qu'on les avait vite
oubliés.

Cette disposition originelle à la fermeté, il la tenait
de son père dont la discipline accusait plus de force
que d'indulgence. Celui-ci avait élevé, avec cette
autorité manifestement inspirée par le dévouement,
plusieurs générations, dont il était resté, jusqu'à la
mort, le maître et le conseiller le plus autorisé.

Dès l'âge de cinq ans, Pierre allait en classe, et il
dut quitter les gâteries de la mère pour recevoir les
leçons du père. Et encore là, le père disparaissait
pour ne plus laisser sentir que le maître, et la moindre
infraction à la discipline était plus sévèrement punie
en lui que dans les autres. Ne fallait-il pas que le fils
de « monsieur le maître » donnât l'exemple? Aussi,
plus d'une fois, Pierre rentra-t-il à la maison la tête
basse et les yeux humides, sous l'impression d'une
pénitence qu'il venait de subir. Il insinuait alors doucement à sa mère que, si elle le voulait bien, il resterait avec elle et ne retournerait plus en classe. Il ne
se sentait aucune vocation pour les belles-lettres, dont
il n'appréciait pas les charmes. Ses larmes s'étei-
gnaient vite dans les sourires et la plus prompte sou-
mission. Dieu lui avait mis au cœur deux perles qui
n'ont jamais été ternies : l'obéissance et la pureté, et
elles ont fait de lui le parfait étudiant, en attendant
qu'elles fissent le parfait religieux. Si les quelques
défauts inséparables de l'enfance avaient pu inspirer

de l'inquiétude, elle s'évanouissait bientôt devant son innocence et sa piété. Il était recueilli à l'église, il aimait la prière et les saints offices, il avait l'horreur instinctive du mal. On retrouve cette horreur du péché jusque dans les espiègleries de l'enfant. Il en est une, en particulier, qu'il ne redisait jamais sans une grande hilarité, et dont sa jeune sœur, son inséparable compagne, avait été complice. Un jour, le papa et la maman étaient partis pour la campagne, et avaient laissé les deux espiègles maîtres de la maison. « Nous voilà maîtres ! s'écria Pierre qui fut toujours pratique ; notre premier droit, c'est de pourvoir à notre subsistance, nous ferons nous-mêmes notre dîner ; il faut organiser un régal. Nous irons cueillir au jardin des haricots frais, et nous les ferons cuire dans le jus de cette dinde succulente et majestueuse, qui fit, dimanche, les honneurs de la table. De plus, papa ne nous a pas encore donné de ce vin blanc nouveau qui nous a été promis et qui nous est dû. Nous irons tirer à la pompe ce « petit bourru, » qui se laissera prendre sans mot dire et qui arrosera gaiement notre festin. On descend joyeusement à la cave, la sœur tient la bouteille, le frère s'arme de la pompe. Mais, ô catastrophe ! ô vanités des joies trompeuses du monde ! comme s'écriera plus tard le P. Boyer, dans ses plus beaux sermons, la pompe s'échappe de ses mains et va. avec un bruit lugubre, s'engloutir dans le tonneau. Il fallut donc remonter, l'oreille basse, avec une bouteille vide, mais avec l'espérance toutefois de se dédommager. Hélas ! un malheur ne va jamais seul ; les haricots frais plongés dans le jus succulent, mais bouillant, au lieu de s'amollir à la cuisson, étaient devenus durs comme des balles de plomb. Pierre n'était encore ni maître-queux ni maître ès arts. Ce fut donc un dîner manqué, « le seul, disait-il gaiement plus tard, que je n'ai jamais pu digérer. »

Le désastre n'était pas fini, l'absence de la pompe fut bientôt remarquée. La sœur, complice du méfait, entendit le père annoncer qu'il allait enfin s'exécuter, et tirer du vin nouveau selon sa promesse. Il cherche en vain la pompe et vint la réclamer à la mère, ignorante du forfait. La sœur court vite annoncer à son frère le nouveau malheur qui les menace. Pierre, qui était la droiture même, et redoutait la moindre faute, lui répondit : « Eloigne-toi, ne reste pas auprès de nos parents, pour ne pas t'exposer à mentir ! Je vais choisir un moment pour tout déclarer à mon père. » On voit ici poindre dans l'enfant l'horreur du mal qu'il garda toute sa vie.

Cependant, les années d'enfance s'écoulaient dans une vie toute d'expansion, de travail, de piété et d'amour. Si son père était son maître, sa mère était son cœur et sa volonté. Pierre goûtait ces jouissances premières de la piété si naturelles au cœur jeune et pur qui s'entr'ouvre comme un lis aux premiers souffles de la grâce. Il était devenu l'élève le plus laborieux et le plus docile de l'école, le plus appliqué surtout aux enseignements du catéchisme qui le captivaient. Il recevait les premières leçons de M. Richard, le saint et zélé curé de Noyers, dont la mémoire est restée en bénédiction. C'est lui qui l'avait baptisé et qui le préparait, avec une particulière sollicitude, à sa première communion.

Le jeune Pierre venait d'achever sa douzième année, et le jour où le Dieu qu'on lui avait appris à aimer si tendrement, viendrait le visiter pour la première fois, allait se lever pour lui. La date en resta écrite en lettres d'or au ciel et dans son cœur ; elle rayonne parmi les grandes dates de sa vie, dans le mémorial qu'il garda toujours exposé dans sa cellule ; ce fut le 13 avril 1825. Il porta au saint banquet la joie de sa jeunesse, la joie de l'innocence baptismale conservée, avec la joie des anges descendus pour le visiter. L'onction de ce jour demeura sur son front désormais marqué pour le sacerdoce ; aucune tache n'interceptait les rayons divins qui allèrent jusque dans les profondeurs de sa jeune âme éclairer et échauffer les germes de sa vocation, et il ne lui arrivera pas un jour, pas une heure dans sa vie, de douter de celle-ci ou d'hésiter à la suivre. Pierre, comme plus sage et plus instruit, fut chargé de complimenter le pasteur aimé et vénéré de tous, et de le remercier de ses soins paternels. Nous possédons encore, écrites de sa main ferme et nette, ses paroles que nous hésitons à reproduire parce que, sans doute, elles n'étaient pas de lui ; elles avaient dû passer par le cœur et par la plume du père pour venir se placer sur les lèvres du fils, et elles n'étaient pas une vaine formule, mais l'expression vraie des sentiments de l'un et de l'autre. « Ah ! s'écriait-il, il ne s'effacera jamais de notre souvenir le jour heureux où Notre-Seigneur nous a fait sa première visite. Toujours nous aimerons à nous en retracer l'image ; toujours aussi nous nous rappellerons la tendre sollicitude et les soins vigilants que vous avez apportés pour nous y bien préparer. » Ce double cri de reconnaissance pour Dieu et pour son saint ministre n'était pas, sur les lèvres du jeune communiant, une banalité de convenance, mais un témoignage vrai, que l'avenir a justifié. On dit que le bonheur passe vite ; il n'est vraiment pas si fugitif qu'on le prétend ; c'est le mauvais bonheur qui fuit d'une aile rapide ; il y en a un autre qui reste dans l'âme et qui l'embaume longtemps, qui l'embaume toujours.

La seconde communion était encore précédée d'une préparation spéciale, et d'une pompe religieuse qui en faisait comme le reflet fidèle et touchant de la première. Pierre n'oublia jamais et se plaisait à redire le texte de l'exhortation qui lui fut alors adressée et qui retentit dans son cœur comme un présage : *Iterum videbo vos, et gaudebit cor vestrum, et gaudium vestrum nemo tollet a vobis!* « Je vous verrai une seconde fois, et votre cœur sera dans la joie, et, cette joie, personne ne vous la ravira. » (Joann. xvi, 22.) Cette parole, pleine d'espérance, appliquée au jeune communiant, prophétisait son avenir. Pendant les soixante-huit ans qui suivirent ce beau jour, pas un moment la joie de se sentir à Dieu ne lui a été ravie. Pendant cinquante-cinq ans de sacerdoce, il reviendra, chaque jour, à l'autel du Dieu qui avait réjoui sa jeunesse, puiser des grâces et des forces nouvelles; chaque matin, en présence de ces longues journées qui lui apportaient leur fardeau souvent si lourd de labeurs et de douleurs, il viendra aimanter son âme au sang de Jésus-Christ, et redira, au pied de l'autel : *Mon âme, pourquoi es-tu triste, et pourquoi te troubles-tu ?* Et il entendra une voix lui répondre : *Espère en Dieu, il sera la joie et le salut de ton visage !* Plus tard, lorsque le torrent des labeurs, et le torrent des larmes et des années auront sillonné son frais visage, le Dieu qui était venu se reposer sur ses lèvres vermeilles pour l'aider à vivre, viendra se reposer sur ses lèvres flétries et dans son cœur angoissé, pour l'aider à mourir. Nous ne l'avons pas vu à douze ans recevoir son Dieu pour la première fois, mais nous l'avons vu à quatre-vingts ans le recevoir pour la dernière fois. La dernière était bien l'écho lointain de la première, et il ne cessa ses ferventes communions de la terre que pour commencer l'extatique communion du Ciel.

CHAPITRE II

ÉTUDES CLASSIQUES — COLLÈGE DE NOYERS

PETIT SÉMINAIRE D'AUXERRE

Pierre venait d'accomplir avec d'admirables dispositions le grand acte qui couronnait sa vie d'enfance
et l'avait revêtu de Jésus-Christ, qui est la toge virile
des chrétiens. Il entrait dans cette phase décisive de
la vie qui s'appelle l'adolescence. Déjà, depuis deux
ans, il joignait aux leçons de l'école primaire les
éléments des études classiques. Il allait bientôt
prendre son essor dans une sphère où son père ne
pourrait plus le suivre. Il fallait confier à d'autres
mains la culture de cette chère intelligence et la
formation de ce cœur virginal que Dieu venait de
visiter et qui s'ouvrait si largement à toutes les saintes
choses. Où trouver des maîtres qui fussent d'autres
« lui-même, » et qui pussent remplacer l'âme d'un
tel père et le cœur d'une telle mère ? Il semblait que
ces maîtres étaient tout trouvés. N'habitaient-ils pas
avec lui sous le même toit, dans ce collège qui,
depuis trois siècles, avait donné à la France tant de
grands hommes et de grands chrétiens ? Fondé dans

2

le cours du xvi° siècle, il avait vite décliné entre les mains des professeurs séculiers auxquels il avait été d'abord confié. Remis, au commencement du xvii° siècle, sous la direction des Pères Doctrinaires, il reprit bientôt une nouvelle prospérité. C'est alors que la comtesse de Soissons et le seigneur de Montot rebâtirent de leurs deniers le collège actuel, qui, sans égaler l'éclat de nos palais scolaires, est solide, spacieux et entouré de jardins et de vergers. A l'heure fatale où la Révolution vint le détruire, il comptait six régents, Pères de la Doctrine chrétienne, parmi lesquels brillaient des professeurs distingués par le plus haut talent : les Pères Barbe, Tardy, Montmaire, Forfillier, et le fameux Manuel qui se jeta dans le mouvement révolutionnaire, devint membre de la Convention et procureur de la commune. Ce dernier était régent des études, et c'est lui qui écrivait à Louis XVI : « Sire, je n'aime pas les rois ! » Il faut dire, à la décharge de sa triste mémoire, qu'il arracha à la guillotine ses collègues Barbe et Tardy, qu'il refusa de voter la mort de Louis XVI, et que, pour cause de tolérantisme, il porta sa tête sur l'échafaud. Un siècle a passé sur ces tragiques événements; un seul nom émerge de l'oubli, celui de Manuel ; et il nous est doux de prononcer ici les noms de ses collègues qui le surpassaient par le talent, et ont édifié, par leur dévouement et leur sainteté, la population qu'il a scandalisée par ses excès révolutionnaires.

Le collège de Noyers, comme tous les autres collèges de France, fut blessé à mort par le fatal édit de la

Convention (1792), qui le dépouillait de ses dotations et proscrivait ses éminents professeurs (1). Après la tourmente révolutionnaire, la ville rouvrit le collège et y réinstalla l'ancien professeur de rhétorique, le P. Montmaire, comme directeur d'une école secondaire où serait donné, comme autrefois, l'enseignement des lettres et des sciences. Mais la sève était tarie, les élèves devenaient rares, et, malgré des tentatives et des efforts inouïs, à l'heure où nous sommes arrivés, en 1824, alors que le jeune Pierre Boyer y commençait ses études, les maîtres d'autrefois avaient disparu, et les nouveaux venus n'offraient plus ces garanties sacrées qu'exigent des parents chrétiens : la maison était en pleine décadence.

Il eût été bien conforme aux goûts et aux intérêts de M. Boyer de garder son fils au foyer paternel, et de le confier, au moins pour continuer ses classes élémentaires, à des maîtres qui demeureraient sous le même toit. Il occupait le rez-de-chaussée comme instituteur primaire, et son fils n'avait qu'à monter un escalier pour arriver à l'étage supérieur destiné à

(1) C'est une erreur grossière de croire que la Révolution de 1789 ait été favorable à l'enseignement public. « Il y avait, dit Taine, avant 1789, vingt-cinq mille écoles primaires fréquentées et efficaces, qui ne coûtaient rien au Trésor, presque rien aux contribuables, très peu aux parents. Il y avait au moins 900 collèges, 265 de plus qu'aujourd'hui, comptant 72 000 élèves. Il y avait 40 000 boursiers, tandis qu'aujourd'hui nous en avons à peine 5 000. » Dix ans plus tard, écoles et écoliers avaient presque entièrement disparu en France, comme à Noyers. Il n'y avait plus que 7 000 élèves dans les collèges qui avaient pu survivre à la Révolution.

l'enseignement classique. Toutes les sollicitations
furent épuisées pour obtenir que le jeune Pierre, qui
promettait d'être un sujet brillant et de rehausser le
crédit du collège, y fût conservé. Mais toutes ces tentatives échouèrent devant la détermination inflexible
du père chrétien qui sut triompher de son cœur et
éloigner de lui son fils, pour lui procurer une instruction solidement chrétienne et le dérober à une
atmosphère devenue malsaine. Dieu lui vint en
aide.

Par une attention providentielle, une de ces « pépinières » qu'on appelle Petits Séminaires, venait d'être
fondée à Auxerre, et semblait s'ouvrir tout exprès
pour recevoir le jeune étudiant. Ce beau nom de
« Séminaire » exprime non seulement une école où
l'on sème la vérité et la vertu dans l'esprit et le cœur
des enfants à des profondeurs où l'erreur et le vice
ne sauraient les atteindre, mais encore un jardin où
l'on cultive avec une religieuse sollicitude les jeunes
plantes qui deviendront de grands arbres où s'abri-
teront les oiseaux du ciel.

Le jour de la séparation était donc venu. Jusque-là,
tout avait été fête dans la famille : Pierre avait grandi
entre ses deux sœurs, sous les ailes bénies de ses
parents, sans qu'un nuage eût attristé leur bonheur.
C'était pour eux la première nouvelle que la vie est
un exil. Il suffit de rappeler nos souvenirs d'enfance
pour sentir, même après cinquante ans, combien est
douloureux ce premier départ, combien est amère
cette nostalgie du pays natal, plus pénible encore à

l'enfant qui a toujours vécu dans le grand air et la liberté des champs. Lorsqu'on lit le récit attendri que les Lamartine, les Lacordaire et tant d'autres nous ont laissé de leur passage du doux et chaud foyer maternel à la geôle du collège, où ils ne rencontraient que le visage froid de maîtres indifférents ou les brutales vexations des élèves, on se sent ému d'une compassion indignée !... « Mes camarades, dès le premier jour, me prirent comme une sorte de jouet ou de victime. Je ne pouvais faire un pas sans que leur brutalité trouvât le moyen de m'atteindre. Pour échapper à ces mauvais traitements, je gagnais, pendant les récréations, quand cela m'était possible, la salle d'étude; là, je me dérobais sous un banc, à la recherche de mes maîtres ou de mes condisciples. Là, seul, sans protection, abandonné de tous, je pleurais... » (Lacordaire.)

Les parents du jeune Pierre savaient qu'ils n'avaient rien de pareil à redouter pour leur fils, et son éloignement, voulu de Dieu, était adouci par la certitude que cet enfant bien-aimé allait retrouver leur cœur et leur piété, d'autres eux-mêmes, dans les prêtres dévoués auxquels ils le confiaient.

Ceux qui n'ont pas, comme nous, passé leur adolescence dans un Petit Séminaire, ne soupçonneront jamais ce qu'il y a de bon, de paternel, de religieusement dévoué dans l'éducation qu'on y reçoit. Cette douce pépinière devient, pour l'adolescent, une terre meilleure et plus fertile que le sol même de la famille où les sucs sont moins riches et moins féconds, où l'atmosphère est plus amollissante, moins favorable à ces plantes vierges et vigoureuses.

« Lorsque je passe devant un Petit Séminaire, s'écrie un génie chrétien, tout mon sang se réjouit et se remue dans mon cœur, mon sang chrétien, mon sang français. Là, sont élevés ensemble les enfants de la même terre, ils sont élevés dans toutes les traditions de la patrie. Ils se connaissent par l'esprit et par le cœur, et quelles que soient les tempêtes de la vie, ils auront à jamais un même mot de ralliement, un même drapeau, ils auront Dieu et la France ! Là, on fait des hommes ; plus que des hommes, des chrétiens ; plus que des chrétiens, puisque la plupart des enfants élevés ici seront des prêtres. Un prêtre, un prêtre !... Il n'en faut qu'un çà et là pour tout maintenir. Dieu n'a pas permis que rien sur la terre fût plus fort qu'un homme qui dit : « Je crois !... (1). »

Tel était le Petit Séminaire d'Auxerre, destiné à former tant d'esprits distingués, tant d'âmes sacerdotales qui ont honoré l'Eglise. Il avait été fondé, en 1823, par le cardinal de la Fare, archevêque de Sens, et établi dans le monastère de la Visitation, dont les bâtiments, enlevés par la Révolution à leurs légitimes propriétaires, étaient devenus la possession de la ville d'Auxerre. La municipalité s'était empressée de les offrir au cardinal, avec cette clause honorable, sanctionnée par l'Etat, qu'ils resteraient en la posses-

_____

(1) Louis Veuillot.

sion du prélat, aussi longtemps qu'ils seraient affectés, sous le nom de Petit Séminaire, à la formation et à l'enseignement de la jeunesse cléricale. Un cloître régulier, de vastes salles s'ouvrant sur le cloître, au-dessus, de longs dortoirs à fenêtres étroites qui rap-pelaient les cellules des religieuses, une splendide chapelle bâtie par Soufflot, dans le style de la Renais-sance, conservaient à cette antique demeure de la contemplation le grand air monastique qui convenait si bien à sa nouvelle destination.

On sait qu'un sectaire haineux, Paul Bert, aimable dans la vie privée, comme était, dit-on, Robespierre, s'était, par ambition, déclaré l'ennemi acharné de l'Eglise catholique, qu'il traitait, dans ses dis-cours, après boire, de « phylloxéra noir. » Il profita de son passage de trois mois au pouvoir pour arracher au faible Grévy un décret illégal qui enle-vait le Petit Séminaire à sa sainte destination. Il est vrai que cet inique décret fut cassé par le Conseil d'Etat, mais c'était trop tard, et l'arbitraire prima le droit. Le renégat qui a fermé le Petit Séminaire au détriment même matériel de la ville, et qui l'a livré à la pioche des démolisseurs, qui a fait des ruines plus lamentables encore dans l'âme des enfants par ses manuels impies et menteurs, eût pu atteindre le pre-mier rang parmi les savants et prendre place à côté des Pasteur, des Chevreul et des Claude Bernard. Mais, de l'impiété, il a vite glissé dans le matérialisme, qui lui a coupé les ailes. Reste debout, renégat, sur le pont d'Auxerre où t'a relégué ta ville natale ! Reste debout sur ton piédestal méprisé, coulé dans un bronze sans valeur, auquel l'artiste, en dépit de son génie, n'a pu donner que l'attitude cambrée d'un pédant vulgaire ou d'un proscripteur de bas étage. La noble cathédrale, dans laquelle tu as été baptisé, dans laquelle tu as plus d'une fois communié au banquet eucharistique des chrétiens, où tu as été religieusement marié, du haut de ses tours, te regarde, ô pygmée ! et te jette l'éternel anathème qu'une auguste mère jette au fils qui l'a insultée. Il est vrai que tu es allé au Tong-Kin, avec deux cent mille francs d'appointement ; mais un un autre Auxerrois, fils du peuple plus que toi, Mgr Delaplace, savant, mais d'une autre science que la tienne, lui aussi est allé vivre pauvrement et mourir en Chine ; il avait été élevé dans le Petit Séminaire que ta haine vient de démolir ; lui, comme nos autres missionnaires, comme nos soldats, il est parti pauvre, il est mort pauvre, et il a rendu mille fois plus de services à la civilisation, et procuré plus de gloire à la France que tu ne lui en as jamais donné !

Cher petit Séminaire d'Auxerre, je ne puis vous nommer, regarder vos ruines, sans que mon indignation se mêle à ma douleur, et sans que le meilleur sang de mon cœur tressaille dans mes veines !

Asile béni où a grandi le jeune Boyer, où j'ai grandi moi-même après lui, où des maîtres aussi pieux que savants nous ont appris, avec les sciences et les lettres humaines, l'amour de toutes les saintes choses, c'est à vous que je dois, après Dieu et ma famille, l'honneur de ma vie, le bonheur du temps, et que je devrai, je l'espère, celui de l'éternité. Lorsque je passe à côté de vos ruines inutiles, faites par des vandales, qui ont blessé la cité auxerroise dans tous ses intérêts, sans autre profit que celui de satisfaire la haine de quelques sectaires fanatiques, mes yeux se mouillent de larmes. Ruines sacrées, qui allez bientôt disparaître, je vous salue, et tandis qu'il en est temps encore, recevez le salut suprême que le R. P. Boyer vous envoie par ma bouche du fond de son tombeau (1).

Dans les premiers jours d'octobre 1825, Pierre quittait Noyers, accompagné de sa mère et de sa plus jeune sœur, et se présentait à la porte du Séminaire.

M. Collinot, alors premier supérieur du nouvel établissement, accueillit l'enfant avec la tendresse d'un père ; en voyant sa figure gracieuse et intelligente, sa taille petite, mais svelte et élégante, il le souleva jusqu'à lui, l'embrassa et lui adressa un mot aimable de bienvenue qui adoucit les larmes de la sœur et de la mère.

Il parut bientôt après dans la cour de récréation, et débuta par un succès. Il charma d'abord par son air riant et facile et par sa joyeuse amabilité ; il étonna surtout par son entrain et son habileté extraordinaire au jeu de billes, alors en grande vogue.

Bientôt, il les étonna davantage encore par son ar-

---

(1) *Eloge funèbre du R. P. Boyer.* Nous avertissons, une fois pour toutes, que nous emprunterons à notre éloge du R. P. Boyer, les récits qui doivent prendre place dans sa *Vie.*

deur au travail, et sa piété qui lui donnait un air angélique. Dès son entrée en classe, il se montra le tra-
vailleur qu'on a connu jusqu'à ses derniers instants.
Appliqué, ce n'est pas assez dire, acharné aux labeurs de l'écolier, il faisait l'admiration de ses maîtres. En peu de temps, il fut acclimaté dans ce nouveau
pays des études sérieuses et de la vraie piété qui n'offrait pourtant pas alors les ressources qu'il présenta
plus tard.

Pendant les deux premières années, de 1825 à 1827,
Pierre dut, avec ses condisciples, fréquenter les classes
du collège et prendre les leçons de maîtres séculiers.
Il eut bientôt, sur cinquante élèves, conquis la seconde
place ; il semblait n'avoir été envoyé là que pour être
l'exemple des étudiants, et l'apôtre du travail, de la
discipline et de la religion.

Il a laissé tomber de sa plume, dans ses notes de la
retraite de Bourges, le témoignage involontaire de la
ferveur dont il était animé pendant son séjour au
Petit Séminaire : « En rappelant les souvenirs de mon
enfance et de ma jeunesse, je vois bien que je n'étais
content que dans la ferveur !... Larmes, inquiétudes,
quand j'oubliais le moindre point de la règle !...
Maintenant, tristesse et mélancolie, quand je résiste
aux inspirations de la grâce !... Aussi, je l'ai dit dès
mes premières années, et je le répète plus fortement
que jamais : *Ecce ego, ut faciam voluntatem tuam,
Deus!*... J'éviterai ainsi le trouble, le remords, châti-
ment de l'ordre violé ; je trouverai la paix, fruit et récompense de l'ordre bien gardé..... »

Aussi fut-il toujours un modèle d'obéissance non seulement à ses maîtres, mais encore aux plus petits points de la règle.

Quoique les professeurs du collège fussent dignes et animés de principes chrétiens, les directeurs du Petit Séminaire ne tardèrent pas à reconnaître que le contact avec les collégiens devenait funeste à la piété et à la vocation de leurs élèves. Ils firent donc les plus vives instances auprès de l'autorité ecclésistique pour obtenir un personnel homogène et sacerdotal qui leur permît d'instruire eux-mêmes, en les gardant sous leurs ailes, les élèves dont le nombre croissait tous les jours. A la rentrée de 1827, on vit arriver un essaim de jeunes prêtres d'élite, qui devaient donner, dans l'enceinte du Séminaire un enseignement complet. Parmi eux se trouvaient deux hommes distingués, MM. Bruchet et Millon, dont les noms doivent être conservés dans le souvenir de l'Eglise de Sens. Le premier, originaire d'Auxerre et alors vicaire à la cathédrale, orateur éloquent, mais surtout homme de discipline et d'autorité, entrait avec le titre de supérieur, qu'il sut faire aimer et respecter. C'était le *si forte virum quem conspexêre, silent......;* sa seule apparition dans les classes était l'effroi de la paresse et de l'indiscipline et rétablissait le respect et l'obéissance.

Le second, M. Millon, fut le premier et le plus remarquable professeur de rhétorique qu'ait possédé notre diocèse. Il parlait et écrivait avec une grande pureté de diction. Après les grands auteurs classiques de l'antiquité, il ne prisait entièrement que les écrivains du XVIIe siècle, et, par-dessus tous les autres, Bossuet, dont il se faisait encore lire les *Élévations* le dernier jour de sa vie, et qu'il écoutait ému en s'écriant : « Que c'est beau ! Que c'est beau ! » Parmi les contemporains, il professait pour Châteaubriand, et surtout pour Berryer et Lacordaire comme orateurs, une admiration lyrique que ses élèves aimaient à provoquer. Il savait, de son côté, exciter parmi eux une émulation, un amour des belles-lettres qui allait jusqu'à l'enthousiasme.

Sous ce nouveau régime, la piété, la discipline et les études furent organisées avec un art aimable et puissant, et enlaçaient la journée tout entière de ces adolescents destinés à devenir des prêtres. La première place était à Dieu ; la prière du matin et du soir mettait Dieu au commencement et à la fin de chaque journée ; une courte prière revenait encore à l'ouverture et aux termes des exercices, pour y faire présider la pensée surnaturelle de Dieu et du devoir ; chaque matin une petite méditation, et chaque soir une brève lecture, ramenait, tout le long de l'année, sous le regard du disciple, en quelques paroles vives et pénétrantes, les vérités les plus propres à l'aider dans cette lutte contre lui-même, sans laquelle il n'y aurait plus dans l'avenir ni homme ni prêtre. A toutes les fêtes un peu solennelles de l'année, il y avait communion générale, et il nous semble encore entendre retentir dans nos jeunes cœurs dilatés par l'amour, le *Quam dilecta tabernacula tua !* répétés par les voix fraîches et émues des heureux communiants.

Pour sauvegarder le travail et la piété, la discipline,
c'est-à-dire la règle, régnait en souveraine. Elle était
la gardienne des mœurs, la maîtresse des fortes études,
la trésorière du temps, le nerf du travail, l'inspiratrice
du bon esprit, et la vengeresse des infractions.

Cette vie régulière, laborieuse, austère même, était
d'autant plus heureuse que les sens amollis ne dévo-
raient pas la vie de l'intelligence et du cœur. Le travail
était régulièrement coupé par quatre brèves récréations
joyeuses et bruyantes. Les jeux de barre, de billes, de
paume, se partageaient les amateurs et étaient ardents
et animés. Quelle paternité familière dans les maîtres !
Quelle affection filiale dans les élèves ! Quelle charmante camaraderie entre les condisciples ! Les mœurs
étaient tellement pures que jamais, pendant le cours
de ses études, le jeune Boyer n'entendit une parole,
je ne dis pas indécente, mais seulement équivoque.

L'ennui, naît, dit-on, du vide du cœur et du vide des
jours. Or, il n'y avait de vide ni dans les cœurs ni dans
les journées, et on se faisait du Petit Séminaire une
maison paternelle qui restait à jamais aimée. Le jeune
Boyer, comme ses condisciples, consacra sept années
pleines de cette vie laborieuse à ses études classiques.
Il y avait moins de surface dans l'instruction, mais
plus de profondeur. On ne perdait pas un temps précieux à se bourrer d'un amas de connaissances super-
ficielles, confuses et mal digérées, en seule vue du baccalauréat, et qui sont oubliées quelques mois après
l'examen. Les belles-lettres, l'éloquence, la poésie, les
deux grandes langues anciennes, y tenaient la plus

large et la plus noble place. C'étaient vraiment des
« humanités : » *Humaniores litteræ,* des études littéraires qui faisaient des hommes. Elles étaient complétées par des leçons d'histoire, de géographie, de sciences
exactes ; mais il faut reconnaître que les sciences expé-
rimentales et les arts d'agrément y avaient la plus
petite part, comme du reste dans tous les collèges de
ce, temps-là.

Par contre, l'enseignement religieux avait, chaque
semaine, une place d'honneur. Les deux supérieurs
successifs, M. Bruchet et M. Millon, pendant quarante
ans, ne voulurent jamais céder à d'autres cette partie
la plus importante de l'enseignement qu'ils professaient avec un remarquable talent. Ils préparaient une
série de conférences solides et éloquentes, qui remplissaient les trois années d'humanités, sur les vérités
fondamentales de la Religion. Le jeune Boyer nous
a laissé le résumé substantiel de ces belles instructions qui captivaient les jeunes auditeurs. Chaque
élève, en quittant le Petit Séminaire, avait l'esprit
meublé des démonstrations essentielles de la doctrine
chrétienne, suffisantes pour se défendre lui-même de
l'erreur et pour répondre aux vulgaires et ineptes
objections répandues parmi le peuple et même dans
certains esprits cultivés qui sortent du collège, sachant
un peu de tout, mais rien de la Religion.

Les études, ainsi conduites, devinrent habituellement plus fortes que celles du collège. L'émulation
était plus grande, les efforts plus soutenus par le sentiment surnaturel du devoir, les mœurs plus pures, le

travail plus consciencieux. Les vieux lettrés d'Auxerre,
qui savaient encore par cœur les racines grecques, des
chants entiers d'Homère et de Virgile, les professeurs
eux-mêmes du collège, assistaient aux examens semes-
triels qui se faisaient avec une certaine solennité,
et ne dissimulaient pas leur admirative satisfaction.

Dans le Séminaire ainsi organisé d'une manière qui
répondait à toutes ses aspirations, Pierre Boyer se
trouva sur son véritable terrain, heureux de ne plus
devoir sortir pour aller chercher la science ailleurs. Il
concentra là tout son cœur; et, avec les élèves qu'il
avait reconnus, comme par un attrait divin, les plus
généreux, il forma une association de zèle. Parmi eux,
le premier qu'il discerna et qui devint son ami de toute
la vie, fut le jeune Muard, dont le nom reviendra souvent dans cette histoire. Avec lui, il organisa une sorte
de congrégation où s'enrôlèrent ses condisciples les
plus édifiants. Il en traça d'une main résolue la règle
qui détermine, comme pratiques spéciales, la récitation
du petit office de la sainte Vierge, la communion à
certains jours, des réunions hebdomadaires où l'on se
reprendra mutuellement de ses défauts et des infractions au règlement de la maison, où l'on réchauffera
son cœur par de pieux entretiens, enfin des rencontres
dans les récréations pour parler de Dieu, du Sacerdoce,
de l'Eglise, des âmes..... Cette charte de véritable
apostolat débute par la parole célèbre que saint Bernard
s'adressait à Cîteaux : « Pourquoi êtes-vous venu
ici?... » Et il continue : « Ah! sans doute, ce n'est pas
pour nous livrer à la dissipation et abuser des grâces

de Dieu!... Non, c'est l'amour de la vertu, c'est le zèle
de la gloire de Dieu qui nous ont amenés dans cet asile,
et nous n'avons eu d'autre pensée que celle de nous
sanctifier et de nous préparer dignement au ministère
auguste auquel Dieu semble nous appeler. Nous savons que Dieu, en nous séparant du monde, a voulu
que nous fissions de la sainteté notre principale étude.
Et, cependant, pouvons-nous dire que nous remplissons
les vues de Dieu à notre égard?... S'il en est ainsi, remercions Dieu ; mais si, au contraire, nous n'avons
fait aucun progrès et subi que des défaites, regrettons-
le. Mais l'athlète vaincu se borne-t-il à de stériles regrets? Non, il s'exerce à la lutte, et prépare ainsi la
victoire. Allons donc, en avant !..... »

Entendez-vous l'apôtre de seize ans, inaugurant
les œuvres de zèle qui rempliront sa vie ! Reconnais-
sez-vous l'accent qui était encore sur ses lèvres agoni-
santes?... Et il ne se contentait pas de paroles, il
payait d'exemple. Austère et pieux comme un Louis
de Gonzague, studieux et régulier comme un Jean
Berchmans, il gardait le silence avec l'exactitude d'un
Trappiste, et il demandait par signes tous les petits
objets dont il pouvait avoir besoin. Le matin, au premier son de la cloche, il était levé, et, dans la journée, toujours le premier parti pour se rendre à
l'étude ou en classe. Un jour, il reçut la visite très
désirée de sa sœur et de sa mère. Le temps coulait
vite dans leur doux entretien. Tout à coup, il entend
sonner la fin de la récréation ; aussitôt il se lève, et,
après un rapide salut, il part comme un trait. Sa mère

le suit du regard, les larmes aux yeux : « Malheureux enfant, il ne se retourne pas même pour nous regarder ! » Il avait l'âge où Jésus répondit à sa mère : « Ne savez-vous pas qu'il faut que je sois aux choses qui regardent mon Père ?... »

Il ne se passait guère de récréation où il n'allât payer son tribut d'amour à Jésus-Hostie dans le saint Tabernacle, et il s'y tenait toujours dans cette attitude angélique qu'il a conservée jusqu'à l'extrême vieillesse.

Il s'essayait déjà à la mortification qui lui fut habituelle. Délicat pour la nourriture, il recevait de sa famille de petites provisions qu'on savait lui être agréables, afin de suppléer à certains mets usuels pour lequels il éprouva toute sa vie une invincible répugnance. Bientôt il les refusa, et déclara, qu'au déjeûner et au goûter, il mangerait son pain sec, comme un petit pauvre, à la porte du Bon Dieu. Sa mortification était pondérée ; il la faisait surtout consister, comme il le recommandait sans cesse aux autres, dans l'usage modéré des choses, et dans l'austérité des devoirs de son état. L'étude lui coûtait, et ses talents furent surtout mis en œuvre et fécondés par le *Labor improbus*. Nous possédons encore ses cahiers de devoirs, depuis l'*Epitome*, le *De Viris*, le *Phèdre*, le *Cornelius*, le *Selectæ*, vieilles connaissances de nos jeunes ans, jusqu'au *Traité de Quintilien*, entièrement écrit de la main du jeune rhétoricien, avec une traduction en regard qui dénote une véritable intelligence des leçons du maître.

3

Il s'appliquait à ne rien faire purement par plaisir, mais par utilité. A table, quand on servait un mets qui eût pu lui nuire, il trempait son pain dans sa modeste part de vin mêlé d'eau. Il se montrait ainsi dans son adolescence ce qu'il a été plus tard avec un grand accroissement de vertu, et il vérifia cette maxime du Sage : « L'adolescent suivra dans sa vieillesse les voies de sa jeunesse. » Bref, le plus distingué de ses condisciples, qui a été plus de quarante ans professeur ou supérieur, affirme, et il ne peut, sans émotion, rappeler ces souvenirs d'enfance, qu'il n'a jamais connu élève plus exemplaire et plus admirable que le jeune Boyer.

Tandis que les laborieux adolescents subissaient l'examen qui devait couronner l'année scolaire de 1830, la révolution de juillet éclata comme un coup de foudre, d'autant moins attendu que la France était encore tout à la joie de la conquête de l'Algérie. Un mois auparavant, le duc d'Angoulême, fils aîné de Charles X, passait à Auxerre en revenant de Toulon, où il avait présidé à l'embarquement des troupes que le roi envoyait en Afrique. Le général de Bourmont était à la tête de l'expédition qui nous valut la nouvelle France algérienne. Le Petit Séminaire alla au-devant du prince, et, rangé en deux files, il bordait la route que suivaient les voitures princières. Le jeune Muard, le premier élève de rhétorique, eut l'honneur de présenter un compliment au prince, qui l'accueillit très gracieusement, et Pierre Boyer et ses condisciples purent satisfaire leur juvénile curiosité en contemplant l'auguste époux de la fille de Louis XVI.

Cette conquête d'Alger eut pour triste lendemain la révolution de juillet. Pendant les trois fameuses journées, les élèves qui ne soupçonnaient rien des bruits du dehors, que les maîtres empêchaient de pénétrer dans leur studieuse demeure, passaient leurs examens de fin d'année. Dans la matinée du 26, les premières classes avaient été examinées, et on se préparait à interroger la seconde, à laquelle appartenait Pierre Boyer, lorsque tous les élèves furent convoqués à la grande salle d'étude. M. Bruchet monta en chaire, et, d'une voix émue, il dit : « Messieurs, de graves événements se passent à Paris, l'insurrection triomphe, et s'est rendue maîtresse de la capitale. Le roi et la famille royale sont en fuite sur Rambouillet. Nous croyons prudent d'anticiper les vacances de quelques jours, et de vous renvoyer dans vos familles. La distribution des prix va se faire immédiatement et sans cérémonie, vous irez ensuite faire vos préparatifs de départ. Le repas du soir aura lieu à l'heure ordinaire, et, à l'entrée de la nuit, vous partirez par petits groupes, évitant de porter le costume noir qui vous ferait reconnaître pour des élèves ecclésiastiques ; des précautions sont prises pour que rien ne vous arrive de fâcheux. »

Ces mesures de prudence avaient été conseillées par des amis dévoués qui avaient entendu des rumeurs sinistres circuler dans la ville et qui apportaient d'heure en heure des nouvelles des plus alarmantes. Le peuple auxerrois, ardent, mais honnête, n'aurait certainement pas poursuivi de ses outrages et de mauvais traitements des étudiants inoffensifs qui n'avaient de haine contre personne et qui ne con-naissaient d'autre politique que le devoir. Mais tout peuple se termine par une populace, prompte à saisir une heure de révolte pour se livrer à tous les excès. Cette lie fait fermenter le reste, et c'est de son sein qu'on entendait sortir contre le Séminaire des cris de mort et d'incendie.

Le soir du 26 juillet, à la chute du jour, on pouvait voir, sur toutes les routes, s'éloignant d'Auxerre, de jeunes voyageurs qui se succédaient par petits groupes. Ils durent traverser l'Yonne sur le grand pont couvert d'une multitude ameutée. Ce pont et les alentours étaient envahis par une foule de vignerons qui reve-naient de leurs travaux, la hotte sur le dos. A peine deux ou trois groupes, qui se faufilèrent parmi eux, eurent-ils atteint l'autre extrémité du pont qu'ils furent reconnus. Ce fut un *tolle* général, un concert étourdissant d'injures et de menaces : « A l'eau ! A l'eau !... A mort les calotins !... Enlevez-les !... » Le pauvre factionnaire placé sur le pont eut peine à pro-téger les plus faibles et les plus menacés qui se réfu-giaient auprès de lui. Tout se borna pourtant à d'hor-ribles clameurs.

Au sortir de la ville, trois routes s'ouvraient devant nos voyageurs, et ils se séparèrent, après s'être for-més en compagnies, suivant la même direction. Pierre Boyer prit, avec les Avallonnais, le chemin qui le con-duisait plus directement à Noyers. Au sommet de la colline d'où l'on découvre le panorama d'Auxerre, les premiers arrivés attendirent leurs condisciples de la même contrée. Dans le silence de la nuit, ils entendaient les vociférations qui saluaient avec une recrudescence forcenée chaque nouveau groupe traversant le pont, et ces cris leur arrivaient répétés par les échos lointains.

A mesure que nos émigrants avançaient, leur nombre diminuait, et chacun, en passant, regagnait son village. Pierre, qui était un des plus éloignés, après de longues heures de marche, épuisé de faim et de fatigue, reçut l'hospitalité pour le reste de la nuit chez un de ses amis. Le lendemain, il arrivait dans sa famille qui l'accueillit avec des transports de joie et de reconnaissance pour Dieu qui l'avait préservé et le leur ramenait sain et sauf.

La révolution de 1830 impressionna vivement les populations et effraya le clergé. M. Charles Boyer, qui appartenait à l'autre siècle, et qui avait vu de ses yeux les échafauds en permanence, les prêtres traqués comme des bêtes fauves, jetés en prison et massacrés, en conservait le souvenir comme une affreuse vision. Les persécutions et les outrages dirigés contre le clergé lui faisaient craindre la résurrection de ce terrible passé, et il aurait vu, sans regret, son fils abandonner sa vocation pour embrasser une des carrières libérales, que ses talents ne manqueraient pas d'ouvrir devant lui.

Les vacances du Petit Séminaire se prolongèrent jusqu'au mois de décembre Le siège archiépiscopal de Sens était inoccupé sans être vacant. L'illustre titulaire était Mgr de Cosnac, prélat d'une grande naissance, d'une dignité imposante, d'une charité sans bornes, d'une sainteté qui rappelait le souvenir des plus éminents pontifes de la cité sénonaise ; mais il était connu pour son attachement à la branche aînée des Bourbons. Le nouveau gouvernement ne pouvait, par bonheur, retirer sa nomination faite quatre mois avant la Révolution, mais il affecta de traîner les affaires en longueur, de sorte que la remise des bulles et l'installation n'eurent lieu que dans le mois de novembre. Avant de prêter serment à Louis-Philippe, il consulta Rome, et, sur une réponse affirmative, il eut le chagrin de paraître à la cour pour l'accomplissement de cette formalité, mais ce fut la première et dernière fois.

Aussitôt installé, il s'occupa de la rentrée de son Petit Séminaire. Il y trouva d'abord de l'opposition ; le digne supérieur, M. Bruchet, était mal vu de la préfecture et des nouvelles autorités, à cause de ses opinions légitimistes. Comprenant que sa présence devenait un obstacle, il donna sa démission, et l'archevêque de Tours lui offrit aussitôt le poste de vicaire général. Il l'accepta, mais ce ne fut pas sans un vif regret qu'il s'éloigna de son cher Petit Séminaire et de sa bonne ville d'Auxerre, dont il était universellement aimé et vénéré.

Après ces sacrifices faits à l'opinion, les négociations pour la réouverture du Petit Séminaire furent conduites à bonne fin, et la rentrée eut lieu dans les premiers jours de décembre.

La Révolution, comme les violents orages, s'apaisa ; mais son contre-coup se fit vivement sentir. Elle ne fit pas seulement tomber quelques fruits véreux, elle ébranla de bonnes vocations, en montrant aux parents plus encore qu'aux enfants un avenir chargé de périls et de persécution. Les familles s'alarmaient, et, nous l'avons dit, M. Charles Boyer, qui avait été témoin des scandales et des crimes de la grande Révolution, bien loin d'incliner son fils vers le sanctuaire, l'en aurait plutôt éloigné. Il avait été l'élève du fameux Manuel, et il avait été le spectateur attristé de plusieurs défections, et en particulier de celle du doyen de Noyers. Aussi redisait-il souvent à son cher Pierre les paroles qu'il lui adressa, en les arrosant de ses larmes, la veille du sous-diaconat : « Mon fils, sois un saint ou ne sois pas prêtre ! »

L'orage, qui ébranle les faibles, consolide les forts, et le fils, au milieu des clameurs et des alarmes exagérées qui arrivaient jusqu'à lui, répondait énergiquement à son père : « Oui, je serai prêtre, et rien sur la terre ne saurait m'en empêcher. Fallût-il quitter la France et aller jusqu'au bout du monde chercher l'onction sacerdotale, j'irai ! » Il trouvait, dans les visites du jeune Muard, qui habitait Vireaux, village voisin, et qui fut toujours son bon ange et son conseiller le plus aimé, de puissants encouragements. Ils priaient et s'entretenaient ensemble du bonheur spécial qu'ils éprouvaient, en ces temps malheureux et troublés, à se consacrer au service de Dieu et de l'Eglise persécutée. Ils se dirent adieu à la fin des

vacances; ils devaient se séparer, mais pour se
rejoindre un an après; J.-B. Muard, qui venait de
terminer sa rhétorique, partait pour le Grand Séminaire.

Pierre attendait avec une vive impatience le signal qui
devait le rappeler au séjour tant aimé de l'étude et de
la prière. Au premier avis, il arriva. Il eut le regret de
voir le nombre de ses condisciples bien diminué, et la
discipline affaiblie. Les études ont besoin de recueillement et de paix; l'un et l'autre faisaient défaut. Le
bruit et les agitations du dehors pénétraient parmi
les élèves qui se préoccupaient trop des événements
politiques. Pierre Boyer se hâta de reconstituer l'association de zèle qui avait plus que jamais sa raison
d'être, et devait, plus encore que par le passé, devenir
un ferment de travail et de ferveur. De son côté,
M. Millon, devenu supérieur provisoire tout en pro-
fessant la rhétorique, eut bientôt opposé une digue à
ce fâcheux courant, et rendu au séminaire l'entrain
du travail et ce caractère de solide piété qui l'a toujours distingué.

C'est sous la direction de cet éminent professeur
que Pierre Boyer fit sa rhétorique avec un redoublement d'application et avec un goût plus prononcé
pour les compositions littéraires. Il savait que si l'art
de bien faire fut toujours préférable à l'art de bien
dire, l'un et l'autre conviennent au prêtre, et les
humanités furent pour lui une véritable initiation au
sacerdoce.

CHAPITRE III

GRAND SÉMINAIRE — PHILOSOPHIE ET THÉOLOGIE

ORDRES MINEURS ET ORDRES SACRÉS

Pierre Boyer était entré dans sa dix-huitième année lorsque, le 2 octobre 1831, il frappait à la porte du Grand Séminaire de Sens. Il ne s'y présentait pas comme un inconnu, ou un jeune homme incertain de ses voies. Sa réputation l'avait précédé, et tous ses condisciples se plaisaient à lui rendre le témoignage que nul ne le surpassait par la piété, le travail, et par l'ensemble de ces vertus et qualités solides qui promettent un saint prêtre à l'Eglise.

La transition du Petit au Grand Séminaire ne fut pas pour lui un brusque changement; six années de fervente et studieuse régularité l'y avaient préparé; ce fut plutôt une soudaine ascension vers une atmosphère plus élevée, plus ouverte vers le Ciel, et qui répondait mieux à toutes ses aspirations. Aussi, en franchissant le seuil de cette demeure, consacrée à la formation immédiate du prêtre, et qui est comme le vestibule du Sacerdoce, le jeune Pierre, désormais l'abbé Boyer, éprouva-t-il l'épanouissement d'un homme qui se trouve chez lui. Rien ne convenait mieux à sa situation d'âme grave et réfléchie que ces études plus surnaturelles, qui, par différents sentiers, mènent directement à Dieu. Là, se trouvent réunies l'Ecriture Sainte, la Liturgie avec le Droit Canon, la Littérature sacrée, la Théologie dogmatique et morale, qui n'est rien autre que la science de Dieu et de la sainteté ; l'Histoire ecclésiastique, qui n'est qu'une longue et généreuse traînée de sang versé pour Dieu, et comme une voie lactée de lumière, de charité, de dévouement à toutes les faiblesses et indigences humaines.

Lorsque l'abbé Boyer se présenta à cette grande école de la science sacrée, il eut la même bonne fortune qu'au Petit Séminaire. Il trouva deux hommes distingués, dont nous sommes heureux de prononcer ici les noms. Le supérieur, M. Petitier, originaire de Dijon, était un théologien et un littérateur remarquable, à qui il ne manqua qu'un théâtre plus retentissant pour obtenir une grande célébrité. Il était vicaire général de Troyes, lorsqu'il fut appelé, en la même qualité, par le cardinal de la Fare pour organiser le grand Séminaire de Sens, dont il resta le supérieur titulaire, puis honoraire, jusqu'à sa mort, qui n'arriva qu'à un âge très avancé. Le second directeur, M. Bidault, voisin par son pays natal, Nitry, et ami de la famille Boyer, professait le dogme avec distinction, jusqu'au jour où il dut succéder, comme supérieur, au vénérable M. Petitier, que son âge avait mis hors de combat.

Le premier supérieur, M. Petitier, s'était réservé la chaire d'Ecriture Sainte, et il l'occupait avec un véritable talent. C'était une jouissance de l'entendre. Il avait, en commençant ses leçons, un peu d'hésitation dans la parole, mais une fois lancé il était admirable, il prenait son essor vers les hautes régions, et sur certains sujets, il s'élevait jusqu'aux plus beaux mouvements de l'éloquence. Tous, maîtres et élèves, suivaient son cours, et on ne lassait pas de l'écouter. L'éloquent conférencier n'avait pas seulement le feu sacré, mais il avait le talent peut-être plus rare de le communiquer aux autres. Nul ne recueillait avec plus d'enthousiasme et de fidélité que l'abbé Boyer, son Introduction aux Saintes Ecritures, ses magnifiques explications sur les Psaumes, sur le livre de Job, sur la concordance des Saints Evangiles. Sous un tel maître, le disciple incliné par goût vers les Saintes Ecritures, sentit croître cet attrait qui dura toute sa vie. Dix jours après son entrée, il débute ainsi dans une introduction à cette étude favorite : « Les livres saints peuvent être considérés sous le rapport littéraire, prophétique et moral. Nous ne nous arrêterons pas à les étudier comme livres de littérature. Tous en parlent comme d'un chef-d'œuvre. Nulle part ne se trouvent réunies les qualités qu'ils renferment, la simplicité, la grâce, l'élégance, la force, la grandeur et la sublimité. C'est un langage à la portée de tous. Le simple s'étonne de le comprendre ; le vrai savant, qui en cherche les beautés, humilie son génie devant ce livre, si dédaigné de notre temps, mais qui, bien compris, bien approfondi, ravit, transporte l'âme, et, dit un savant critique, la terrasse d'admiration. »

« Chefs-d'œuvre sous le rapport littéraire, ces livres le sont encore plus sous le rapport de la religion. On ne saurait en lire un seul chapitre sans se sentir touché ; l'âme s'y attache si fortement qu'elle ne s'en sépare qu'à regret. Si l'esprit est tant satisfait du sens littéral, que sera-ce, lorsqu'il pourra pénétrer le sens prophétique et moral ?... » Il est évident que ces accents ne sont que l'écho du maître, mais ils ont un retentissement profond et sincère dans l'âme du disciple. L'Ecriture deviendra le trésor où il aimera à puiser toujours, et un seul texte lui fournira un thème pour ses chaudes exhortations. Quand on l'invitait à adresser un mot d'édification, il ne refusait jamais et il disait : « Donnez-moi seulement un texte de l'Ecriture Sainte ! »

Il est remarquable que, parmi ses études Bibliques, son attention fut appelée et ses soins particuliers se fixèrent sur les Psaumes ; il nous a laissé trois volumes, écrits de sa main sous l'interprétation ardente et lumineuse de son habile maître. Il avait voulu, dès le principe, non seulement savourer la poésie, mais pénétrer le sens moral, mystique et prophétique de ces admirables chants de foi, d'espérance, de douleur et d'amour, que le Roi-Prophète inspiré a laissé à l'Eglise, comme un accent divin, pour porter ses prières et ses larmes jusqu'à Dieu. Il savait qu'au jour de son sous-diaconat, l'Eglise les placerait sur ses lèvres et qu'il devrait les réciter tous les jours de sa vie.

Ces belles études qui nourrissaient également son esprit et son cœur ne devaient prendre qu'une partie restreinte de son temps sévèrement mesuré. La première année du Séminaire fut consacrée à la Logique et à la Philosophie, qui n'étaient rien autre chose qu'une introduction à la Théologie.

Des résumés clairs et précis nous prouvent qu'il ne négligeait pas, entre temps, les actualités et le mouvement des idées qui occupaient ses contemporains. Déjà on voyait poindre l'illuminisme et le spiritisme, comme un affollement de cette faculté religieuse que le rationalisme ne satisfait point. Le moindre événement, le souffle de la douleur ou de l'amour dans une âme, le souvenir des morts regrettés suffisent pour faire vibrer en nous la corde religieuse ; mais comme elle est exposée à sonner faux, quand elle n'est pas touchée par le doigt de Jésus-Christ vivant dans son Eglise ! Le magnétisme de Mesmer, avant-coureur du spiritisme et de l'hypnotisme, les systèmes de Gall, de Lavater et de Cagliostro, aujourd'hui démodés, mais qui agitaient alors le monde intellectuel, y sont examinés et justement appréciés. Ajoutez à cela des recueils bien ordonnés des pensées de Joubert, de M. de Maistre, et des philosophes alors en vogue, et vous comprendrez quelle somme de connaissances s'amassait dans cette jeune intelligence aussi riche de science que le cœur était riche de vertus.

C'est au milieu de ces études de la sagesse humaine,

que l'Esprit de sagesse divine vint le visiter. Il reçut
le sacrement de Confirmation, le 13 avril 1832. Les
visites épiscopales étaient rares en ce temps-là, et
l'occasion lui avait manqué de recevoir plus tôt ce
sacrement qui arme les adolescents d'un divin courage
pour les premières luttes de la vie. La Providence le
lui réservait pour éclairer ses études philophiques,
et aussi pour le préparer à son entrée dans la sainte
hiérarchie. L'Esprit-Saint entra avec plénitude dans
ce sanctuaire si bien préparé et on peut affirmer qu'il
ne quitta plus cette belle âme devenue à jamais son
temple.

La philosophie, il faut le reconnaître, n'était pas le
véritable terrain de l'abbé Boyer ; c'est vers la Théologie que le portaient toutes ses aspirations, et on
peut dire que c'est la seule science qui eut le privilège
d'absorber son intelligence et sa vie. C'était avec raison ; la Théologie est bien la reine des sciences, la
science de Dieu créateur et sanctificateur des âmes,
la science de la révélation divine qui, en nous initiant
aux réalités du monde surnaturel, jette un vif éclat
sur les vérités accessibles à la raison. La connaissance
des êtres créés se rapporte sommairement à celle de
Dieu, et la Théologie, ainsi comprise, fournit une
solution à tous les problèmes de l'esprit humain.

Ce fut donc à l'ouverture de l'année scolaire 1832,
que M. Boyer entra en pleines voiles dans l'étude de
la théologie, dont l'enseignement dogmatique était
confié à M. Bidault. C'était, nous l'avons dit, un
habile professeur ; il faisait un exposé clair et inté-

ressant du sujet qu'il avait entrepris de prouver, il
discutait avec lucidité, il réfutait les objections avec
une vivacité toute juvénile. Il fortifiait et modifiait au
besoin les traités les plus faibles, il ajoutait de belles
thèses particulières sur les questions les plus ardues,
telles que la grâce et la prédestination, que nous
trouvons reproduites tout au long dans les manuscrits
de M. Boyer. Il fallait à cet habile maître toutes ces
qualités pour racheter ce que son extérieur avait de
timide et d'embarrassé, et pour lui faire pardonner
des distractions parfois amusantes et devenues légen-
daires. Il suivait pour son enseignement un livre
classique bien rédigé, adopté alors dans la plupart des
diocèses de France, sous le nom de *Théologie de
Toulouse*. Elle renfermait, dans un ordre logique, un
ensemble complet de traités sur le Dogme et sur la
Morale. Elle était déparée par des thèses gallicanes,
qui ont été corrigées depuis le concile du Vatican,
mais qui étaient alors formellement enseignées dans
les grands séminaires. M. Bidault, élevé dans ces doctrines, les professait comme par tradition, tout en ne
les présentant à ses disciples que pour de pures opinions entièrement libres. Lorsqu'il aborda le traité de
l'Eglise, où se trouvaient les endroits vulnérables, la
lutte s'engagea chaudement contre les thèses que le
savant professeur essayait de soutenir, et le gallica-
nisme fut malmené et blessé à mort. Les combattants
qui se distinguèrent le plus vaillamment dans la lutte
furent tous des missionnaires de notre communauté
de Pontigny : MM. Bravard, Cornat, Bonnard, et, sur-

tout MM. Muard et Boyer. Toutefois ces deux derniers, qui furent toujours les ardents et fidèles défenseurs des doctrines romaines, des privilèges du Souverain Pontife, et qui adoptèrent les premiers la Liturgie romaine, gardaient dans la discussion une attitude humble et réservée. Ils étaient, l'un et l'autre, préfets des études, et ils croyaient devoir, par une affectueuse et révérencieuse déférence pour l'autorité du maître, modérer une lutte que leurs condisciples soutenaient si vivement. Le lutteur le plus acharné, le plus intrépide, le plus spirituel, fut M. Bonnard, notre futur collègue, dont nous aurons à parler plus tard. Il poursuivait M. Bidault de ses traits acérés, texte en main, jusque dans ses derniers retranchements. Il scandait chaque membre de phrase et faisait ressortir de chaque mot ce qu'il avait de force probante. M. Bidault était savant, vif à la riposte, mais il ne sortait pas triomphant du champ de bataille.

L'édifice gallican et les idées restrictives du pouvoir pontifical avaient été fortement ébranlés par l'acte inouï qui, au commencement du siècle, avait détruit tous les diocèses de France avec leurs titres, privilèges, prérogatives, et les avait reconstruits sur d'autres bases. Les libertés gallicanes qui prétendaient soustraire l'Église de France à l'obéissance filiale du Saint-Siège, pour l'asservir à l'État et la rendre esclave de ses caprices, n'apparaissent plus que comme une forteresse démantelée, tous les jours battue en brèche par de nouvelles publications. L'école

menaisienne avait remué et éclairé d'une nouvelle
lumière toutes ces questions. Le livre du *Pape,* de
M. de Maistre, les lettres du cardinal Litta, la réfu-
tation des erreurs de Fleury, qu'on lisait au réfectoire, avaient été apportés au Séminaire, répandus,
lus, médités, et avaient échauffé nos jeunes étudiants.
C'est en vain que le savant professeur essayait
d'adoucir ses thèses sur la supériorité du concile
général, sur les quatre articles, sur le pouvoir du
prince en matière d'empêchements dirimants ; il sortait meurtri de la lutte, et, aux yeux des meilleurs
élèves, il en était l'heureux vaincu.

M. Boyer faisait marcher de front la théologie
dogmatique et morale, et il en a analysé tous les
traités avec une logique et une clarté qui allaient jusqu'au fond le plus obscur des choses. Ces études sacrées fournirent encore à sa foi et à sa piété un
nouvel aliment ; il y puisa les solides principes qui
restèrent à la base de sa carrière plus tard si active et
si occupée, cet ardent amour pour Jésus-Christ, ce
vif attachement à l'Eglise, qui ont été la passion dominante de sa vie. En tête de tous ses manuscrits,
recueils, analyses, compositions, nous trouvons, tracé
de sa main, ce distique qui exprimait tout son
cœur :

Tot, Jesu, laudes tibi sint, quot grammata scribo;
  O Virgo, studiis semper adesto meis!

« O Jésus, que tous les mots que j'écris soient autant de louanges pour vous !

« O Vierge Marie, soyez toujours propice et présente à mes études. »

M. l'abbé Boyer entremêlait ces études d'Ecriture sainte et de théologie de compositions oratoires, d'analyses et d'appréciations critiques très remarquables sur nos plus grands orateurs de la chaire sacrée, surtout sur les sermons de Bossuet et de Bourdaloue, qui possédaient la prédilection des maîtres et des élèves. C'était M. Petitier et, après lui, M. Bidault, qui étaient les maîtres d'éloquence sacrée et faisaient la critique des discours prononcés devant eux, ou soumis à leur appréciation. Ces maîtres si distingués ne se contentaient pas de la critique indulgente et judicieuse des premières élucubrations de ces futurs apôtres ; mais ils prenaient les sermons des plus célèbres orateurs, les disséquaient en leur présence et leur en faisaient toucher du doigt toutes les beautés. M. Petitier, qui avait le génie de l'éloquence, excellait en ces sortes d'analyses que M. Boyer nous a laissées, et qui ont dû passer par l'esprit mûr et réfléchi d'un homme de goût, avant d'arriver à l'intelligence et à la plume juvéniles de notre appréciateur de vingt ans. M. Petitier avait conservé le feu sacré jusqu'à l'extrême vieillesse. Il était presque octogénaire, lorsque les premières conférences de Lacordaire parurent, intégralement publiées par l'*Univers*. Il en entendait la lecture avec enthousiasme. On sait que le célèbre conférencier trouva des détracteurs surtout dans les anciens du sacerdoce qui étaient en défiance contre ce genre

nouveau. L'un d'eux se permit de dire devant lui :
« Ce sont de belles paroles !... Mais, sous les phrases
sonores, il n'y a rien !... » A ces mots, l'ardent vieillard se lève avec impétuosité, et, lui portant les deux
mains vers la poitrine, il s'écrie : « C'est là qu'il n'y
a rien !... »

Cependant le temps s'écoulait rapidement dans cette
vie laborieuse, fervente et si bien ordonnée que nous
avons connue. Chaque année, sauf la première,
chaque phase d'études avait pour couronnement un
examen, une retraite, et une grande ordination, qui
se faisait d'ordinaire à la Trinité. Pour une cause que
nous ignorons, elle fut avancée et fixée au 22 mars
1833. M. Boyer fut appelé à recevoir la tonsure et les
ordres mineurs, et ce jour où il fit son entrée dans
la sainte hiérarchie prit place parmi les dates mémo-
rables de sa vie.

M. Bidault prêcha la retraite préparatoire à l'ordination, et faisant allusion à l'élection de Mathias, il
prit pour texte du plus émouvant de ces discours ces
paroles : *Ostende quem elegeris :* « Montrez, Seigneur, celui que vous avez choisi ! » Ce sermon fit
une profonde impression sur le jeune auditoire, et
jeta l'inquiétude dans quelques âmes. M. Boyer fut
vivement touché, mais nullement troublé. Appelé
par ses supérieurs, il s'était senti depuis longtemps,
depuis toujours, appelé par Dieu.

C'est la coutume, pour les grandes ordinations, de
se rendre du Séminaire à la Cathédrale, en procession
et au chant du *Lœtatus sum.* Les ordinands, revêtus

de leurs blancs surplis, qui portaient alors des ailes flottant au vent, s'avancent sur deux rangs, le front rayonnant de joie. Les célèbres bourdons de la cathédrale, les plus puissants de la France, couvrent au loin la ville et les campagnes de leur onde sonore, lorsque soudain une voix magnifique entonne avec enthousiasme le triomphal *Lœtatus sum*, qui fait battre tous les cœurs et amène des larmes à tous les yeux. Parmi ces heureux lévites, tous purs et embrasés d'amour, serait-il téméraire de dire que deux surtout, l'abbé Muard, qui allait recevoir le sous-diaconat, et l'abbé Boyer, les deux futurs fondateurs de Pontigny et de la Pierre-Qui-Vire, surpassaient les autres par la ferveur de leur charité?

De quelles saintes ardeurs étaient-ils pénétrés? L'un et l'autre l'ont exprimé par des paroles qui ont été citées dans la vie du R. P. Muard. Il est d'autres accents sortis de la plume de l'abbé Boyer au retour de l'ordination, qui nous donnent l'idée de ses admirables dispositions : *Lœtatus sum!...* Quelle est cette voix? Quelle parole vient de retentir à mes oreilles! Quoi ! je ne me suis pas trompé, c'est bien à moi qu'il a été dit : « Nous irons dans la maison du Seigneur! » A cette nouvelle consolante mon cœur a tressailli, et je ne sais quel transport inattendu s'est emparé de tous mes sens. *Lœtatus sum!... In domum Domini ibimus...* Il est bien vrai, ô mon Dieu, cette douce espérance m'avait toujours réjoui. Dès mon entrée dans la vie, j'avais reçu de votre miséricorde tant de marques de bonté, vous m'aviez toujours regardé d'un

œil si favorable, et l'attrait de votre grâce s'était si
souvent fait sentir à mon cœur, que vos premiers
bienfaits m'avaient comme forcé d'en attendre d'autres, jusque-là même d'oser prétendre à la faveur
d'entrer un jour dans votre maison, et c'était déjà
pour moi un sujet de joie. Mais, hélas! que cette joie
était mêlée de crainte et d'incertitude! Me souvenant
qu'il faut être appelé pour entrer dans votre sanctuaire,
et que ceux qui s'y ingèrent sans votre ordre n'y rencontrent qu'anathèmes, mon âme se troublait. Que
sais-je si Dieu me veut dans sa maison? Les gages de
tendresse que m'a donnés son amour semblent me
l'annoncer, mais l'ingratitude avec laquelle je n'y ai
que trop souvent répondu, n'est-elle pas une preuve
du contraire? Encore une fois, que sais-je?... C'était
en moi un combat entre la crainte et l'espérance.
Aujourd'hui, quel changement? Un rayon de votre
lumière est venu dissiper toutes mes ténèbres; plus
d'inquiétude, tout est calme et en paix; plus de
crainte et de tristesse; une joie pure, sans mélange, a
inondé mon âme. Au nom et de la part de Dieu, il
m'a été dit que j'irais dans sa maison, et c'est de la
bouche d'un de ses anges que j'ai reçu cette heureuse
nouvelle. — Aller dans la maison de Dieu, c'est-à-
dire quitter le monde où ma faible vertu eût été exposée à tant de dangers, déclarer un adieu éternel à
des biens trompeurs qui n'enfantent qu'amertume et
dégoût, quel bonheur! *Lætatus sum!*... Aller dans la
maison du Seigneur, c'est-à-dire me consacrer à lui,
n'appartenir qu'à lui, le prendre pour mon unique héri-

tage, faire partie de la société de ses ministres ! Quelle félicité ! Et pour en éprouver une plus grande, ne faut-il pas avoir quitté la terre et s'être envolé au Ciel ? Ah ! il fut court, l'intervalle qui s'écoula entre le moment où me fût annoncée ma destinée future, et celui qui m'en assura à jamais la possession, et pourtant, qu'il me parut long ! Qu'elle fut longue surtout la nuit qui précéda l'heureux jour ! Il me semblait que je n'en verrais pas la fin. Dans l'ardeur de mes désirs, mon âme impatiente demandait au soleil de hâter sa course et d'éclairer le jour qui devait combler tous mes vœux. Enfin, l'heure tant souhaitée arriva. Le temple saint ouvrit ses portes, et mes pas purent se diriger vers tes sacrés parvis, ô Jérusalem ! Ils s'y sont fixés, et c'est pour toujours : « *Stantes erant pedes nostri in atriis tuis !* C'est la demeure que vous m'avez choisie, ô mon Dieu ! Je n'en veux et je n'en voudrai jamais d'autres ; toute ma vie, elle aura mes affections, et mon cœur ne battra que pour elle ! Si du moins, ô mon Dieu ! j'avais quelque don à vous offrir en reconnaissance d'un tel bienfait ! Hélas ! je ne suis que misère et péché. Me voici entre vos mains, faites de moi tout ce qu'il vous plaira ; commandez, et vous êtes obéi ! Je ne suis pas entré dans votre maison pour m'y livrer à un repos inutile ; serviteur vigilant, je me tiendrai debout dans tes sacrés parvis, ô Jérusalem ! toujours prêt à voler partout où m'appellera la voix du Seigneur !... »

Ces sentiments magnanimes, si magnifiquement exprimés au seuil du sanctuaire, ne se sont jamais démentis. Soixante années de ferveur et de labeur, sans trêve ni repos, ont prouvé combien ils étaient profonds ; les pieds de cet adolescent, si résolument fixés dans les parvis de Jérusalem, n'ont jamais glissé sur les pentes de Babylone et dans les joies malsaines. « Je me tiendrai debout dans tes sacrés parvis, ô Eglise de Dieu, toujours prêt à voler où la voix du Seigneur m'appellera. » N'est-ce pas là le programme héroïque de sa vie ! Dieu l'a toujours trouvé debout, prêt à partir au premier appel ; la mort l'a trouvé debout, et il a pu répondre, à sa première annonce : « Je suis prêt ! »

Homme essentiellement pratique, et qui savait que toute la vie consiste dans les actes et les détails ; qu'en fait de vertu, le sentiment compte peu, et que, pour reconnaître si on aime Dieu, il faut regarder moins à son cœur qu'à ses mains, aussitôt promu aux premiers ordres, il en étudia les moindres fonctions, et de longs cahiers, toujours écrits de sa main ferme et nette, entrent dans les plus petits détails des rites sacrés. Depuis les ministères de l'acolyte, du lecteur et du cérémoniaire, jusqu'à ceux plus augustes du sous-diacre, du diacre et du prêtre, tout est indiqué avec une précision qui ne laisse rien à l'incertitude et à l'hésitation. Il joignait la pratique à la théorie. Parmi les fonctions que venaient de lui conférer les ordres mineurs, se trouvait l'office très honorable de servir le prêtre à l'autel et de veiller à la décoration du lieu saint. On le voyait dès lors, comme on le vit à l'occasion jusqu'à son extrême vieillesse, servir la

sainte messe avec la modestie et le recueillement d'un
ange. Il eut de même le zèle de la maison de Dieu, le
soin de l'orner et de l'embellir. Nous verrons ce zèle,
qui ne le quitta jamais, éclater surtout, lorsqu'il en-
treprit la magnifique restauration de l'église de Pontigny et sut lui rendre, par des travaux incessants, sa
primitive splendeur.

Il n'ignorait pas que si le Grand Séminaire est
l'école de la science sacrée, il est aussi une école de
vertu, une académie de sainteté, le moule profond où
le jeune homme est jeté pour y prendre la forme du
prêtre. C'est le noviciat, où il façonna doucement son
esprit, son caractère et son cœur aux habitudes réser-
vées, aux mœurs graves, à la démarche et à la tenue
qui a donné au clergé de tous les temps sa physionomie, et, particulièrement à l'abbé Boyer, le grand air
sacerdotal qui l'a toujours distingué.

L'année scolaire venait de finir, et l'abbé Boyer,
fatigué de ses travaux, rentrait dans sa famille pour
y passer ses vacances et jouir d'un repos bien mérité,
lorsqu'il fut soudainement atteint par une grave
maladie qui le conduisit jusqu'aux portes du tombeau.
On put craindre un instant que Dieu, content de l'héroïque bonne volonté de son jeune serviteur, allait le
rappeler à lui, le cueillir dans sa fleur, lui épargner
les poussières, les durs soleils, et peut-être, hélas !
les blessures du champ de bataille. Ce ne fut qu'une
épreuve pour montrer à la terre combien les jeunesses
pures craignent peu la mort, et quel est leur filial abandon pour vivre ou pour mourir, selon le bon plaisir

divin. Dieu, qui aime son Eglise, ne voulut pas lui ravir celui qui devait lui sauver tant d'âmes et l'honorer pendant soixante ans par les plus glorieux services. Le jeune convalescent recouvra bientôt toutes ses forces et son aptitude merveilleuse au travail.

Il rentra avec un véritable bonheur au Séminaire, et y reprit cette vie recueillie, régulière et si bien ordonnée que nous avons connue. Il allait être appelé aux ordres sacrés, et Dieu seul sait avec quelles admirables dispositions l'heureux ordinand s'y préparait. Le jeune Muard était là pour attiser encore son courage et faire miroiter à ses yeux la perspective ardente des Missions étrangères. Pendant les vacances, il le visitait souvent pour enflammer son zèle, et la famille du jeune Boyer, qui chérissait l'abbé Muard, le redoutait plus encore. « Ah! disaient les parents et les amis, il va *pervertir* notre cher abbé, et nous l'emmener dans les pays étrangers! » On sait que les deux amis devaient se retrouver un jour dans les missions diocésaines, où leur zèle ne fut pas moins fécond qu'il ne l'eût été en Chine ou au Japon.

L'abbé Boyer avait vite conquis la confiance des maîtres et des élèves; il était, comme au Petit Séminaire, le modèle accompli de ses condisciples. Les témoignages d'honneur vinrent le trouver : il fut chargé, avec M. Muard, de la surveillance des études, et dut, comme son digne ami l'avait fait l'année précédente, complimenter Monseigneur au jour de sa fête.

Mgr de Cosnac, l'archevêque de Sens, de sainte et

vénérée mémoire, qui devait conférer à l'abbé Boyer
tous les ordres de la sainte hiérarchie et qui l'honorait d'une particulière affection, portait le nom de
Jean, et, le 27 décembre, le Grand Séminaire allait
lui offrir ses souhaits de fête. Ce fut l'abbé Boyer qui
fut chargé de lui exprimer les vœux et l'affectueux
respect de ses condisciples et de ses maîtres. Ce noble
prélat portait dans toute sa personne le cachet de la
plus haute distinction et de la plus vive piété, et il
inspirait à tous une cordiale et profonde vénération.
On le voyait assister à tous les offices de la cathédrale
humblement prosterné dans la prière. Il marchait à la
tête des prêtres et des fidèles dans l'exercice du chemin de la Croix, et il donnait à tous l'exemple de la
plus tendre dévotion à la Passion de Notre-Seigneur.
Pendant le choléra, qui ravagea son diocèse en 1832,
il n'hésita pas à se rendre au foyer le plus ardent de
la terrible épidémie, pour consoler, réconforter et
soulager les malheureux atteints par le fléau. Toutes
les œuvres de miséricorde, la diffusion des écoles,
des congrégations, la reconstruction des églises, trouvaient en lui un zèle admirable et une libéralité égale
à son zèle. La louange était donc facile, et ce fut dans
toute la sincérité d'un cœur filial que le jeune orateur
lui adressa les paroles suivantes retrouvées parmi ses
écrits :

« Monseigneur,

« La fête du bienheureux apôtre qui vous a légué
son nom et ses vertus nous est particulièrement

chère. Elle nous montre vivants en vous les souvenirs et la charité du disciple que Jésus aimait. Vous avez hérité de cet amour, Monseigneur, et pourriez-vous ne pas être aimé du Sauveur, vous qui consacrez tous vos instants au service de l'Eglise et qui semblez n'avoir de parole que pour la défendre, soutenir ses intérêts et sa gloire? Seul, il connaît les libéralités que votre généreuse charité verse dans le sein des pauvres, et les pieux gémissements que le malheur des temps vous fait répandre en sa présence.

« Il y a un bienfait spécial, dont nous avons besoin de vous remercier, Monseigneur, c'est l'établissement des retraites ecclésiastiques et des conférences cantonales, dans lesquelles nous aurons le bonheur de retremper nos esprits et nos cœurs, et de renouveler en nous l'esprit sacerdotal.

« Quand, regardant l'avenir, nous prévoyions le jour où vous nous imposeriez le joug du Seigneur, et nous enverriez au milieu des peuples, à la pensée déjà si inquiétante de ce redoutable ministère, se joignait une autre tristesse. Nous ne reviendrions donc plus dans cet asile béni où nous avions goûté des joies si douces, et où nous avions, pour animer notre ferveur, le saint Archevêque dans lequel nous voyions un Père, et qui, lui-même, ne voyait en nous que des enfants? Il nous sera moins pénible de nous séparer de notre bien-aimé prélat, puisque, en le quittant, nous emporterons l'espérance de le revoir chaque année et de nous édifier près de lui dans les pieux exercices de la retraite.

« Il ne nous reste plus, après tous ces bienfaits,
qu'à bénir le Seigneur qui, en vous donnant à nous,
nous a fait tant de dons en un seul, et à vous prier,
Monseigneur, de nous bénir en son nom. »

Ces paroles étaient vraies, et, comme toutes celles
que prononça l'abbé Boyer, même en donnant des
louanges, portaient l'accent de la sincérité. Pour en
comprendre toute la portée, il faut avoir connu cet
admirable prélat et se souvenir qu'elles furent prononcées trois ans après cette révolution de juillet qui
avait abreuvé d'amertume son âme et lui avait sus-
cité de douloureuses difficultés.

Les mois suivants passèrent vite; ils furent consa-
crés par le jeune lévite à préparer son âme pour l'engagement irrévocable. Vers la fin d'avril, il fut appelé
au sous-diaconat. Il s'empressa d'annoncer la bonne
nouvelle en termes émus et débordants de bonheur
à son bien-aimé père, le mentor de son enfance, et à
sa famille. Il leur déclara que c'était la réalisation du
rêve de toute sa vie et qu'il goûtait la joie d'un grand
but pleinement atteint. Il demanda aussi le pardon
des fautes de sa jeunesse et enfin une bénédiction qui
couvrît toute cette première partie de son existence.
Désormais, ce serait lui qui bénirait ceux qui l'avaient
si souvent béni. Il reçut de son père une lettre touchante qu'il mouilla d'abondantes larmes. Il la tran-
scrivit aussitôt à la tête de son premier cahier, en
l'accompagnant de ses mots : « Je ne saurais mieux
commencer ce recueil qu'en y retraçant des paroles
qui ne doivent jamais s'effacer de ma mémoire ; c'est

la belle et touchante réponse que me fit mon tendre père à la lettre où je lui annonçais mon appel au sous-diaconat. »

« Mon cher enfant,

« Je ne peux te répondre que les larmes aux yeux, en présence de la grande vocation que tu vas embrasser. Il faut me résoudre à te donner un consentement qui, peut-être, fera ton malheur. Mais quoi dire ? Dieu te parle au cœur, je me soumets à sa volonté sainte. Je lui demande seulement de te montrer si tu es digne de le servir dans les sublimes fonctions auxquelles il t'appelle !... Si j'avais la douleur de te voir infidèle, le sacrifice de ma vie ne me coûterait rien !... mais non, il n'en sera pas ainsi, j'ai toujours connu tes plus intimes pensées, et j'ai remarqué que tes sentiments n'ont jamais changé. Puisses-tu, mon cher enfant, mériter la bénédiction que tu désires et en rester à jamais digne par ta conduite et tes vertus ! Puisses-tu faire la consolation de notre vieillesse !... Que la bénédiction que nous te donnons soit le gage de notre tendresse ! Nous te la donnons tous les jours, Dieu le sait, mais tu n'entends que celle-ci... Nous te pardonnons avec les larmes de la joie, et nous répétons avec le prophète : *Facti sumus sicut consolati*. »

Pour comprendre les accents de crainte et de tristesse mêlés ici à une joie trop contenue, il faut se rappeler que M. Boyer avait été témoin des scandales de la première révolution, et qu'il avait été peut-être l'élève de l'infidèle doctrinaire Manuel, qui devint procureur à la Commune. Père vénéré, n'ayez pas de pareilles craintes, un tel fils ne vous donnera pas une telle douleur ; il sera la joie et l'éternel honneur de votre famille, et il est, en ce moment, votre récompense au ciel !

Ce fut le 24 mai 1834, que l'abbé Boyer reçut le sous-diaconat dans la cathédrale de Sens, en même temps que son saint ami, l'abbé Muard, recevait l'onction sacerdotale. Sous l'impression profonde de ces avis paternels, que, plus tard, il ne se rappelait jamais sans émotion, il se prépara avec un redoublement de ferveur à l'engagement irrévocable. Ce pas décisif ne fut pas précédé pour lui de nuits sans sommeil, ni de ces anxiétés qui assiègent parfois le jeune homme incertain de ses voies. Il répondit donc avec certitude et allégresse, et, le 24 mai 1834, veille de la Trinité, il avançait courageusement. Il avait devant les yeux l'abbé Muard qui allait être prêtre. Séparés par quatre ans d'âge et deux années de séminaire et d'ordination, nés dans la même région, ils ne se séparèrent jamais que pour se retrouver ; leurs deux vies coulèrent comme des fleuves parallèles, qui, sans toujours mêler leurs eaux, vont se jeter dans le même océan. Ils firent l'un et l'autre leurs études sous les mêmes maîtres et dans les mêmes écoles sacerdotales. Ils furent curés de paroisses pendant le même espace de temps, et, après les avoir quittées avec la même générosité, ils se retrouvèrent dans la communauté naissante de Pontigny, dont le premier avait posé la première pierre, et dont le second établit la solide fondation et l'heureux développement. Et quand M. Muard voulut continuer la vie religieuse sous une forme plus austère et sous un autre habit, ce fut son ami, M. Boyer, qui prononça le discours de profession au milieu de l'émotion générale.

Avant de se séparer, les deux amis mêlèrent leurs prières et leurs larmes de reconnaissance. Ils devaient se rejoindre dans les vacances suivantes, et le jour de l'Assomption, M. l'abbé Boyer, quoiqu'il ne fût encore que sous-diacre, consacra les prémices de son apostolat à évangéliser la première paroisse de M. l'abbé Muard. Le nouveau prêtre bénit le nouveau sous-diacre, qui lui succéda aussitôt dans la charge de maître d'étude au Grand Séminaire. Il remplit cette humble fonction avec l'ordre et la discipline tempérée qui convenaient à son caractère ferme et doux, n'oubliant jamais qu'il était *primus,* mais *inter pares,* le premier parmi ses égaux. Il était aimé et estimé de tous, quoique plus d'un dormeur ou d'un causeur ait pu regretter d'avoir un surveillant trop éveillé. Les deux années qu'il devait encore passer au Séminaire, s'écoulèrent rapidement dans l'exercice de cette nouvelle charge, des labeurs que nous avons énoncés, et dans une ferveur toujours croissante. Il reçut le diaconat le 13 juin 1835; et, huit mois après, le 17 février 1836, il fut ordonné prêtre pour l'éternité, avec 'dispense d'âge : il n'avait que vingt-trois ans et douze jours.

Lorsqu'un mot du Pontife l'eût couché sur les dalles

du sanctuaire, il retrouva la source des larmes versées
au jour de son sous-diaconat, et aux litanies des saints
il ne répondit qu'en pleurant, pleurs d'amour qui
viennent du cœur blessé, larmes de joie, à la vue des
merveilles que Dieu opère dans sa pauvre créature.
Il assista, plus tard, à l'ordination d'un grand nombre
de ses fils spirituels, qu'il se faisait un devoir d'accompagner à ce grand acte, jamais sans attendrissement.
Mais rien n'est comparable à ce qu'il éprouva lui-
même, quand le Pontife, par le Saint-Chrême, consacra ses doigts qui devaient toucher la divine Hostie,
et, par l'imposition des mains, lui conféra les pouvoirs du Christ-Rédempteur, quand, enfin, il entendit
retentir à ses oreilles les paroles de la Mission :
« Comme mon Père m'a envoyé, je vous envoie! »
Euntes ergo, docete! Le *Te Deum* fit ensuite monter
jusqu'au Ciel le cri de sa reconnaissance. Quand il
rentra au Séminaire, il courut au parloir se jeter
dans les bras de son père et de sa mère, qui répondirent à ses étreintes par des larmes de bonheur.

Nous ne dirons rien de plus des admirables dispositions avec lesquelles il accomplit cet acte, le plus
mémorable de sa vie ; nous n'en trouvons aucune
trace dans ses écrits. Nous savons, du reste, qu'il
s'était fait une loi de détruire derrière lui tous les
vestiges de ses pas, et de ses communications intimes
avec Dieu. Il les gardait dans son cœur comme un
trésor caché ; il avait ouï l'Esprit-Saint lui dire qu'*il
est bon de cacher le secret du Roi!* Un jour, l'une
des âmes qu'il dirigeait dans les voies élevées, lui

présenta un recueil, précieux pour elle, qui était
comme le mémorial des paroles qu'il lui avait dites,
des lumières, des faveurs, des grâces singulières
qu'elle avait reçues par son entremise, il les jeta au
feu, et lui conseilla de ne rien garder qui pût révéler
les communications divines. Il fermait à l'émeri le
vase de son cœur, où il conservait les douceurs et les
consolations célestes ; il savait qu'en l'entr'ouvrant, ces
essences surnaturelles perdaient leur parfum.

Pendant les douze années de ses études classiques
et théologiques, nous avons pu le suivre pas à pas, à
la trace des résumés, des analyses, des traités et des
compositions littéraires, écrits avec une netteté et une
lucidité merveilleuses, et assister à la culture de cette
belle intelligence. Mais les grâces extraordinaires, les
secrets de son âme sont restés entre Dieu, son directeur et lui, et les reliques qui nous en sont parvenues
n'ont pas été conservées par ses soins.

Mon âme a son secret, ma vie a son mystère !...

Le voilà donc prêtre, prêtre pour l'éternité, prêtre
jusque dans la moelle du cœur et des os. Ce grand
nom est le seul qui, désormais, lui conviendra, car il
résume sa vie, il en explique la variété, il en forme
l'unité, il sera le principe de tous les travaux, de tous
les merveilleux dévouements qu'il nous reste à raconter. Prêtre ! C'est le nom qui rayonnera sur sa
mémoire, tant qu'elle vivra parmi les hommes ! C'est
le nom qui a rayonné toute sa vie à la place d'honneur de sa modeste chambre. La reconnaissance était

un besoin de son cœur. Il voulut que la date sacrée de
son sacerdoce et des différentes étapes qui l'y conduisirent, écrites au Ciel en lettres d'or, gravées dans
son âme en caractères ineffaçables, fussent peintes en
lettres belles et voyantes sur un large mais pauvre
tableau qui était à peu près le seul ornement de son
humble cellule. Ce tableau occupait la place d'honneur après le crucifix. Chaque matin, en ouvrant les
yeux, le premier regard du saint prêtre était pour son
Dieu, le second pour les dates qui résumaient les
grandes joies de sa vie. Nous reproduisons ici ce tableau, comme couronnement de notre récit.

HABEATUR

IN MONUMENTUM

ET CELEBRETUR SOLEMNIS DOMINO

CULTU SEMPITERNO

DIES ANNIVERSARIA

Baptismi

13 *Februarii mensis anni* 1813

Susceptæ ad primum Eucharistiæ

13 *Junii mensis anni* 1825

Confirmationis

18 *Aprilis mensis anni* 1832

Primæ tonsuræ
et quatuor minorum ordinum

22 *Martii mensis anni* 1833

Subdiaconatûs

24 *Maii mensis anni* 1834

Diaconatûs

13 *Junii mensis anni* 1835

Presbyteratus

27 *Februarii mensis anni* 1836

« Quid retribuam Domino ?... »
« Vota mea Domino
reddam !... »

MÉMORIAL

DES GRANDS JOURS DE MA VIE
POUR LESQUELS JE DOIS AU SEIGNEUR
UNE RECONNAISSANCE ET UN CULTE
ÉTERNELS

Baptême
13 *Février* 1813

Première Communion
13 *Juin* 1825

Confirmation
18 *Avril* 1832

**Première tonsure
et Ordres mineurs**
22 *Mars* 1833

Sous-Diaconat
24 *Mai* 1834

Diaconat
13 *Juin* 1835

Sacerdoce
27 *Février* 1836

« Que rendrai-je au Seigneur ?
« J'offrirai au Seigneur ma reconnaissance
et mes vœux !... »

CHAPITRE IV

M. BOYER NOMMÉ CURÉ DE POURRAIN

MINISTÈRE PASTORAL

Le nouveau prêtre sortit de l'ordination comme d'un autre cénacle, et, l'âme encore chaude des ardentes impressions de l'Esprit-Saint, les mains encore humides de l'onction sacerdotale, il s'empressa de porter les prémices de son sacerdoce à sa bien-aimée famille et à son pays natal. Ce fut un vrai jour de fête. Toute la population, élevée par son père, témoin de la vie exemplaire du jeune lévite qui avait grandi sous ses yeux, alla à sa rencontre et l'accompagna en triomphe à l'église, ornée et regorgeant de fidèles comme aux grandes solennités. En célébrant sa première Messe, dans cette église où il avait été baptisé, à cet autel où il avait reçu son Dieu pour la première fois, il laissa couler des larmes qui se mêlèrent, dans le calice, au sang de Jésus-Christ ; larmes que le temps ne tarira pas, et dont la source se rouvrira avec une nouvelle abondance, lorsqu'il reviendra, cinquante ans après, célébrer ses noces d'or à ce même autel qui avait réjoui sa jeunesse ! Au *Memento* des vivants et à celui

des morts, que de noms se pressèrent dans sa mémoire
et sur ses lèvres, noms de ses proches, de ses aïeux, de
ses bienfaiteurs, de ses amis, de cette paroisse qui
l'avait vu naître. Parmi les assistants, au milieu de
sa famille rayonnant de joie, on remarquait sa jeune
sœur de vingt ans, contenant des pleurs qu'elle avait
promis de ne pas laisser couler, et promettant, elle
aussi, dans le secret de son cœur, que, le plus tôt possible, elle quitterait le monde, pour se consacrer entièrement à Dieu.

Des agapes fraternelles réunirent ensuite, au foyer
en fête, les parents, confrères et amis, les anciens du
sacerdoce, heureux d'entourer de leurs félicitations,
l'héritier de leur zèle et de leur dévouement.

L'abbé Boyer ne put donner qu'un temps bien court
aux joies de la famille et au repos que réclamaient
tant de fatigues et d'émotions. Vingt jours après, accompagné de sa mère et de sa sœur, il gravissait les
pentes qui le conduisirent à l'église et au presbytère
de Pourrain. L'église eut sa première visite et entendit
les premiers soupirs de sa prière. Quand il entra dans
sa nouvelle demeure, bâtie au sommet du coteau, à
quelques pas de l'église, il fut ravi du site admirable
qui se découvrit à ses yeux. D'un regard ému, il con-
templa la vallée qui s'étendait à ses pieds, les maisons
éparses qui désormais lui étaient confiées, ce hameau
de Montmartin, où il devait former des saints et un
évêque martyr, et son front se chargea de cette mélancolie surnaturelle qu'éprouvait saint Dominique quand
il entrait dans une ville et qu'en contemplant les

maisons, il pensait aux douleurs et aux péchés qui remplissent les demeures des hommes.

Les habitants s'étaient réunis sur la place, pour lui souhaiter la bienvenue, et ils lui donnèrent les témoignages de la plus vive allégresse. Le maire, bourgeois libéral, dont la fortune et la foi religieuse avaient subi quelques avaries, s'était trouvé prêt pour les honneurs à la Révolution de 1830. Éclos au soleil des glorieuses journées, il partageait les idées avancées du temps ; il allait à la messe aux grandes fêtes et n'avait jamais manqué une occasion de tracasser son curé. A l'arrivée du nouveau pasteur, il partagea la joie commune. Toutefois, à la vue de ce jeune homme, sans doute distingué, mais qui n'avait pas, comme son prédécesseur, M. Grimaldi, la stature et l'ampleur d'un cuirassier, il ne put s'empêcher de murmurer tout bas aux oreilles de ses voisins : « On nous envoie *un enfant de chœur* pour diriger une paroisse comme la nôtre!... » Mais, le lendemain, dimanche de la Passion, lorsqu'il l'entendit en chaire, d'une voix sonore et vibrante d'émotion, de ce ton un peu trop élevé que le peuple aime, éclater en ces cris d'éloquence qui remuent l'âme jusque dans ses profondeurs, il lui semblait que la taille du jeune orateur grandissait à mesure qu'il parlait, et ses préventions de la veille se changèrent en admiration. Il put pressentir aussi, lui, l'autoritaire magistrat, qui prétendait gouverner l'Eglise aussi bien que la mairie, qu'il trouverait dans cet *enfant de chœur* un intrépide défenseur des droits de l'Eglise et des intérêts de la religion. Dans les

nombreux démêlés qui ne manquèrent pas pendant
une administration de dix années, jamais le maire
révolutionnaire de 1830 ne put entamer la calme et
religieuse indépendance du pasteur, dont il était forcé
de reconnaître les talents et les vertus. Dès le premier
jour, M. Boyer, par le charme de sa personne, par la
noble modestie de son maintien, par son éloquence
ardente et intelligible à tous, captiva l'immense assemblée, accourue des plus lointains hameaux, pour
voir et entendre le nouveau curé.

Nous avons entre les mains le discours d'entrée qu'il
prononça avec tout son cœur et où se révèle son âme
d'apôtre. Il voulut d'abord abriter sa jeunesse et son
ministère sous l'autorité de Dieu : « Si je parais au
milieu de vous, mes Frères, ce n'est pas moi qui me
suis appelé, c'est Dieu, c'est votre Père et le mien,
qui m'envoie à vous, c'est en son nom que je vous
parle et que je vous parlerai toujours. Ah ! je ne puis
considérer la grande mission qu'il me confie, sans
frayeur, tant elle me semble sublime et redoutable;
sans bonheur, tant elle me semble belle et consolante.
Car, ne l'oubliez jamais, Dieu ne nous charge pas
d'exercer ses justices, au milieu des hommes; il n'a
pas dressé de tribunal de justice en ce monde, mais
il veut que nous soyons les ministres et comme les
anges de sa bonté, de sa miséricorde et de sa charité. Nous devons pleurer avec ceux qui pleurent, rapprocher les cœurs désunis, réconcilier les pécheurs
avec Dieu, essuyer toutes les larmes, adoucir toutes
les douleurs, être l'œil de l'aveugle, le pied du boi-

teux, le père de l'orphelin, avoir un cœur assez large,
assez dilaté par la charité, pour les y renfermer tous.
Quel ministère, ô mon Dieu ! il serait redoutable aux
anges même ; et moi, si faible, comment pourrais-je
le remplir ? Votre bonté fait mon espoir, ma force, ma
confiance, vous m'avez envoyé à ce cher peuple, vous
me dirigerez dans mes voies, et vous m'aiderez à le
sauver.

« Mais, après Dieu, c'est sur vous, mes Frères, que
ma confiance se fonde, sur le concours de vos prières
et de votre bonne volonté. Ah ! tandis que votre pasteur pensera tous les jours à vous au saint Sacrifice et
dans toutes ses prières, tandis que sa voix suppliante,
et plus encore les soupirs de son cœur, appelleront
sur vos têtes les bénédictions divines, vous, ô cher
troupeau, objet de tous mes soins et de tout mon
amour, vous prierez le Seigneur de m'éclairer de ses
lumières et de me montrer la voie dans laquelle il
veut que je vous conduise et que nous marchions ensemble. Vous m'aiderez de vos prières, vous me sou-
tiendrez de vos efforts, et la parfaite harmonie qui
règnera entre nous allègera mon ministère et vous le
rendra plus profitable.

« Ah ! comment pourrais-je douter de votre bien-
veillance et de votre zèle, quand je vois votre église et
vos écoles restaurées par votre digne magistrat auquel
vous avez prêté un si généreux concours, quand je
suis témoin des regrets que vous donnez aux vertus
de mon vénéré prédécesseur ? Je puis donc compter sur
votre dévouement, mes Frères ; le passé m'est un ga-

rant de l'avenir, le présent lui-même me fait concevoir
ces heureuses espérances ! Ce n'est pas sans une vive
émotion que j'ai vu l'affection avec laquelle vous
m'avez accueilli, la charité vraiment filiale que vous
m'avez témoignée, malgré un deuil récent et des souvenirs chers, pendant les heures rapides qu'il m'a déjà
été donné de passer au milieu de vous. Ah ! j'essaierai
de vous payer de retour, et j'ai la confiance dans le
Dieu qui me donne à vous ! Ce ne sera pas en vain que
je porterai le nom de votre pasteur, et toujours mon
occupation la plus douce sera de travailler à votre bonheur. Déjà je ressens, au plus profond de moi-même,
je ne sais quel tressaillement qui me fait vous crier
avec l'Apôtre : « Quand pourrai-je me sacrifier pour
« vous ? Je donnerai tout et je me donnerai moi-même
« par-dessus tout pour vos âmes : » *Ego impendam et
superimpendar ipse pro animabus vestris* (1). Oui,
mes Frères, Dieu, devant qui je parle, m'est témoin
qu'il n'en est aucun parmi vous, parmi les membres
de cette grande paroisse, pour le salut duquel je ne
donnerais volontiers jusqu'à la dernière goutte du sang
qui coule dans mes veines. Je ne vous connaissais pas
encore que déjà je vous aimais et je priais pour vos âmes
qui m'étaient destinées. Que sera-ce maintenant que
j'ai pu vous voir et vous connaitre? Mon affection n'a
fait que s'accroître. Ah ! la force et les moyens de servir vos intérêts pourront me manquer, mais l'amour

_____

(1) 2 Cor. 12, 15.

que je vous porte ne périra jamais, et le désir de vous
être utile remplira toujours toutes mes pensées.

« Ne craignez donc pas de m'importuner la nuit
comme le jour, vous me trouverez toujours prêt à vous
secourir. Ne pas pouvoir satisfaire à vos besoins spirituels ou même temporels, ou bien vous voir manquer
de confiance pour me les exposer, seraient à mon
cœur deux peines également cuisantes. Eh quoi ! un
pasteur est-il donc pasteur pour lui-même ! Et Jésus-
Christ, le modèle des pasteurs, et ceux qui, dans la
suite des siècles, ont marché sur ses traces, n'ont-ils
pas donné leur vie pour leurs brebis ? Ainsi en sera-t-il
de moi-même, tout faible et indigne que je suis, si vous
daignez, Seigneur, exaucer mes vœux et me soutenir
de votre grâce !

« En attendant qu'il me soit donné de réaliser ces
sincères désirs et cette ambition de mon cœur, veuillez,
mes Frères, recevoir de ma bouche les souhaits que
saint Paul, dans ses lettres immortelles, adressait aux
fidèles confiés à sa sollicitude. Je vous les envoie
comme mes précurseurs ; ils me feront attendre avec
moins d'impatience le jour où il me sera donné de
satisfaire l'ardeur qui me presse, de visiter chacune
de vos demeures et de porter à vos familles les bénédictions que Dieu attache à la première visite d'un
pasteur.

« Recevez donc ces souhaits divins que je prends
dans le cœur et sur les lèvres ardentes de saint Paul
pour vous les adresser. Que la grâce et la paix de
Dieu notre Père, et de Notre-Seigneur Jésus-Christ

soient toujours avec vous!... avec vous, parents et
époux chrétiens, pour faire régner le bonheur dans
vos maisons, et faire de tous les jours que vous y
passerez, des jours de fête! Avec vous, ardente jeunesse, pour vous défendre à l'heure du péril et vous
préparer d'heureuses destinées! Avec vous, riches, pour
vous apprendre à cacher vos aumônes dans le sein des
pauvres, et vous préparer la délivrance dans les jours
mauvais! Avec vous, pauvres, pour vous révéler les
mystérieuses béatitudes de la pauvreté! Avec vous,
infirmes, souffrants, déshérités, pour vous apprendre le
mérite de la douleur et vous faire acheter au prix de
souffrances passagères, un poids immense de gloire!
Pourrais-je vous oublier dans mes vœux, chers enfants,
fleurs de l'avenir, espoir du pays, vous pour qui je
ressens déjà, comme l'Apôtre, les douleurs de l'enfan-
tement, jusqu'à ce que Jésus-Christ soit formé en
vous? Vous êtes la plus chère portion de mon héritage, et je vous dois une double bénédiction, afin que
vous croissiez tous les jours en grâce et en sagesse
devant Dieu et devant les hommes. Enfin, mes Frères,
qu'elles soient avec vous tous, la grâce et la paix de
Dieu notre Père, et de son Fils Notre-Seigneur Jésus-
Christ! Qu'elles accompagnent et dirigent tous vos
pas, et de cette terre vous conduisent au Ciel!..... »

Nous avons voulu citer au long ces premières paroles prononcées par M. Boyer, en paraissant au
milieu de son peuple, parce qu'elles ne furent pas,
dans sa bouche, une vulgaire exhortation, mais le
programme fidèle de sa vie pastorale peinte par lui-

même. Chaque mot, frappé comme une médaille, portait avec lui une promesse et une vertu qu'il a toujours mises en pratique. Tous comprirent que de tels accents, sur les lèvres de ce jeune prêtre de vingt-trois ans, n'étaient pas un airain sonnant, mais le cri d'un cœur altéré de sacrifice et de dévouement, et comme l'épithalame de ses saintes fiançailles avec une paroisse qui lui resterait chère à jamais. Lorsqu'il descendit de chaire, nous dit un témoin oculaire, il ruisselait de sueurs et de larmes ; le vaste auditoire restait haletant sous le poids d'une émotion qu'il n'avait jamais ressentie, et chacun comprit, par un de ces pressentiments qui ne trompent pas, que la paroisse avait reçu, ce jour-là, un grand don, le don incomparable d'un prêtre aussi éloquent que zélé.

Pour mieux apprécier l'impression profonde et générale, produite par M. Boyer, il faut se rappeler que son prédécesseur, M. Grimaldi, homme de bien, prêtre édifiant, mais de nationalité étrangère, parlait un langage inintelligible pour le plus grand nombre, et qu'il n'avait pu ni instruire, ni exhorter, ni convertir. Le champ était donc en friche. La Révolution, en exilant et en égorgeant les prêtres, avait tari la source des vocations et laissé les paroisses à l'abandon, sans culture et sans pasteur. La Révolution de 1830 venait encore de réveiller les mauvaises passions et d'encourager sinon l'hostilité, au moins l'indifférence. Il fallait un saint prêtre pour restaurer toutes ces ruines ; il venait de paraître, et Dieu avait visité son peuple.

Ce fut un beau jour pour M. Boyer que celui de
la prise de possession de sa première paroisse ; Dieu
venait de lui donner des âmes, écrites pour lui au livre
mystérieux d'une mutuelle prédestination. Des âmes !
Ce mot-là a toujours fait vibrer son cœur jusqu'au
dernier soupir. Sa foi vive lui avait montré la beauté
invisible de ces âmes créées à l'image de Dieu et destinées à le posséder pendant l'éternité. Faire du bien
aux âmes, les purifier, les sanctifier, c'était sa passion
et sa vie ! A l'heure de son agonie, nous lui deman-
dions de vivre encore ; il nous répondit : « Si Dieu
le veut ; je serai bien content de lui gagner encore
des âmes ! »

Il sentait le prix de cet empire que Dieu venait de
lui confier, où il allait trouver des âmes à guérir, à
bénir, à diriger dans les voies éternelles.

Après cette première journée remplie par sa parole,
par les chants et les prières publiques, par les félicitations qui lui venaient de tous les cœurs et de toutes
les bouches, quand, le soir venu, il se trouva seul
entre sa sœur et sa mère, au seuil de son presbytère,
en présence de ce vaste horizon dont ses yeux ravis
ne se lassèrent jamais, il regardait les hameaux lointains, les maisons éparses dans les campagnes, il
s'exhalait en prières et en reconnaissance d'avoir
été jugé digne de conduire à Dieu et au Ciel des
âmes. C'était là son royaume à lui, sans doute bien
humble, mais toujours supérieur aux forces d'un
homme. Les rois de la terre ne reçoivent pas des
âmes à gouverner ; il n'aurait pas changé avec eux

son empire de « pauvre petit curé de Pourrain. »

Une fois installé dans sa nouvelle demeure qui portait le beau nom de « presbytère, » il organisa sa vie, car il était essentiellement organisateur, homme d'ordre et de détail. Il faisait tout avec poids et mesure, et tout chez lui avait sa place et son temps. Il savait qu'une vie réglée semble allonger les jours et donne du temps pour tout, comme une maison bien distribuée par un habile architecte, semble s'élargir et donne plus d'espace. Son lever fut toujours matinal, exact et courageux : ce fut une de ses forces, la clef de voûte de sa journée. Il se levait à 5 heures, comme au Séminaire, pendant les dix années passées dans le ministère paroissial, à 4 heures pendant les cinquante années de sa vie religieuse. Nous avons retrouvé, après sa mort, dans son pauvre petit sac de voyage, le plus pauvre de la maison, son réveil-matin, qui ne le quittait jamais, et devenait pour lui un excitateur incorruptible. Il obéissait à sa voix comme à celle de Dieu, et, à son premier appel, il était debout. La prière vocale, la méditation, l'office divin, la sainte messe, l'action de grâces largement acquittée, remplissaient les deux premières heures de chaque journée ; c'étaient les prémices offertes au Seigneur, le sacrifice du matin. Dans la soirée, la lecture spirituelle, le saint office, le chapelet, la visite au très saint Sacrement, la prière, et l'examen de conscience, séparés par les intervalles qu'exigeaint les saisons ou les devoirs du ministère, remplissaient les deux heures les plus favorables et les plus recueillies

de l'après-midi. Et Dieu était ainsi l'*alpha* et l'*oméga*,
disons mieux, le tout de ses journées, qui coulaient,
comme le fleuve calme et profond, pleines jusqu'au
bord. C'était la première et meilleure part de son
temps, la dette sacrée qu'avant tout il payait à Dieu.
Il y apportait une fidélité matérielle et inviolable,
sans laquelle la vie dispersée au dehors ne se res-
saisit plus et ne peut se recueillir. Ainsi, dès le début
de son ministère, la vie contemplative avait élevé
chez lui la vie active à une hauteur surnaturelle où
l'âme, une fois fixée, ne craint pas que les détails
l'accablent et la dépriment. La vie intellectuelle commençait ensuite, et M. Boyer se mettait à l'étude et à
la composition. On le trouvait alors dans sa chambre,
qui brillait, comme son église et sa sacristie, par un
ordre et une propreté irréprochables. Il s'y tenait
dans cette attitude digne qu'on admirait tant en saint
François de Sales ; c'était le sanctuaire du travail,
comme l'église était le sanctuaire de la prière. Il
avait, sur son bureau, ses livres usuels et ses cahiers
toujours bien rangés. Le sermon du dimanche suivant était là, commencé et ouvert, qui semblait tendre
les bras à son maître et le conjurer de ne pas l'oublier. Il savait qu'un bureau sans crucifix, c'est un
champ sans soleil ; il avait donc là, constamment
sous les yeux, son crucifix et une image du Sacré-
Cœur : le sacrifice et l'amour.

L'infatigable orateur, que nous avons connu toujours prêt à parler, qui avait l'improvisation facile et
ardente, en face d'une assemblée, avait la composition

laborieuse et ardue dans le secret de sa cellule. Le pain de la parole qu'il distribuait chaque dimanche aux fidèles, il l'avait pétri des sueurs de la semaine. Il se crucifiait à sa plume, et il pouvait dire, avec le P. de Ravignan, que la composition de ses discours était sa plus austère pénitence. Pour s'encourager au travail, il avait noté de sa main cette belle pensée de saint Augustin : « Evangéliser et prêcher, c'est sacrifier. Le prêtre qui prêche, c'est le sacrificateur ; le travail de la composition, c'est comme la consécration ; les âmes des auditeurs sont la victime, et leur conversion est le sacrifice. » Il profitait des ardeurs de la jeunesse et des loisirs que lui laissait sa vie de curé de campagne, pour écrire les sermons qu'il nous a laissés, avec la date du dimanche ou de la fête où ils furent prononcés, et avec le nom aimé de Pourrain. Nous pouvons le suivre, pendant ses dix années de ministère pastoral, à la trace ininterrompue de ses discours, peints d'une robuste écriture, sur un fort papier que le temps a jauni, mais n'a pas fait tomber en poussière comme nos papiers d'aujourd'hui. C'était du bon pain de pur. et bon froment, sans afféterie, sans prétention et sans clinquant. *Ils sentent l'huile,* et on y remarque le vestige du *labor improbus,* mais on y sent surtout le feu sacré, la foi et l'amour.

M. Boyer avait un talent réel de prédicateur avec de hautes et ardentes envolées, mais sans le génie et la grande envergure de nos éminents orateurs. Redisons-le, le travail, et un travail opiniâtre, pendant

6

son ministère, comme nous l'avons remarqué pendant ses études classiques, fut chez lui, comme du reste, chez tous les grands hommes, le plus puissant auxiliaire du talent. « Il est, dit M. Thiers, une condition de toute œuvre humaine. Il faut le travail pour produire le beau comme pour produire l'utile ; Raphaël et Michel-Ange ont été condamnés au travail, comme Newton, Racine et Bourdaloue s'y condamnaient eux-mêmes. Le travail est la vertu du talent. » Il fut la vertu de M. Boyer, et marcha d'un pas constant dans le cortège de ses autres vertus.

Plus tard, façonné à la parole publique, l'esprit meublé de la science divine et humaine, accablé par les charges qui s'entassaient toujours plus lourdes sur ses épaules, le P. Boyer vivait sur son acquit et se nourrissait d'une moisson qu'il s'était alors préparée et qui ne s'est jamais séchée. Il n'avait plus qu'à prendre des notes rapides et à jalonner sa parole par des plans clairs et féconds qui lui laissaient toute sa liberté d'allure, sa chaude et apostolique spontanéité. C'est par-dessus tout le double amour de Dieu et des âmes qui l'a rendu, comme les saints, toujours éloquent, même dans les derniers jours de sa vieillesse.

Le renom de son éloquence et de son mérite avait dépassé les limites de sa paroisse, trop étroite pour sa passion d'apostolat. Il évangélisait les paroisses voisines, et, dans les grandes circonstances, il prêchait à la cathédrale d'Auxerre, ou à d'autres auditoires distingués, des discours écrits avec soin, mais où l'on sentait toujours la flamme du missionnaire. Son

peuple était fier de ses succès, et un cercle choisi
d'âmes intelligentes et cultivées réclamait la lecture
en famille du beau discours de la ville. Le pasteur se
prêtait de bonne grâce à ce désir ; il y trouvait un
double profit, et pour les âmes qu'il édifiait, et pour
les corps qu'il soulageait, car il ne se retirait pas sans
avoir prélevé en souriant le tribut de ses pauvres.

Les compositions oratoires, qui étaient, pour
M. Boyer, avec la prière sous toutes les formes, un
devoir d'état, ne lui firent pas négliger la culture des
autres sciences sacerdotales. Peu après son entrée en
paroisse, des conférences ecclésiastiques, où l'on
devait traiter toutes les questions de la science sacrée,
furent établies par Mgr de Cosnac, dans le diocèse de
Sens, et vinrent compléter l'ensemble des mesures
salutaires et réparatrices introduites dans son clergé.
La Lettre pastorale qui annonçait ces conférences, en
indique assez le but : faire fleurir la science sacerdotale, établir l'uniformité de conduite et de doctrine
dans l'exercice du saint ministère, et resserrer entre
les prêtres les liens de la charité fraternelle.

Le zélé prélat allait au-devant des désirs de M. Boyer
qui, ainsi que M. Muard, avait pris l'initiative de ces
édifiantes réunions entre confrères du voisinage.
Chaque semaine, ils se rencontraient dans une sorte
de fraternelle académie, où chacun livrait un travail
de sa composition en présence d'auditeurs bienveillants, qui étaient appelés ensuite à donner sincère-
ment leur avis. C'était une douce occasion pour
chacun des membres d'offrir tour à tour un modeste

dîner, dont le meilleur assaisonnement était la cordiale gaieté qui réunissait les confrères dans une même pensée de courage et de ferveur. Le jeune pasteur de Pourrain aimait à se dilater dans ces aimables expansions, qui firent toujours de lui l'ami le plus apprécié de tous ses voisins.

Aussitôt que les conférences furent officiellement établies, M. Boyer, comme plus capable et plus laborieux, fut élu secrétaire. Ce n'était pas alors une sinécure ; car, dans les commencements, comme personne n'était tenu d'apporter un travail écrit, le temps se passait en expositions verbales et en discussions qu'il fallait noter d'abord, rédiger ensuite *in extenso,* de sorte que tout le travail retombait sur le rédacteur. Modèle en cette charge, comme dans toutes les autres, M. Boyer se mettait à l'étude des questions proposées pendant tout le mois qui précédait les réunions ; il en résumait ensuite les solutions, et ce travail nous reste en cinq cahiers, renfermant les cinq années qu'il passa encore dans le ministère et si parfaitement rédigés, qu'ils ne semblent plus attendre que l'impression ; ils nous restent comme le témoignage de sa science théologique et de sa fidélité au devoir.

C'est ainsi que, pendant les dix années de son ministère pastoral, M. Boyer a pu dire avec les apôtres : *Nos vero orationi et ministerio verbi instantes erimus :* « Nous nous appliquerons constamment et avant tout à la prière et au ministère de la parole ! »

CHAPITRE V

VIE ACTIVE. — ADMINISTRATION SPIRITUELLE DE LA
PAROISSE.— CULTURE DE L'ENFANCE. — Mgr ROUGER.
— SOIN DES MALADES. — VISITES DE SA SOEUR ET
SON ENTRÉE EN RELIGION.— IL PRÊCHE SA PROFESSION
RELIGIEUSE.— PREMIERS GERMES DE VOCATION.— IL
SE PRÉPARE A QUITTER LE MINISTÈRE ORDINAIRE
POUR EMBRASSER UNE VIE PLUS APOSTOLIQUE ET
PLUS PARFAITE.

Homme de prière et d'étude, M. Boyer était surtout un homme d'action.

Il trouva dans la paroisse qui lui était confiée un
vaste champ pour sa dévorante activité. Elle compte
dix-huit cents âmes et quarante-deux hameaux.
C'était d'ordinaire l'après-midi qui était consacré à la
visite des plus lointaines habitations, des riches
comme des pauvres, mais surtout des vieillards, des
indigents et des malades. Aussitôt après son dîner, il
partait, la canne ou le parapluie soigneusement plié
à la main, visiter tour à tour chacun de ses hameaux.
Il tint d'abord à acquitter la promesse solennellement

énoncée du haut de la chaire, et qui lui tenait tant
au cœur, d'aller, aussitôt que les travaux du carême
terminés le lui permettraient, visiter tous ses paroissiens, quels que fussent leur rang, leur fortune, leurs
opinions et leurs sentiments même religieux. Il fut
accueilli partout avec une expansion et un bonheur
qui ouvrit son cœur à toutes les espérances. On regardait son passage comme une bénédiction et une
faveur. Les enfants sortaient des maisons pour le
voir et recevoir ses caresses; les vieillards venaient sur
le seuil de leur porte pour se chauffer à son contact,
comme ils se chauffaient au soleil. Il évitait, dans ses
visites, les préférences ou les assiduités qui engendrent
les soupçons et les jalousies. Ayant appris qu'on lui
reprochait d'aller trop souvent dans une maison, il
ralentit les visites sans blesser aucune susceptibilité,
et il traversa ses dix années de vie curiale sans qu'un
souffle ait effleuré sa réputation. Il se montrait pour
tous affable, riant et bon, mais sans perdre jamais
de sa dignité grave qu'il gardait surtout avec les
femmes; il avait, dans sa première jeunesse, un abord
sévère qui faisait souvent peur aux âmes timides. Une
dame pieuse et vénérable nous disait : « Tout le bien
qui s'est fait à Pourrain depuis plus d'un demi-siècle
est dû, en principe, au R. P. Boyer. C'est lui qui nous
a fait vraiment connaître la Religion et ramenés à la
Table Sainte désertée depuis longtemps, même par les
jeunes filles. Son nom y est toujours prononcé avec
vénération, et, lorsqu'il est venu célébrer son jubilé sacerdotal, il y a trouvé, avec une joie qui l'a rajeuni,

son souvenir toujours aimé et vivant, et le dernier pasteur, fidèle héritier de son zèle, qu'il affectionnait particulièrement, recueille encore aujourd'hui le fruit de ses travaux. J'étais jeune alors, et il m'inspirait une telle crainte révérencielle que, jusqu'après mon mariage, je n'ai jamais osé lever les yeux sur son visage. »

Avec les braves gens de ses hameaux, qui avaient encore conservé les bonnes mœurs et la simplicité de la foi, il savait causer familièrement, donner des avis, s'intéresser à leurs récoltes, rappeler doucement à la pratique des devoirs chrétiens, surtout à la sanctification du dimanche, et il assaisonnait au besoin ses aimables leçons du mot pour rire. Un jour, il rencontra, dans des chemins boueux, un pauvre charretier dont la voiture, malgré tous les efforts de l'attelage, ne pouvait s'arracher des profondes ornières où elle était tombée. Le pasteur n'hésite pas, il met la soutane de côté, et d'un vigoureux coup d'épaule donné au véhicule en détresse, il le met en état de reprendre sa marche. L'honnête charretier, en essuyant les sueurs de son front, remercia le pasteur par ce demi-compliment : « On dit avec raison, Monsieur le Curé, que petite aide fait souvent grand bien ! — En tout cas, répliqua M. Boyer en souriant, cette petite aide est plus efficace qu'un gros juron pour vous tirer d'embarras. — C'est vrai, Monsieur le Curé, quand on y pensera on ne jurera plus, et même vous me verrez à la messe le jour de Pâques ! »

Il s'intéressait comme un père à tous les événements heureux ou malheureux de sa grande famille, et il savait, comme il l'avait promis, pleurer avec ceux qui pleurent, et se réjouir avec ceux qui sont dans la joie. Sans s'immiscer en rien dans les intérêts matériels, surtout dans les mariages, il aimait pourtant à voir les alliances qui se formaient entre familles chrétiennes et promettaient à l'Eglise des enfants fidèles. Il les encourageait, il y préparait les jeunes fiancés et entourait leur grand acte de sa paternelle sollicitude. Il exigeait d'eux une confession préparatoire qui lui permît, au beau jour de leurs noces, de les admettre l'un et l'autre à la sainte Communion qui devenait le lien sacré de leurs cœurs. C'était, pour plusieurs, une initiation à la vie chrétienne par le mariage chrétien.

Il avait au besoin la note gaie, et il ne racontait jamais sans hilarité certaines épousailles impromptues qu'il avait été appelé à célébrer. Un jeune homme, déjà un peu bien mûr, avait vainement tenté d'allumer le flambeau, toujours fumeux pour lui, de l'hyménée. Il arrive triomphant, un dimanche, dès le matin : « Vous voudrez bien, Monsieur le Curé, publier mes bans à la Messe. (Et il décline les noms.) Pour cette fois, c'est sérieux ; nous nous sommes jurés, hier, avec ma future, devant nos parents, un amour éternel !
— Toutes mes félicitations, répondit le pasteur, mais préparez-vous bien ; je ne publierai pas le second ban que vous ne vous soyez confessé. » L'heureux fiancé se retire, mais deux heures après, il revient, l'oreille basse : « Encore une, s'écrie-t-il, qui m'a manqué de

parole ! Sexe aimable, mais perfide !... » Et il s'éloigne avec les condoléances du pasteur. Un peu avant le dernier coup de la messe, il reparaît plus triomphant que jamais : « Ayez la bonté de publier mes bans, ne l'oubliez pas, je vous prie ! — Ah ! ah ! vous avez donc raccommodé vos amours éternelles qui me semblaient fort endommagées ce matin ? — Non, non, Monsieur, j'ai l'âme trop fière pour cela, mais c'est avec une autre ; je suis allé lui demander son cœur et sa main entre les deux coups de la Messe ! Elle me les a promis ; ah ! celle-là, je suis sûr d'elle comme de moi-même, et, quand le sacrement y aura passé, c'est convenu, tous les dimanches à la Messe avec elle ! »

Les malades surtout étaient, pour M. Boyer, l'objet de ses particulières et constantes sollicitudes. Il les visitait tous les jours et par tous les temps. Plus d'une fois, les fièvres typhoïdes s'abattirent sur ses plus lointains hameaux ; des malades qui ont survécu racontent encore comment ils le voyaient revenir chaque jour, par des chemins affreux et des pluies battantes, visiter chacun de ses chers souffrants, même après qu'ils avaient reçu les derniers sacrements, et il les assistait de ses aumônes, de ses fortifiantes et consolantes paroles jusqu'à la convalescence ou jusqu'à la mort. Il demandait qu'on vînt le chercher à l'heure de l'agonie, pour qu'il pût leur donner une dernière absolution et leur réciter lui-même les prières des agonisants. Aussi, peu de malades lui échappèrent-ils ; il recueillait là une moisson consolante et sûre que les orages ne pourraient plus détruire.

Il portait toujours la sainte Eucharistie, même dans les lointains hameaux, avec une pompe religieuse, et suivi d'un petit troupeau de fidèles adorateurs qui tenaient à faire cortège à leur Dieu. Lorsqu'on approchait des maisons, on voyait les parents et les voisins des malades venir, un flambeau à la main, au-devant du Seigneur qui daignait les visiter. Il n'administrait jamais un malade sans lui adresser un mot du cœur, mot d'espérance pour lui, de consolation pour les parents, d'édification pour l'assistance. Jamais père, jamais mère n'eut plus de tendresse pour ses enfants qu'il en avait pour les âmes, et surtout pour les âmes souffrantes, ou en péril, confiées à ses soins. La pensée d'un malade en danger ne lui laissait de repos ni le jour ni la nuit. Nous ne l'avons pas connu en ce temps-là, mais nous l'avons vu à l'œuvre, lorsqu'il fut, bien longtemps après, curé de Pontigny. Il rentrait un soir, à la maison, les yeux battus, avec un visage consterné qui contrastait avec sa sérénité ordinaire : « Ah ! disait-il en gémissant, voilà un pauvre homme qui n'est pourtant pas méchant, mais ignorant, blasé, trompé par de mauvaises lectures, qui refuse obstinément de se réconcilier avec Dieu, et qui va mourir dans son péché ! Quelle peine pour mon cœur !... »

Après les pauvres, les vieillards, les infirmes et les mourants, portion choisie du troupeau, qui, dans la dernière phase de leur vie touchent à l'éternité, et ont besoin d'être cultivés et cueillis pour le Ciel, sa grande préoccupation était pour l'enfance, fleur et

espoir de l'avenir. Il exerçait sa principale influence
sur les deux extrémités de la vie ; il peuplait ainsi la
terre de chrétiens et le ciel d'élus. Il était le plus zélé
et le plus habile catéchiste, et, pour la tenue des enfants, il avait hérité de son père une discipline peut-
être un peu ferme, mais qui lui permettait d'être avec
eux aimable et bon. Des vieillards qui avaient commencé leur instruction religieuse sous son prédécesseur, nous ont assuré qu'ils regardaient comme une
grande faveur de Dieu, d'avoir pu l'achever sous la
direction du nouveau pasteur, et d'avoir été préparés
par lui à leur première communion, prémices de son
ministère, et qu'il sut rendre particulièrement solennelle et touchante. Toujours il cultiva avec un zèle infatigable ces chères petites âmes que Dieu lui avait
confiées et dont plusieurs devaient honorer la vie religieuse et le Sacerdoce. Devenu par intérim, dans sa
vieillesse, curé de Pontigny, il continua les traditions
de sa jeunesse pastorale. Il était touchant de voir ce
vieillard de soixante-quinze ans, accablé des occupations incessantes du ministère et de sa double charge
de Supérieur de deux communautés religieuses, consacrer à de petits enfants les heures précieuses de ses
journées. Il refusait, même sur les plus pressantes in-
vitations, de sortir le jeudi, parce que c'était le jour de
la confession des enfants de l'école. On le trouvait
alors à l'église, revêtu de son surplis, agenouillé devant le saint tribunal, attendant sans impatience que
des enfants de sept ou huit ans vinssent lui ouvrir
leur conscience. On semblait voir le jardinier vigilant

courbé vers de jeunes et précieuses plantes, les émondant avec un soin religieux et les délivrant des insectes immondes et parasites qui pouvaient déjà les gâter, et compromettre leur avenir.

C'est surtout à l'approche des premières communions qu'il redoublait de sollicitude. Il appelait à son secours sa jeune sœur qui avait une vive piété et une belle voix, et lui apportait son concours dans les grandes solennités. Elle réunissait les jeunes filles et les enfants, leur parlait de Dieu, leur apprenait des cantiques et rehaussait par des chants bien exécutés l'éclat touchant de cette fête unique dans la vie. Nous avons les discours écrits que le pasteur prononçait en ce grand jour et où il laissait déborder son cœur.

Après le festin eucharistique, venaient les filiales agapes au presbytère. Beaucoup d'enfants habitaient des hameaux éloignés et n'auraient pu facilement retourner dîner dans leurs maisons. Le généreux pasteur réunissait tous ces enfants autour de sa table, qui devenait pour eux la table de famille. Lui et sa sœur présidaient le festin où les joies de la terre s'associaient aux joies du Ciel.

M. Boyer savait discerner parmi les enfants ceux qui paraissaient marqués du sceau de Dieu. Il les suivait du regard et leur donnait une direction particulière. C'est à lui que les communautés ont dû de ferventes religieuses, et, l'Eglise, des prêtres distingués.

Du reste, le presbytère était, comme la maison de Dieu, ouvert à tous, et l'hospitalité, chez M. Boyer, vertu sacerdotale et vertu de famille, était toujours large et cordiale. Il était grand dans ses aumônes et ses libéralités ; l'argent ne lui tenait jamais aux mains, et il souffrait de se sentir la moindre somme devant lui. Aussi est-il sorti de Pourrain aussi pauvre qu'il y était entré, et, en partant, il n'eut rien à quitter que ses humbles meubles. Sa maison, sa table et son cœur, ouverts à tous ses paroissiens, l'étaient aussi à tous ses confrères. A certains jours de congé, pendant l'année et aux grandes vacances, les professeurs du Petit Séminaire, les confrères du voisinage, et, parmi eux, son saint ami, M. Muard, arrivaient à pied avec l'allégresse de leurs jeunes années. Le soir, le presbytère se transformait en ambulance ; on installait des lits partout. M. Muard faisait choix de la chambre du pasteur, où l'on improvisait un second lit. On peut affirmer qu'entre eux la nuit ne se passait pas en silence, et que le sommeil en occupait la moindre part : le grand projet des missions était toujours la matière dominante de leurs entretiens.

Nous avons le récit d'une de ces excursions faites un jeudi de l'année scolaire 1838, par deux professeurs, contemporains et amis du P. Boyer, et qui lui ont survécu. — « En ce temps-là, on allait à pied ; une course, même longue, ne nous effrayait pas. M. Boyer, notre hôte, lui aussi, avait de bonnes jambes, dont il avait grand besoin. Sa paroisse mesurait sept lieues de circonférence. Elle se composait de quarante-deux hameaux, dans un pays boisé, avec des chemins et des sentiers impraticables, vraies fon-

drières où l'on enfonçait dans des terres grasses qui
se transformaient, l'été, en croûtes solides et iné-
gales. Pour peu que le pasteur eût trois ou quatre
brebis malades aux extrémités de la paroisse, il lui
fallait faire cinq ou six lieues pour leur porter les
sacrements. Il nous avoua que son ministère était parfois pénible, mais plein de consolation. Ses paroissiens avaient conservé la foi et ne mouraient pas sans
s'être réconciliés avec Dieu. Les offices étaient fré-
quentés, on admirait le dévouement du jeune prêtre,
sa piété, sa modestie, sa bonne grâce dans ses fonctions. On aimait à l'entendre chanter la messe, on
prêtait une attention haletante à ses chaleureuses
instructions. Les confréries, les pratiques pieuses, le
chemin de la Croix, établis par lui, étaient en honneur, et on voyait, de jour en jour, un plus grand
nombre d'âmes faire la sainte communion. On n'avait
qu'une crainte, c'était de perdre un si digne pasteur,
ce qui arriva, quelques années plus tard, lorsque le
P. Muard eût fondé les Missionnaires de Pontigny et
fait appel aux hommes de bonne volonté. »

Dans ses visites pastorales, M. Boyer fit d'heureuses découvertes. Il trouva sous des toits de chaume
la foi et la simplicité des anciens jours. Parmi ces
humbles familles de laboureurs que nous ne saurions
citer toutes, il en est une surtout que notre cœur a
besoin de nommer, parce qu'elle a donné un évêque
et un martyr à l'Eglise, une constante et admirable
édification à la paroisse, et qu'il s'est établi entre elle
et le zélé pasteur des liens de charité que le temps et

la mort elle-même n'ont point rompus. Nos lecteurs
ont déjà nommé la famille Rouger, du hameau des
Montmartins, qui honorait par-dessus tout la Religion et qui en fut honorée. M. Boyer pouvait aperce-
voir ce hameau du seuil de son presbytère, quoiqu'il
en fût éloigné d'une lieue. La première fois que le
pasteur entra dans cette maison bénie de Dieu, il fut
frappé de l'esprit profondément chrétien qui s'y révélait partout. Le père était un vrai patriarche, vif,
intelligent, âpre au travail, ardent à la prière ; une
femme, digne de lui par sa haute piété, le secondait
dans l'éducation de ses neuf enfants, dont les derniers étaient encore en bas âge. Il fut accueilli avec
un filial respect comme l'envoyé de Dieu. On l'avait
entendu en chaire, et le père Rouger, avec sa perspi-
cacité bien connue, avait déclaré à ses enfants qu'il
fallait bénir le Seigneur, que la paroisse venait de
recevoir de Dieu le trésor le plus précieux, le don d'un
saint prêtre. De son côté, le pasteur avait déjà remarqué
à l'église le père Rouger avec ses fils, qui y remplissaient diverses fonctions. Chaque dimanche, à l'heure
de la messe et des vêpres, il pouvait voir la famille,
le père et la mère en tête, s'acheminant vers l'église,
à travers la campagne parfois semée de travailleurs,
d'un pas ferme et sans respect humain, parce qu'ils
étaient sans peur et sans reproche. Un dimanche,
que M. Rouger se rendait à vêpres, avec ses robustes
gars, il fut apostrophé par un insolent vigneron qui
trouvait bon de piocher sa vigne en ce saint jour :
« Vous voilà donc en route, tas de fainéants, est-ce

que vous ne feriez pas mieux de travailler à votre
ferme?... » « Pourrais-tu me dire, répliqua le père
Rouger, quel est le plus fainéant de celui qui fait
bien son travail en six jours, ou de celui qui le fait
mal en sept?... » Le malotru baissa la tête et resta
muet.

Lorsque M. le curé fit sa première visite à la ferme
des Montmartins, il n'entrait donc pas chez des inconnus. Il fut introduit dans la pièce d'honneur, qu'on
appelait la chambre au grand Christ, ainsi nommée à
raison du beau crucifix qui en faisait le principal
ornement. C'est là, sous les regards du Maître adoré,
que se passèrent les plus touchantes scènes de la
famille patriarcale, là que la prière du matin et du
soir était récitée en commun par toute la famille ; là
que, pendant le Carême et le mois de Marie, à raison
du trop grand éloignement de l'église, on faisait les
pieux exercices de ces jours bénis. Après la prière,
une lecture édifiante était faite à haute voix, et la
petite cérémonie se terminait par un cantique que les
voix et les cœurs chantaient à l'unisson, et que répé-
taient les échos d'alentour.

La ferme des Montmartins fut, pour M. Boyer, une
oasis et un trésor, où il trouvait les consolations et les
secours pour l'exercice de son saint ministère. Il en
avait appris le chemin qu'il n'oublia plus pendant le
reste de sa vie. Il visitait souvent la ferme, et il y passait régulièrement tous les quinze jours. Elle était sur
le chemin de Chevannes, où il ne manquait pas d'aller, à jour fixe, chercher l'absolution. Il y entrait à

l'aller et au retour, et un des fils le reconduisait jus_
qu'à la ferme voisine pour le protéger contre les
assauts des chiens de garde, dont il avait grand'peur.
C'était un de ses faibles, un des plus grands que nous
lui ayons connus, et il ne pouvait dire : « Je crains
Dieu, et n'ai pas d'autre crainte ! » il craignait les
chiens de garde !...

Comment le pasteur n'eût-il pas apprécié une
telle famille, qui offrait à sa paroisse le spectacle
d'une si rare édification, et à la célébration des offices
une si précieuse ressource? Leur assiduité inviolable
aux cérémonies de l'église lui fournissait les plus
utiles employés. Les plus jeunes des garçons étaient
enfants de chœur, et servaient la messe ; les jeunes
filles faisaient l'office de quêteuses, de sacristines ; le
père et le fils aîné étaient assis au lutrin. Braves
gens ! Après le travail accablant de la semaine, ils ont
mille peines à résister au sommeil sur leurs ban-
quettes ; de temps en temps, on voit la tête des cho-
ristes osciller dans le vide ; n'importe, ils étaient là
par dévouement, Dieu en était glorifié, le pasteur
consolé (1).

Mais ce qui le consolait plus encore, c'était de voir,
chaque dimanche, quelqu'un de la maison à la Table
Sainte, au nom de toute la famille, et, les jours de
grande fête, ils s'y trouvaient tous pieusement
réunis.

Dieu préparait une grande grâce à cette chrétienne

---

(1) *Vie de Mgr Adrien Rouger*, passim.

famille, et, à M. Boyer, une des grandes joies de sa
vie. Parmi les enfants qui fréquentaient le catéchisme,
il cherchait à discerner ceux que Dieu pourrait desti-
ner au Sacerdoce. Il en remarqua un qui lui sembla
marqué du sceau de Dieu : c'était le futur évêque-
martyr de la Chine, le petit Adrien, quatrième enfant
de la famille Rouger. Sa physionomie vive et intelligente, sa naïve candeur, reflet d'une belle âme, l'empreinte de piété qu'il avait reçue de sa mère, firent
pressentir au saint curé un élu du Seigneur. Ces
pressentiments furent bientôt confirmés par la visite
de M. Rouger qui lui présentait son fils Adrien comme
celui qu'il voulait donner à Dieu en reconnaissance
de toutes les bénédictions répandues sur son foyer.
L'enfant, au comble de la joie, crut entendre le premier appel de Dieu, et il devint l'hôte et l'élève
docile du presbytère. La rencontre de ce prêtre vénéré
fut, pour le jeune aspirant au sacerdoce, un bienfait
dont il se ressentira toute sa vie ; l'homme de Dieu le
marqua d'un cachet ineffaçable de piété et de vertu.
L'intimité s'établit vite entre deux cœurs si bien faits
pour se comprendre, et, avec l'intimité, une confiance
réciproque. Le maître devint le père, et il comprit
bientôt qu'il y avait dans son Adrien les éléments
d'une vertu supérieure... Il le prépara d'abord avec le
plus tendre soin à sa première communion, persuadé
que Notre-Seigneur, en descendant dans ce cœur
jeune et pur, mettrait le sceau à une vocation qui
semblait venir du Ciel. Il ne se trompait pas ; la piété
sérieuse, l'obéissance, l'application à l'étude sous le

seul regard de Dieu, prirent d'admirables accroisse-
ments. Le disciple n'avait qu'une crainte, celle de n'être
pas appelé de Dieu ; à la moindre faute, cette crainte le
jetait dans d'inexprimables perplexités. M. Boyer en
racontait toujours, avec grand'liesse, un trait qui a
souvent défrayé la conversation au foyer des Montmartins. « Un jour, dit-il, que j'avais été obligé de
sortir, et de prendre tout l'après-midi pour remplir
mon ministère au hameau de Nantou, distant de
plus d'une lieue du bourg, je recommandai à mon
bon Adrien d'arracher les mauvaises herbes du parterre qui est à l'entrée du presbytère, pour occuper ses
loisirs. « Oui, répondit-il, avec son obéissance habi-
« tuelle et son petit sourire gracieux ! » Au retour, je
trouve le travail complètement fait et le parterre parfaitement nettoyé ; tout y avait passé ; fleurs et herbes,
tout avait été arraché, le parterre était aussi net que
le parquet de ma chambre. Dans un premier mouvement, je donne un soufflet à mon cher élève ; et, pendant que mon pauvre Adrien s'en va, triste et dolent,
confier son gros cœur à son rudiment, je me mets
philosophiquement à replanter mes fleurs. Deux jours
après, il écrivait à sa mère, en secret, une lettre que
ma sœur surprit et me remit sur-le-champ. Je me
rappelle encore ces mots : « Ma chère petite maman,
je t'en prie, viens me chercher, car je vois bien que
je n'ai pas de vocation... » Combien de fois, depuis,
dans les réunions si délicieuses où il se trouvait avec
toute la famille et son ancien maître, je lui ai dit :
« C'est vrai, mon cher Adrien, tu n'avais pas de voca-

tion pour cultiver les fleurs et recevoir des soufflets ;
mais, pour être prêtre et missionnaire, c'est autre
chose. » Cet excellent pasteur avait pour principe
que, dans la formation de l'enfant, il faut apporter un
cœur maternel dans une âme virile. Nous devons
reconnaître que, pendant ses premières années de
ministère, la virilité l'emportait parfois sur la paternité. Vingt ans après, il n'eût pas donné le soufflet
qui faillit priver la Chine d'un de ses plus courageux apôtres.

M. Boyer cultiva pendant deux ans cette âme d'élite
avec une sollicitude qui fut abondamment récom-
pensée par le travail et la ferveur de son admirable
disciple. Il comprit ensuite qu'il ne pouvait continuer
la formation de ce futur prêtre sans nuire à son
avenir. Il le conduisit au Petit Séminaire, et, en le
remettant au supérieur, il lui annonça l'intelligence
et le cœur que cachait une écorce un peu rustique. Il
le suivit tout le reste de sa vie du regard et du cœur ;
et, lorsque l'héroïque jeune homme, au terme de ses
études, vint annoncer à son père, chargé de famille,
qu'il allait l'abandonner, que Dieu l'appelait aux
Missions étrangères, ce fut M. Boyer qui intervint,
comme un puissant, un irrésistible médiateur auprès
du père Rouger, accablé de chagrin, pour adoucir sa
douleur et obtenir le consentement désiré. C'est alors
qu'il se passa, aux Montmartins, dans la chambre du
grand crucifix, des scènes dignes des martyrs de la
primitive Eglise.

A partir de ce jour, entre la Chine et Pontigny,

s'établit un commerce épistolaire que M. Boyer conserva comme un trésor. Nous ne citerons que la première lettre, écrite après l'arrivée à Paris, et qui suffira pour montrer la tendre charité qui régnait entre le maître et le disciple :

« Paris, 11 novembre 1854.

« Mon très révérend Père,

« C'est le lendemain de mon arrivée à Paris que j'ai eu le bonheur de recevoir votre chère lettre. Avant même de l'ouvrir, cette épître si bonne et si touchante, je me sentais tout ému, et déjà de grosses larmes roulaient dans mes yeux. Aussi, j'avais à peine parcouru quelques lignes, que je me mis à pleurer comme un enfant : j'ai pleuré en commençant, j'ai pleuré encore davantage en continuant, mais surtout en finissant. Et, en ce moment même, où je vous trace ces lignes, malgré moi, je laisse échapper de nouvelles larmes. Non, jamais de ma vie je n'avais si bien compris que vous avez été, que vous êtes encore, et que vous serez toujours pour moi le plus tendre, le plus dévoué, le meilleur des pères. Non, je l'avoue encore, jamais mon cœur n'avait si vivement senti combien il vous doit de vénération, de reconnaissance et d'amour ! Merci, ô bien-aimé Père, mille fois merci de vos souhaits et de vos vœux. Je me suis prosterné à deux genoux sur le pavé de notre chambre, pour mieux recevoir les bénédictions célestes que vous appelez sur moi, et sur l'œuvre chérie, à laquelle il va enfin m'être donné de consacrer tout ce que le bon

Dieu a bien voulu mettre en moi de forces physiques, de talents et de sentiments. C'est de grand cœur que je vous associe, vous et votre famille religieuse, au faible mérite de toutes les peines, épreuves et croix que Dieu voudra m'envoyer. J'espère que je devrai à la ferveur de vos prières les grâces nécessaires pour tout endurer avec courage et résignation. Ce sera toujours pour moi la plus douce jouissance, la plus sensible consolation de pouvoir vous adresser quelques mots et épancher mon cœur dans le vôtre. De mon côté, j'ose vous demander en grâce de me réserver une petite place dans votre *Memento,* au saint autel, surtout les jours des fêtes des apôtres et évangélistes. Vous voudrez bien aussi m'encourager, sinon souvent, à cause de vos nombreuses occupations, au moins de temps en temps, par le récit du bien qui s'opérera, par vous et les vôtres, dans ce pauvre diocèse de Sens.

« Mais à quoi bon m'étendre, puisque j'ai recouvré l'espoir de vous embrasser encore avant le suprême départ. On avait cru trouver facilement un paquebot faisant voile pour la Chine par une autre voie que la mer Rouge, et voilà que je suis réduit à attendre peut-être jusqu'au printemps. L'Immaculée Marie veut sans doute nous laisser le temps d'entendre proclamer son nouveau titre de gloire dans les pays catholiques, afin que nous l'emportions dans les pays infidèles. Qui sait si l'immense faveur qui se prépare pour toute l'Eglise, ne sera pas l'occasion d'une nouvelle grâce de salut pour ces malheureuses contrées !

« Ah ! priez le bon Dieu de hâter notre départ et de se souvenir, dans sa miséricorde, de tant de milliers d'âmes qui se perdent, et pour lesquelles il a versé son sang.

« Sans dernier adieu, cher et vénéré Père ; je suis heureux de me dire, maintenant plus que jamais, votre enfant reconnaissant et dévoué,

« A. ROUGER.

Les relations épistolaires entre le disciple et le maître ne cessèrent jamais, et un lien de prière et de cœur rattachera toujours le Kiang-Si à Pontigny. Lorsqu'après trente-trois ans d'apostolat et une année d'atroces persécutions, l'héroïque confesseur de la foi revint mourir en France et que son corps fut rapporté dans le cimetière de son pays natal, pour y dormir, au milieu des siens, son dernier sommeil, ce fut le P. Boyer qui fut appelé à prononcer son éloge funèbre et à lui dire le suprême adieu : « C'est à vous, s'écriat-il en finissant, c'est à vous, ô mon Fils, mon Seigneur et mon Père, qu'il appartiendra d'exercer, dans cette chère paroisse où vous êtes né, où reposent vos restes sacrés, ce ministère de miséricorde et de bonté que Dieu a si généreusement rempli envers vous !... C'est le cri du pasteur qui n'oublie pas, au milieu de ses larmes, la paroisse qui fut dix ans confiée à ses soins... »

L'alliance de sainte charité qui s'était continuée avec le fils devenu apôtre et évêque, ne cessa jamais d'exister avec sa chrétienne famille. Le P. Boyer était de toutes les joies et de toutes les douleurs, et aucun anniversaire mémorable ne se célébrait aux Montmartins sans sa présence. Jusqu'à la fin de sa vie, le bon père Rouger ne manquait jamais de visiter son ancien curé pour la fête de Saint-Edme, et de lui apporter le tribut de sa filiale reconnaissance. Les châtaignes à la chair blanche et molle, *castaneœ molles,* sont le fruit renommé du pays. Par affection, sans doute, pour le sol qu'il avait habité dix ans, M. Boyer avait contracté un goût très prononcé pour ce fruit savoureux, et il recevait, avec une bonne humeur charmante, cette redevance, ce servage du cœur, reste de féodalité, que le fidèle paroissien tenait à payer à son pasteur.

Les soins particuliers que M. Boyer donnait aux âmes et aux familles de choix, ne l'empêchaient pas d'étendre sa sollicitude à tous, même aux plus indifférents et aux plus déshérités de la foi. Il multipliait les industries de zèle, les confréries, les belles solennités pour ramener et conserver son peuple à l'église. Chaque année, le dimanche du Bon-Pasteur, avant d'adresser, avec Notre-Seigneur, ses souhaits de paix à tous ses paroissiens, il les initiait à ses joies et à ses douleurs ; il constatait les pertes subies et les progrès accomplis. Plus d'une fois, il fit entendre ses plaintes les plus affectueuses de l'éloignement et de l'infidélité des adolescents, qu'il avait si solidement instruits et si bien préparés à leur première communion. Il reconnaissait pourtant, chaque année, quelques succès nouveaux ; et il partait de là pour adresser à tous les âges, à toutes les conditions, à

toutes les familles, des souhaits de paix et de bénédiction. Dès la seconde année de son ministère, le
dimanche du Bon-Pasteur 1838, en voyant la jeunesse
s'éloigner si vite de l'église après la première communion, il faisait entendre de paternelles et sévères do-
léances : « Cet éloignement si prompt de tant d'enfants que j'ai élevés, préparés, enseignés avec un soin
extrême, me sera une· leçon pour l'avenir. Parents
chrétiens, vous ne vous étonnerez pas si je tiens à
cultiver longuement, à former l'esprit et le cœur de
vos enfants, tandis qu'ils seront entre vos mains. La
peine en sera pour moi, l'avantage en sera pour vous ;
car, en façonnant ces jeunes âmes à toutes les vertus,
c'est votre bonheur que je prépare, aussi bien que
leur destinée du temps et de l'éternité !... »

Ainsi s'écoulèrent les cinq premières années de
ministère pastoral, sans qu'on vît poindre le signe
d'une plus haute vocation. Le feu sacré de l'apostolat
qui brûlait dans cette âme ne trouvait pas assez d'air
et d'espace dans la paroisse, pourtant spacieuse, qui
lui était confiée, mais il était retenu captif par les plus
légitimes obstacles et les plus plausibles raisons. Les
fonctions curiales ne lui offraient aucun péril, et il y
montrait des aptitudes, une charité, une prudence, un
désintéressement, un zèle qui ne laissaient rien à
désirer. Mais il ne sentait pas assez de ciel sur sa tête,
assez de terre sous ses pieds, pour l'immense besoin
d'apostolat qui le consumait. Pourquoi avait-il donc
attendu jusqu'à l'âge de trente ans pour choisir sa
voie ? La première raison, c'est que cette voie ne

s'était pas d'abord ouverte devant lui ; les ordres religieux d'hommes, qui avaient disparu durant les tour-
mentes révolutionnaires, n'étaient plus connus dans
notre diocèse ; il avait suivi l'unique chemin montré
par ses supérieurs. En outre, il avait une santé alors
très délicate, qui réclamait des soins minutieux et
incessants. Quelques-uns de ses meilleurs et plus
riches paroissiens envoyaient au pasteur, qu'ils tenaient tant à conserver, leur bon vin vieux pour le
réconforter. Ses supérieurs avaient confié la surveillance de sa santé au saint docteur Paradis, qui l'entourait d'une particulière sollicitude. Il devait lui
obéir en tout pour les jeûnes, les abstinences, les mortifications parfois immodérées, même pour la récitation de l'office divin, qui lui était devenu difficile à
certains moments. Comment, avec une telle faiblesse,
affronter les fatigues de la vie religieuse et apostolique ? Et qui pouvait prévoir qu'une fois entré en
communauté, pauvrement nourri et accablé de travaux, il allait commencer une période de santé, qui,
au milieu d'excessifs labeurs, ne s'est jamais démentie
pendant un demi-siècle !... Mais, enfin, pourquoi
partir et laisser là une paroisse qu'il avait renouvelée !... La pénurie de prêtres était si grande !...

Malgré tous ces obstacles, la soif de la perfection
et la flamme de l'apostolat, loin de s'éteindre, ne faisaient que grandir et attendaient, pour se révéler,
l'heure de Dieu. Cette heure ne tarda pas à sonner, et la
vocation, qui dormait au fond de ce grand cœur,
fut bientôt éveillée par un événement providentiel.

Sa jeune sœur, qui avait été la compagne de son enfance et comme l'ange de sa vie, venait souvent, nous l'avons dit, visiter le presbytère de Pourrain, et elle y apportait l'édification et la joie. Elle venait d'ordinaire pour les grandes solennités, et elle en doublait, par ses chants harmonisés avec ceux des jeunes filles, la beauté touchante. Le frère aurait bien voulu garder toujours au presbytère la sœur aimée qui secondait si bien son zèle, et il parvint même une fois à la conserver six mois ; mais elle se devait aussi à ses vieux parents de Noyers, dont elle était l'aide et la consolation. Toutes les fois qu'elle arrivait, joyeuse et riante, c'était fête au presbytère. Mais, un jour, elle se présenta avec un air plus grave et une émotion qui débordait ; elle venait annoncer une grande nouvelle. Pendant la première messe de son frère, elle avait passé un pacte avec Notre-Seigneur et fait la promesse de quitter le monde et sa famille pour se consacrer à Dieu dans une maison religieuse. C'était entre elle et Dieu un secret qu'elle avait toujours gardé ; mais l'heure était venue de le révéler à son plus intime confident, et, aussitôt rentrée, de le déclarer à ses chers parents. Il lui en coûtait de partir, de laisser son père et sa mère ; mais les années s'écoulaient, elle allait avoir vingt-quatre ans, il était temps de tenir sa parole et de répondre à l'appel de Dieu, et elle entendait le Maître lui dire au cœur : « Si quelqu'un aime son père et sa mère plus que moi, il n'est pas digne de moi ! » — Ce jour-là, le frère et la sœur mêlèrent leurs larmes ; le frère, quoique très ému, ne

fit aucune objection ; il comprit que sa sœur choisissait
la meilleure part, et cette généreuse décision lui causa
plus d'envie que de regret. Il en ressentit le contre-
coup profond. Plus d'une fois, il s'était trouvé en
présence de ces âmes que Dieu aime à se choisir pour
épouses, et toujours il les avait portées puissamment
à répondre à son appel. Il voulut aller lui-même consoler ses parents, il promit d'être pour eux un fils et
une fille, de les visiter souvent et de les consoler. Il
prépara le départ, essuya toutes les larmes, et conduisit sa sœur bien-aimée au Bon-Pasteur de Troyes.
Taillée dans le même granit que son frère, comme lui
intelligente, régulière et dévouée, elle devait en être,
pendant un demi-siècle, la colonne vivante. M. Boyer
revint profondément impressionné, mais sans comprendre encore le solennel avertissement que Dieu
lui envoyait. Il en reçut seulement l'intime révélation
le jour où, le noviciat de sa sœur touchant à sa fin,
il fut invité à prononcer le discours de profession. Il
dut alors de plus près étudier les privilèges et les
grandeurs de la vie religieuse, et montrer à l'heureuse victime que c'était la plus belle forme qu'une
vie humaine pût revêtir sur la terre. C'était là que
Dieu l'attendait... Comme il avait coutume de s'appliquer d'abord les exhortations qu'il adressait aux
autres, et de ne conseiller jamais une perfection qu'il
ne pratiquât lui-même, il se trouva pris dans ses
propres filets, qui étaient les filets victorieux de la
grâce.

Après avoir retracé à grands traits et avec une vi-

brante émotion, les beautés, la paix, la joie, la sécurité de la vie religieuse, il s'émut tout à coup au spectacle des larmes qu'il voyait couler, et rappela à sa
sœur à quel prix et par quels sacrifices elle devait
acheter ce bonheur. Il lui montra les pleurs de son
vénéré père, de sa mère bien-aimée, l'un et l'autre plus
que sexagénaires ; ce foyer désormais vide et froid dont
elle était la vie et la joie ; il lui montra enfin ses propres larmes, et se hâta aussitôt de s'écrier : « Ne croyez
pas, ma Sœur, que nous voulions faire de ces regrets
des plaintes ! Serions-nous en droit de nous plaindre,
qu'au sort heureux que nous voulions vous faire, vous
ayez préféré la glorieuse condition où Dieu sera lui-
même votre partage et votre félicité? Non, nous ne
nous plaindrons pas ; Dieu le veut, nous sommes
soumis à sa volonté sainte. Suivez l'attrait de la grâce
qui vous appelle ; marchez sur les traces de la Vierge
dont nous célébrons aujourd'hui le solennel triomphe.
Venez, chère victime, et si, pour cette immolation, il
fallait un autre sacrificateur que ce vénérable prêtre,
me voici, Seigneur, voici son père et sa mère, donnez-
nous le courage et le cœur d'Abraham pour immoler
son Isaac. Mieux encore, donnez-nous le cœur de
Marie au Calvaire, et recevez, sur ce nouveau Calvaire,
le sacrifice que vous offre une famille qui veut vous
rester à jamais dévouée. Puisse cette offrande faire le
bonheur de la victime et nous devenir un gage de sanctification !... Mais pourquoi retarder davantage l'heure
désirée de votre consécration, ma sœur ? Je m'en veux
à moi-même d'avoir trop prolongé ce discours, je vou-

lais finir, et je ne le pouvais pas. Ah! quand on s'entretient avec une sœur, est-il toujours facile de se fixer des bornes?... Je me rappelais ces jours heureux que nous ne reverrons plus, ces jours où nos âmes s'épanchaient mutuellement dans le sein de l'amitié, et s'entretenaient du bonheur d'être à Jésus-Christ, et de l'aimer sans partage. Mon cœur se plaisait trop à vous retracer quelque souvenir de nos joies anciennes. C'en est fait..... allez à l'autel, soyez à Dieu, prenez sur vous le joug du Seigneur, et goûtez combien il est doux et son fardeau léger. Ecoutez, ma Fille, ouvrez les yeux, et ayez l'oreille attentive, oubliez votre peuple et la maison de votre père, l'heure de la séparation est venue. Mais pourquoi parler de séparation, quand nos cœurs vont être plus unis que jamais? Nous nous retrouverons tous, chaque jour, au pied des autels, dans le Cœur sacré de Jésus. Loin donc de nous les pensées tristes ; que nos larmes soient des larmes de joie ; nous ne vous perdons pas, nous vous gagnons ; vous serez l'ange tutélaire de la famille, et dans la retraite vous nous servirez plus utilement que vous ne l'eussiez pu faire au milieu du monde.

« Heureuse dans votre solitude, tranquille sur votre sort, vous prierez pour ceux que vous laissez exposés aux orages. Vous penserez à ce bon père, à cette tendre mère, et vous demanderez à Dieu d'adoucir et de consoler leurs dernières années. Vous prierez pour votre pauvre frère, Brebis fidèle du *Bon-Pasteur;* vous lui demanderez qu'il me donne de marcher tou-

jours sur ses traces, et de courir, à son exemple,
sans me lasser jamais, après les brebis perdues de la
maison d'Israël. Ah! qu'il soit notre Bon Pasteur à
tous, pour le temps et l'éternité!..... »

Celui qui parlait ainsi avait trente ans, et pendant
qu'il parlait, son ami, le P. Muard, s'installait au
milieu des ruines de l'abbaye de Pontigny avec ses
quatre premiers compagnons d'apostolat. C'était le
15 août, jour de l'Assomption de la sainte Vierge,
1843. On sentit, à ses dernières paroles, qu'il venait
de recevoir le coup décisif et qu'il emportait au cœur
la blessure dont il devait mourir. Et cette blessure, le
P. Muard ne la laissait pas se guérir, il l'avivait par
tous les moyens, plus encore par ses prières que par
ses paroles. Dans ses courses apostoliques, au milieu
de ses missions de villages, toutes les fois qu'il pouvait
rencontrer M. Boyer, il aiguillonnait son zèle pour le
mot de saint Ignace à Xavier : *Quid prodest ?* Lorsqu'il
allait à Troyes, il ne manquait pas de rendre visite à la
nouvelle religieuse du Bon-Pasteur, la sœur de son ami,
qui portait le nom de Sœur Agnès. Il ne la quittait jamais sans lui redire à satiété : « Priez bien pour la vocation de votre cher frère, je le connais d'enfance, Dieu
l'appelle à une vie plus parfaite, il faut qu'il soit missionnaire avec moi ! — Non, répondait-elle, je ne prierai
pas pour cela, mon frère fait trop de bien à Pourrain !
Et d'ailleurs, son départ ferait mourir de chagrin nos
vieux parents. Je leur ai déjà causé assez de douleur
en les quittant, et ils ont, d'autre part, été abreuvés
d'assez de tristesses et d'épreuves, pour que mon

frère si bon ne verse pas la dernière goutte qui ferait
déborder la coupe! » Ces derniers mots étaient une
allusion aux tracasseries et vexations que le digne instituteur de Noyers avait eues à subir de la part
de l'administration. Eloigné du collège, il dut se
choisir une autre demeure ; on diminua encore ses
maigres honoraires, et il ne conserva plus que l'étroit
nécessaire. C'est en souvenir de ces tribulations que
M. Boyer voulait donner en religion, à sa sœur, le
nom de Sœur de la Croix. Il faut le dire, ce nuage,
en passant sur la tête du vénérable instituteur, ne
lui ôta rien de son prestige et de sa popularité, et,
jusqu'à la mort, il resta investi du titre de membre honoraire des sociétés de bienfaisance, dont il avait été
un des membres les plus actifs.

C'est pendant la composition du discours de la profession religieuse de sa sœur, que Dieu excita en
M. Boyer un ardent désir de la vie apostolique. Le
P. Muard venait d'ouvrir le sillon ; les premières missions organisées dans le diocèse produisaient des
fruits merveilleux, et il y avait comme un renouveau
religieux et un regain de foi des plus consolants. Dieu
lui montra du doigt avec tant de clarté le chemin qui
s'ouvrait à lui, que la pensée ne lui vint pas même
de résister. Comme il n'avait jamais dit « non » à Dieu
lui demandant un sacrifice, il se prépara doucement,
mais fortement, à dénouer les liens les plus chers,
ceux d'une famille tendrement aimée ; les liens les
plus sacrés, ceux des âmes qu'il conduisait à la perfection, et d'une paroisse dont il était l'oracle. Il con-

sacra les deux années qu'il dut encore passer à Pourrain, à consolider les œuvres commencées et à aplanir
les obstacles qui ne manquèrent pas de se dresser devant lui. En homme sérieux, qui pèse ses démarches,
il laissa le temps et la grâce faire leur œuvre et dénouer
lentement les liens qu'il n'eût pu briser sans inconvénient. Il agissait auprès de l'autorité, subissait les
délais exigés avec le calme qu'il apportait en tout. Il
sut bientôt, comme nous l'avons tous connu, qu'on
ne quitte pas le monde pour se consacrer à Dieu,
sans que parents et amis viennent nous barrer le
chemin. L'autorité ecclésiastique ne permettait qu'à
regret aux prêtres, déjà trop peu nombreux, de quitter
le ministère des paroisses. Les confrères de M. Boyer
eux-mêmes ne lui épargnaient pas les blâmes discrets,
et il trouva des contradictions du côté même où il eût
pu attendre des encouragements. Dès que son dessein
fut connu, les voix des meilleurs paroissiens s'unirent
aux voix de ces prêtres amis et voisins pour faire entendre un concert de reproches : « Pourquoi quitter
un poste où vous faites tant de bien, pour vous dé-
vouer à des missions qui ne sont qu'un feu de paille
et ne communiquent pas la grâce inamissible? Quel
dommage qu'un pasteur comme vous quitte son troupeau ; vous aviez si bien les qualités d'un vrai curé?...
Vous, l'idéal du dévouement, vous auriez pu occuper
dans le diocèse les postes les plus éminents et les
plus utiles à l'Eglise!..... » Reproches amers et
tendres qui ne manquent jamais à qui veut s'engager
dans les grands sacrifices ! Quel dommage que saint

8

Ignace ait quitté l'armée, il eût fait un si bon général?
Quel malheur que Xavier ait quitté l'enseignement, il
eût fait un si illustre professeur?... Le P. de Ravignan, un si admirable magistrat; Lacordaire, un si
habile ministre d'Etat! .. Tous ces grands hommes
ont sauvé des milliers d'âmes, et ont procuré à l'Eglise
mille fois plus de secours et de gloire que s'ils étaient
restés dans le monde. M. Boyer eût pu devenir un des
plus éminents archiprêtres du diocèse; eût-il fait
le centième du bien qu'il a accompli? N'a-t-il pas
sauvé plus d'âmes que cinquante prêtres ensemble?

Mais la plus douloureuse épreuve lui vint de ses
vieux parents; il allait souvent les visiter pour les
préparer à la séparation et les consoler d'avance. Ils
lui montraient leurs larmes et leur solitude. La sœur
aînée surtout, qui, depuis longtemps établie dans le
monde, en partageait trop les préjugés, et qui avait vu
avec tant de peine partir sa jeune sœur, au premier
bruit du départ de son frère, en conçut un si vif chagrin, qu'elle refusa d'accepter les meubles que ce frère
lui léguait comme gage de tendresse. Sentir qu'on fait
aux plus chers des siens une blessure cruelle, c'est un
dur sacrifice; mais, en triomphant des obstacles extérieurs, M. Boyer avait encore à triompher de lui-
même. Il avait trente-deux ans, des habitudes prises,
une position faite, avec le bel avenir que lui promettaient sa piété et son talent. A cette douloureuse bifur-
cation de sa carrière, jusqu'au moment de consommer
son sacrifice, il vit, dans un dernier regard, des
visages baignés de pleurs, des familles devenues la

sienne, toute une paroisse en deuil ; il allait briser sa
vie pour la refaire dans l'inconnu, s'arracher à une
existence pleine des réalités les plus enviées, des espérances les plus douces, aux mille joies d'une vie bénie
de Dieu, pour se jeter dans un avenir incertain, avec
la perspective de passer pour un imprudent, si l'œuvre
ne réussissait pas. C'est ainsi que M. Boyer fit le plus
grand acte de foi, d'espérance et d'amour que Dieu
devait bénir et récompenser par les plus magnifiques
succès.

CHAPITRE VI

Le 1ᵉʳ octobre 1845, M. l'abbé Boyer faisait son entrée dans l'antique abbaye de Pontigny, et s'adjoignait aux jeunes prêtres qui venaient s'y réunir pour fonder, dans ses ruines qu'ils voulaient restaurer, une communauté nouvelle. Son arrivée apporta une grande joie ; il y avait longtemps que M. Muard, le fondateur, le sollicitait du Ciel par ses prières. Il avait la certitude intime que son saint ami était l'homme prédestiné à établir sur des bases vraiment religieuses et à organiser l'œuvre, encore en germe, et à peine formée. Aussi M. Boyer fut-il accueilli comme le Messie désiré. La joie du nouveau venu, encore tout ému des larmes que son départ avait fait couler, devint bientôt un ravissement. Tout le charmait : le lieu, les hommes et les choses. Il avait sans doute visité Pontigny, mais il ne l'avait pas habité, et, hôte d'un jour, il n'avait pu le contempler dans sa grandeur et le goûter dans ses détails. Il y retrouvait mille souvenirs du Ciel et de la terre : le bel édifice du

AVENUE DE L'ÉGLISE ET DE L'ABBAYE DE PONTIGNY

grand cellier et du grand grenier superposés avec ses
voûtes et ses colonnes du xiie siècle; la vaste prairie
plantée de pommiers et de vieux noyers qui avaient
vu les moines, et entourée de solides murs, contemporains de saint Bernard; cette rivière du Serein, son
Simoïs à lui, sur le bord de laquelle il devait mourir;
là, comme à Noyers, elle promenait ses eaux limpides
entre deux rangs de hauts peupliers, et coupait, par
un de ses bras, l'enclos du monastère. Il y retrouvait
les traces de saint Thomas de Cantorbéry qui avait
cultivé ces champs, et il y voyait plus que les vestiges,
mais le corps même de saint Edme, également archevêque de Cantorbéry, dont il devait restaurer le culte
avec tant de magnificence. Tous les sentiers qu'il parcourait avaient été foulés par des milliers de saints,
par des princes, par des rois et des reines, par
Louis IX le saint, et par Blanche de Castille; la terre
qu'il allait habiter était une terre illustre, arrosée des
sueurs et faite de la poussière des saints.

Tous ces souvenirs parlaient à son cœur, et l'automne, qui commençait, les revêtait d'une divine
mélancolie. A ses yeux éclairés par la foi, l'éternelle
jeunesse de Dieu se révélait dans ces ruines et dans
la caducité des œuvres humaines. Cette demeure, six
fois séculaire des saints, soumise à l'influence funeste
de la *commande,* avait vu pâlir sa gloire, et la Révolution avait jeté au vent les cendres de ce foyer
éteint.

Mais les œuvres de Dieu ne meurent pas, et, mieux
que le phénix, elles renaissent de leurs cendres.

Quelques jeunes prêtres, presque tous nés dans le voisinage, émus de l'état lamentable de leur pays ravagé par l'indifférence et le matérialisme, et épris de la noble passion de l'apostolat, à l'appel et sous l'inspiration du vénéré P. Muard, s'étaient réunis dans ces ruines pour leur rendre la jeunesse et la vie. Ils voulaient reprendre et continuer, sous une autre forme, la mission des Cisterciens.

Les jeunes prêtres qui avaient apporté leur concours dévoué à la fondation étaient au nombre de six. M. Muard et M. Bravard furent, on le sait, les deux fondateurs. Le premier, surtout, avait attiré à sa suite, par le charme de sa sainteté, M. l'abbé Bonnard, les deux frères Albert et Théobald Bernard de la Brûlerie, et celui qui écrit ces lignes, et qui reste seul, dernier survivant et dernier témoin de la première fondation. M. Bravard fut chargé de la paroisse de Pontigny, et M. Bonnard de la paroisse de Venouze; l'un et l'autre, en qualités de curés, habitaient deux chambres contiguës dans l'ancienne maison du prieur, devenue le presbytère. Les autres confrères se partageaient les chambres en ruines et à peine habitables de l'ancienne orangerie. Un mur seul les séparait d'un moulin édifié par les moines et du cours d'eau qui venait le mettre en mouvement après avoir traversé l'enclos du monastère. C'étaient deux voisins importuns : nous entendions, des dures couchettes où nous reposions la nuit, des tables de bois blanc où nous écrivions le jour, le cours sonore des eaux et le tic-tac monotone du moulin qui ne ressemblait en rien à l'harmonie des

douces cantilènes dont on berçait et endormait notre
enfance. Ce bruit cadencé nous semblait scander sévèrement les heures trop rapides de notre sommeil, et,
pendant le jour, à la moindre interruption du travail, nous rappeler la fuite rapide et irrévocable du
temps. Il nous paraissait se faire ainsi le complice de
M. Muard, cet autre voisin toujours éveillé pour la
prière, le travail, les austérités, et qui commençait
déjà cette vie admirable de mortification qu'il devait
porter plus tard jusqu'aux dernières limites. Nous
n'étions séparés de lui que par une porte, et nous
étions ainsi les témoins invisibles de ses macérations
prolongées. Un jour, par une indiscrétion que Dieu
m'a pardonnée, je pénétrai furtivement dans sa chambre, et, louable voleur : *fur laudabilis,* je m'emparai
de ses instruments de pénitence que je conserve
comme une relique. De là une scène, peut-être
l'unique, où j'entendis des reproches sévères et
mérités, mais qui ne me causèrent aucun remords.

Cette résidence de l'*orangerie* était séparée par des
jardins des autres corps d'habitation et devenait ainsi
une solitude dans la solitude, où l'on goûtait des
charmes particuliers. C'est de là que nous partions, l'hiver, à quatre heures du matin, pour nous rendre à l'é-
glise, par le froid, la neige ou les pluies. Dans la vaste
et froide église, alors ouverte à tous les vents, nous
faisions une heure de méditation après laquelle nous
nous servions mutuellement nos messes. Le travail de
l'étude et de la composition commençait ensuite avec
une juvénile ardeur. Nous devions nous préparer reli-

gieusement à la parole publique avant de nous lancer dans des missions incessantes qui ne nous laisseraient plus de loisir. Nous unissions à ces travaux intellectuels le travail des mains, pour lequel M. Muard montra toujours un goût prononcé. En été, nous consacrions les récréations du soir à arroser les légumes et les fleurs. Quand venait la fauchaison, nous partions tous, armés de la fourche et du râteau, pour étendre et *faner* les foins et les ramasser en monceaux. Dans l'automne, nous passions une partie de la journée à la cueillette des pommes sur les centaines d'arbres du verger. Une fois montés dans les branches, le silence était rompu, et, en détachant les beaux fruits mûrs, que de joyeux propos, que de fusées d'esprit jaillissaient de nos fraîches imaginations !

A la fête de chaque confrère, la verve des poètes éclatait. Le P. Théobald Bernard était poète à ses heures, mais non poète élégiaque ; il n'aimait pas les saules pleureurs, qui ne produisent pas de belles pommes dorées comme les nôtres, et qui n'abritent que des tombeaux. Hélas ! il n'y avait pas encore de tombeaux parmi nous, et, depuis, ils sont devenus si nombreux ! C'est lui, le poète favori, qui célébrait les louanges du héros de la fête, et chantait, dans des vers pétillants d'humour, « les grandes vertus de l'illustre Bonnard. »

Il les chantait, pour leur donner plus de charmes, non comme Homère, sur la lyre qui n'est plus qu'un vieil instrument démodé, mais sur l'accordéon, nouvellement inventé, et qui sentait son dix-neuvième siècle.

Voilà quels étaient nos labeurs et nos joies, toujours assaisonnés d'une fervente piété qui en doublait
le charme.

A l'approche de la Toussaint, lorsque les travaux
des champs étaient terminés, la saison de nos missions de campagne commençait ; nous nous réunis-
sions dans la salle commune pour le départ, comme
les oiseaux messagers des hivers. C'était une migra-
tion dans les villages, où les longues veillées permettaient d'assister aux exercices de la Mission. Avant la
séparation, M. Muard, notre très aimé supérieur, nous
adressait quelques paroles brûlantes de zèle et nous
bénissait. Nous partions ensuite à pied, le sac au
dos, chacun pour le poste parfois lointain qui lui était
assigné. Arrivés au village, avant d'entrer au presbytère, nous allions saluer le Maître du lieu, dont nous
étions les ambassadeurs.

Telle était la communauté naissante où M. l'abbé
Boyer faisait son entrée, qu'il devait diriger pendant
un demi-siècle, et ne plus quitter que pour mourir.
On nous pardonnera de nous être attardé à ces chers
souvenirs du berceau de notre humble famille religieuse. Heureux, a-t-on dit, les peuples qui n'ont
n'ont pas de lois et pas d'histoire ! Nous jouissions
de ce double bonheur, et nous n'avions d'autres lois
que la loi intérieure de la charité et d'une obéissance
qui n'a pas été violée une seule fois pendant ces premières années, où nous n'étions liés par aucun vœu.
Trente ans après, le R. P. Boyer, en présentant à la
communauté la nouvelle constitution qu'il voulait

faire approuver à Rome, et en jetant un regard ému
sur les premières années, nous disait : « Cette petite
société, je le rappelle pour rendre gloire à Dieu, n'a
eu, pendant les premières années, d'autre loi que la
charité, et je me souviens encore de l'édification que
j'y ai trouvée, et des douces émotions que j'y ai res-
senties lorsque le Seigneur m'amena miséricordieu-
sement à prendre place parmi les premiers Pères qui
la composaient. La bonne volonté, l'obéissance, la
piété fervente, suppléaient aux Constitutions qu'il
n'avait pas encore été possible d'établir. » Nous
avions seulement un ordre du jour austère qui rendait la vie quotidienne régulière et commune. La pauvreté était étroite, et notre économe, le futur évêque
de Coutances, nous nourrissait de mets qui avaient
besoin d'être assaisonnés par nos appétits juvéniles.

Après ce rapide souvenir donné au lieu et aux
choses que M. Boyer trouva en arrivant, et ce regard
rétrospectif sur l'humble communauté où il devait passer sa vie, nous sera-t-il permis de faire connaître les
auxiliaires dévoués qui en furent, avec lui, les pierres
d'assise ? On sait que le premier compagnon du
P. Muard dans la fondation de Pontigny fut M. Bravard, originaire du diocèse de Lyon, qui avait achevé
ses études ecclésiastiques et reçu les ordres sacrés au
Grand Séminaire de Sens. Ame ardente, esprit élevé
et distingué, il aspirait, comme M. Muard, à partir
pour les Missions étrangères. Cette similitude d'attraits
les rapprocha et forma le premier lien qui les unit.

Vicaire à la cathédrale de Sens, M. Bravard s'était fait remarquer par sa parole véhémente et son ardente piété. On le voyait passer des heures, à genoux par terre, devant le saint Tabernacle. Homme d'une activité dévorante, ce fut lui qui déblaya les ruines de Pontigny et commença les constructions nouvelles qui devinrent les habitations des Pères. Il resta deux années seulement daus la communauté naissante qu'il eût voulu entraîner à des entreprises supérieures à ses forces; il fut ramené, par des circonstances providentielles, dans son diocèse natal, revint à Sens comme grand vicaire, et fut enfin nommé évêque de Coutances. Il n'oublia jamais ses premiers compagnons d'apostolat, avec lesquels il ne cessa d'entretenir de cordiales relations; il les appela, par ses instances réitérées et les plus pressantes, au Mont-Saint-Michel où ils sont encore aujourd'hui.

Le second apôtre qui, séduit par la sainteté du P. Muard, s'attacha à ses pas dès ses premières missions et le suivit à Pontigny, fut M. Bonnard, alors curé de Givry, près Avallon. Il vit de près l'ardent missionnaire s'essayer, dans le voisinage, à l'œuvre des missions ; il lui prêta son concours ; et, touché de tant de zèle, d'aménité, d'humilité et de charité, il s'attacha à ses pas, même avant la fondation de Pontigny, qu'il commença avec lui. Il y avait alors une sorte de renaissance monastique. Lacordaire venait de rétablir en France l'Ordre des Frères-Prêcheurs, et continuait ses célèbres conférences avec un incomparable éclat, sous la robe blanche de Saint-Dominique.

Ce qu'il avait fait surtout pour les villes, des hommes plus modestes, d'un bien moindre talent, mais animés du même feu sacré, voulurent l'entreprendre pour l'évangélisation des campagnes.

M. Bonnard, comme les autres jeunes prêtres qui apportèrent d'abord leur concours à l'œuvre nouvelle, était né dans le voisinage de Pontigny, à Brienon-l'Archevêque ; il appartenait à une honnête famille de commerçants, qui eut à cœur de lui procurer une brillante éducation. Il fut envoyé à Paris, pour y faire ses études au collège Stanislas, dirigé par les maîtres les plus distingués, et qui renfermait alors la fleur de la noblesse française. Il se fit promptement remarquer par une foi vive, une conscience très délicate, une grande pénétration d'esprit et une aptitude extraordinaire pour les sciences. Il avouait, plus tard, que cette passion des sciences exactes, qui l'absorbait jusqu'à remplir ses journées et les longues heures de ses nuits, avait été dommageable à ses études littéraires. Cependant, il figurait toujours aux premiers rangs et parmi les élèves nommés au grand concours. Arrivé au terme de ses études, son talent s'était révélé avec tant d'éclat qu'on lui offrit une bourse dans un grand collège, dont on espérait qu'il deviendrait l'honneur et la recommandation. Il refusa ces offres séduisantes, qui lui promettaient un bel avenir, et nous l'avons entendu se féliciter, quelques jours avant de mourir, de ce premier choix de sa vie comme d'une des plus insignes faveurs de Dieu. Une pensée plus haute avait germé dans sa jeune âme : la pensée

de se consacrer à Dieu dans le sacerdoce. La Révolution de 1830, qui venait de déchaîner contre l'Eglise
les passions populaires, au lieu de briser le germe naissant de sa vocation, ne fit que la fortifier, et révéla
en lui cette magnanimité qui le poussa toujours sur
les grandes routes du dévouement. Il refusa d'entrer
au Grand Séminaire de Saint-Sulpice, justement renommé pour ses études théologiques et pour le prestige dont il entourait les élèves formés par son enseignement. Il annonça son dessein arrêté de faire ses
études au Séminaire de son diocèse ; il s'y livra avec
l'ardeur et le succès qui avaient signalé ses humanités.
Esprit droit, autant que subtil et philosophique, il
allait jusqu'au fond des questions ; ce fut lui, nous
l'avons dit, qui malmena le plus cruellement le galli-
canisme alors régnant, et son amour pour l'Eglise et
le Souverain Pontife se révéla avec une piété qui ne
fit que croître jusqu'à la mort.

On vit rarement réunis au même degré une intelligence lumineuse, un cœur tendre et une foi naïve.
Mais cette grande charité pour Dieu et pour son Eglise
se voilait sous une allure vive et originale qui ne le
laissait pas toujours apprécier à sa juste valeur.

Les distinctions honorables qui l'avaient sollicité à
Paris vinrent le chercher jusque dans l'obscurité du
Séminaire où il s'était enfermé. M. Darcimole, grand-
vicaire de Mgr de Cosnac, ayant été nommé évêque du
Puy, avait remarqué notre jeune étudiant et lui fit
des avances qui devaient le conduire aux dignités
ecclésiastiques. Il repoussa ces offres brillantes, et ne

conçut d'autre ambition que celle de travailler au salut
des âmes dans une humble cure de campagne. C'est là
que Dieu vint le prendre et lui ménagea la rencontre
heureuse qui changea le cours de sa vie et l'amena à
Pontigny, à la suite du P. Muard.

Lorsque ce dernier annonça son grand projet d'une
vie austère jusqu'à l'héroïsme, M. Bonnard l'accueillit
avec enthousiasme et s'offrit pour partir avec lui,
quoique sa santé frêle et déjà épuisée semblât absolument incompatible avec ce nouveau genre de vie.
L'autorité ecclésiastique et ses amis s'y opposèrent :
il se soumit. Jamais acte d'obéissance ne lui coûta
davantage. Des accidents de la plus inquiétante gravité
vinrent trop vite, hélas ! donner raison à l'opposition
qui lui avait été faite : des hémorragies répétées le
conduisirent plusieurs fois aux portes du tombeau,
et il se vit bientôt obligé de renoncer à ses chères missions de campagne.

Il profita de sa première convalescence pour réaliser
un projet longtemps rêvé et qui fut toujours cher aux
saints : le pèlerinage de Rome. En touchant les splendides rivages de l'Italie, il sembla reprendre une vie
nouvelle ; on eût dit que ce ciel était son ciel natal, et
que ce doux climat avait été fait pour lui, tant il se
baignait avec délices dans son air tiède et embaumé.
Arrivé à Rome, il ne se lassait pas de visiter ses sanctuaires ; il en fit comme sa patrie adoptive ; il y
retourna plusieurs fois ; il y séjourna longtemps, et
en apprit la gracieuse langue, qui avait des charmes
particuliers pour lui. Les pauvres le reconnaissaient

et couraient à la suite du *prete francese,* qui répandait toujours sur son passage d'abondantes aumônes.

Lorsque la guerre d'Italie éclata, emporté par son zèle et touché des besoins spirituels de nos soldats, il partit à ses frais pour leur venir en aide sur le champ de bataille ou dans l'air infect des hôpitaux. C'est là qu'il rencontra un de ses anciens amis et un de nos prêtres les plus distingués, M. Dumas, qu'il vit mourir à ses côtés, martyr de la charité. Une indemnité imprévue lui ayant été allouée, il en consacra le prix entier à la restauration des vitraux de l'église de Pontigny. Rentré en France après la campagne d'Italie, et sa santé ne lui permettant plus le rude labeur des missions, il trouva un nouveau moyen de donner carrière à son zèle ; il fonda la *Semaine religieuse* de Sens, qui lui permit d'utiliser le reste de ses forces au service de l'Eglise et de son Chef, dont l'amour fut la grande passion de sa vie. Il n'est point de pieux artifices qu'il n'ait mis en œuvre pour venir au secours du Saint-Père dans son dénuement : loteries, souscriptions, œuvres des étrennes pontificales, œuvre des zouaves. Il donnait l'exemple et contribuait largement et continuellement de sa bourse à ces magnifiques aumônes qui ont alors tant édifié et consolé l'Eglise.

Cependant sa santé s'altérait de jour en jour, et bientôt le pauvre malade ne fut plus qu'un fantôme, qui put à grand'peine venir de Sens à Joigny chercher dans sa famille aimée les tendres soins de la dernière maladie et l'hospitalité de la mort. Aussitôt arrivé, il

demanda et reçut avec une piété extraordinaire les
derniers Sacrements. Le lendemain, il disait à un
ami : « Hier, j'ai été peiné, M. le curé m'a fait des
éloges !... des éloges, à moi !... » — Ici les pleurs
étouffèrent sa voix. — « Oh ! que je voudrais qu'il me
fût permis de faire une confession publique, afin que
chacun connût ma misère !... » Alors il baisa, à plusieurs reprises, un crucifix renfermant une parcelle de
la vraie Croix ; puis, sentant qu'il allait mourir, il
unit les mains des prêtres présents aux mains de ses
parents, et, les pressant dans une même étreinte avec
le crucifix, il murmura faiblement un dernier adieu
et il expira. C'était le vendredi 15 octobre 1869, en la
fête de sainte Thérèse. Une nombreuse assistance et
près de quatre-vingts prêtres accoururent à ses obsèques. Le R. P. Boyer, son supérieur et son ami, prononça son éloge funèbre avec une émotion qui fit
couler bien des larmes. Belle et sainte vie, dont nous
avons voulu ici retracer le souvenir, parce qu'elle
appartient à la Communauté de Pontigny comme un
héritage d'honneur et de bénédiction.

Moins d'un an après la fondation de Pontigny et
l'entrée de M. Bonnard, arrivèrent deux précieuses
recrues, l'une au printemps, l'autre à l'automne de
1844. C'étaient les deux frères Albert et Théobald
Bernard de la Brûlerie, qui passèrent quarante-neuf
ans sous la direction du R. P. Boyer, et qui mou-
rurent, le premier un mois avant et le second dix-huit
mois après leur vénéré Supérieur. Ils nous paraissent
comme ses deux satellites et comme un appendice de

sa sainte vie. Ils appartenaient à une famille doublement noble, par le côté paternel et le côté maternel. Leur mère, Françoise de la Brûlerie, était aussi distinguée par sa tendre piété que par sa grande naissance. Leur père, Henri Bernard, ancien capitaine d'infanterie, était le type du gentilhomme, du soldat et du vaillant chrétien. Il était, lui aussi, de noble race. Il avait pour ancêtre direct Antoine Bernard, contrôleur général des finances en Picardie, qui, en récompense de ses remarquables services, reçut, l'an 1667, des lettres de noblesse. Les héritiers de son nom ne cessèrent, à travers deux siècles, de remplir les postes les plus honorables, et ce nom arriva aux deux humbles religieux sans qu'une tache l'ait flétri, et sans qu'ils en aient jamais laissé soupçonner la noble origine.

Les deux époux, en qui la foi et l'honneur étaient héréditaires, vinrent habiter le château de Monéteau, et voulurent présider à cette première formation dont les enfants gardent à jamais l'empreinte. Une modeste fortune et une nombreuse famille ne permirent pas à M. Bernard de relever et de rendre au culte la chapelle du château ; mais, chaque matin, après sa prière, il allait baiser pieusement la pierre sacrée de l'autel. Il apprit à ses fils à ne jamais aller dans un village sans que leur première visite fût pour l'église où résidait Jésus-Christ dans le très saint Sacrement. Les rares survivants des serviteurs de cette famille patriarcale n'en parlent qu'avec admiration. « Jamais, nous disait une de leurs vieilles domestiques, on ne trouvera sur la terre rien de si bon, de si généreux, de si charitable que ces gens-là ! » Elle achevait sa phrase par une larme et par un respectueux salut envoyé à ses bons maîtres, les deux missionnaires de Pontigny.

Le premier des fils de M. Bernard, Albert, ne quitta le foyer paternel qu'après sa première Communion, pour aller dans la pension chrétienne de M. Blin, suivre, sous la conduite de ce vénérable maître, les cours du collège. Il y fit de brillantes études aussitôt couronnées par le baccalauréat. Il avait un goût passionné pour les beaux-arts, mais, n'ayant pas de fortune, il dut y renoncer, sur le conseil de son père, et embrasser une carrière libérale et lucrative. Il avouait plus tard qu'il ne pouvait voir un crayon à dessin sans que ses yeux se mouillent de larmes. Il alla suivre les cours de Droit à l'Université de Paris. Muni de son diplôme d'avocat, il avait déjà plaidé avec succès, et un bel avenir semblait s'ouvrir devant lui, lorsque sa vraie vocation lui fut révélée par un coup subit de la grâce, et par la sage direction de M. Dupanloup, le futur évêque d'Orléans. Plaider des causes humaines, les grandes causes de la justice, de l'innocence et du malheur, c'était une belle destinée qui allait bien à sa nature chevaleresque ; mais plaider la cause immortelle de Dieu et des âmes lui parut encore plus haut et plus divin. Il renonça, sans hésiter, à une carrière belle et ouverte, pour aller s'enfermer dans un Séminaire et se consacrer à Dieu dans le sacerdoce. Il arriva au Grand

Séminaire de Sens dans les premiers jours d'octobre
1838. Son entrée fit sensation. Son air distingué, son
extrême affabilité, ses talents remarquables, lui ac-
quirent bientôt une place de choix parmi ses condi-
ciples. L'étude du Droit l'avait préparé à la Théologie
morale, et lorsqu'on arriva aux traités de la Justice
et des Contrats, il se montra plutôt maître que disciple dans ces sciences qui lui étaient devenues familières. Mais c'est surtout par l'élan de sa ferveur qu'il
surpassa les élèves les plus édifiants. On le voyait
seul, l'hiver, pendant les récréations du soir, se pro-
mener à grands pas dans les allées couvertes de neige,
les yeux au ciel, le visage enflammé. On l'appelait
déjà « le saint du Séminaire, » comme on l'appela
plus tard « le saint de Pontigny. » Aussitôt ordonné
prêtre, il fut nommé curé de la paroisse de Saint-
Pregts, dans la ville de Sens. Dès qu'il eut charge
d'âmes, sa charité ne connut plus de bornes ; il soignait
les malades, ensevelissait les morts, et se dépouillait
de tout, même du nécessaire, en faveur des pauvres.
Quand ils venaient lui exposer leur détresse, il donnait
ses vêtements, ses aliments, jusqu'aux rideaux de son
lit. Un jour de Noël, il ne lui restait plus à la maison,
pour le refaire de ses fatigues, qu'un fromage de trois
sous. Un de ses paroissiens bienfaisants étant venu le
visiter pendant les froids les plus rigoureux de l'hiver,
trouva son lit dépourvu de rideaux ; ils avaient été
donnés pour faire des vêtements à quelque famille
indigente. Le charitable visiteur se hâta de les remplacer ; mais quel ne fut pas son étonnement de ne

plus retrouver ses rideaux dans une visite suivante. ·
Il s'en plaignit doucement et se donna la joie d'en
procurer de nouveaux et plus confortables. Il revint
un mois après pour traiter de quelques bonnes œuvres : les rideaux s'étaient encore évanouis. Il en témoigna un regret apparent qui cachait mal son édification, et il s'empressa d'en offrir ou plutôt d'en impo-
ser d'autres, mais comme un prêt dont il se réservait
la propriété. Le malheureux prêt eut bientôt disparu,
et le prêteur feignant une émotion qui était loin d'être
indignée : « Comment, dit-il, mon digne et si honnête
pasteur, vous disposez ainsi d'un bien qui ne vous appartient pas? — Hier, répliqua le pasteur un peu
confus, des malheureux en haillons sont venus me
demander des vêtements; il eût été cruel de les renvoyer, j'ai livré vos rideaux, mais avec l'intention de
les rétablir, selon le désir du trop charitable prêteur. »

Ce véritable homme de Dieu, en qui le zèle et la
charité s'étaient incarnés, ne s'arrêta pas dans la voie
du dévouement. Dès·qu'il eut appris qu'une société de
jeunes apôtres s'établissait dans les ruines de l'abbaye
de Pontigny, il vint se joindre à eux et leur apporta l'ap-
point d'un talent remarquable et d'une sainteté qui éclatait à tous les yeux. Nous n'essaierons pas de nommer
les nombreux ministères auxquels il se livra, pendant
un demi-siècle, sans trêve et sans mesure. Pendant ses
laborieuses missions, il passait parfois des nuits entiè-
res au confessionnal. Sa mortification était continuelle;
il ne mangeait que pour s'empêcher de mourir; aussi

était-il devenu d'une maigreur extrême. C'était une grande âme à peine vêtue d'un corps amaigri qui flottait dans ses trop larges vêtements. Le trait saillant de sa douce physionomie était une charité exubérante pour les pauvres, les malades, les petits, les souf‑ frants. Lorsque ses loisirs le lui permettaient, il allait s'installer au chevet des malades dans les villages qu'il évangélisait. Pendant le choléra de 1849 et de 1854, il resta des semaines sans quitter ses vêtements, et il passait ses jours et ses nuits à soigner les malades, à administrer les mourants, à ensevelir et à enterrer les morts. Au souvenir de ses années d'enfance et de sa pieuse éducation, il fondait en larmes en présence de ces faibles enfants livrés sans défense aux écoles sans morale et sans Dieu.

Les infirmités vinrent éprouver ses dernières années et le retinrent à la Maison, qu'il édifiait par ses conférences spirituelles et sa régularité. Ses souffrances le tenaient éveillé pendant les longues heures de la nuit, et il remerciait Dieu de ces insomnies qui lui permettaient de se livrer à des oraisons prolongées, dans lesquelles Dieu le favorisait d'ineffables consolations. Il mourut vingt-huit jours avant le R. P. Boyer qui put lui fermer les yeux, lui adresser à l'église le suprême adieu, et le proclamer encore une fois, avec la voix du peuple, « le Saint de la Communauté ! »

Il y avait à peine un an que le P. Albert Bernard était entré à Pontigny, lorsqu'il y fut rejoint par son frère Théobald, moins âgé que lui de cinq ans, et qui avait, comme lui, hérité de ses pères une foi vaillante, une belle intelligence et un rare mépris de la gloire humaine. Nommé curé du Val-de-Mercy aussitôt après son ordination, il y fut accueilli avec enthousiasme ; il eût bientôt ramené la foule à l'église, trop longtemps déserte, et de nombreux fidèles à la Table sainte, entièrement abandonnée. Rien ne semblait manquer au bonheur du nouveau pasteur qui jouissait de la confiance générale et voyait croître chaque jour le nombre des conversions, lorsque Dieu vint le prendre : « Toutes ces consolations, raconte-t-il lui-même, ne pouvaient dominer une pensée qui me poursuivait le jour et la nuit, la pensée de tout quitter pour me faire religieux, et me consacrer à Dieu dans la Compagnie de Jésus. Au mois d'août 1845, j'allai à la Retraite ecclésiastique, prêchée par le P. Rousseau, jésuite. Un jour que je descendais de sa chambre après lui avoir confié mon désir et reçu le conseil d'aller passer quelques jours à Saint-Acheul, je rencontrai le P. Muard, que je n'avais encore jamais vu ; il me prit par le bras et me demanda mes intentions en m'affirmant qu'il les connaissait déjà. Il me conseilla de le suivre à Pontigny, et m'assura que j'y resterais longtemps... Peu de temps après, je quittais avec grand déchirement de cœur mes paroissiens que j'aimais beaucoup et dont j'étais tant aimé. Dieu m'appelait, je m'arrachai à leurs larmes, et, en leur faisant mes adieux, je leur promis de me souvenir d'eux tous les jours au saint Sacrifice de la Messe, promesse à laquelle je n'ai jamais manqué. »

Une fois engagé dans la carrière apostolique, le P. Théobald se sentit dans son élément, et il s'y élança

avec une ardeur que les années, même en diminuant
son activité et ses forces, n'ont pu ralentir. L'infatigable ouvrier ne connaissait pas de repos, les missions
et les retraites se succédaient sans interruption. On
le voyait partir à pied, le sac à la main, parcourir allègrement les longs et obscurs chemins qui devaient le
conduire au village où il était attendu. Une fois arrivé,
il ne se contentait pas de catéchiser les enfants, de prêcher le soir à l'église ; il se rendait dans les hameaux
les plus éloignés, prêchait dans la maison la plus spacieuse, ou même dans une grange, où tous les habitants se réunissaient, et c'était souvent là qu'il faisait
les plus abondantes recrues. Qui dira le nombre des
campagnes qu'il a ainsi évangélisées, d'enfants qu'il a
catéchisés et confessés, de pécheurs qu'il a convertis ?
La dernière retraite, où il a trouvé la mort, était la
six cent vingt-sixième de son apostolat. Six cent vingt-
six missions ou retraites ! Quelles gerbes cet opulent
moissonneur a emportées au Ciel ! *Venient portantes
manipulos suos.*

La prédilection du P. Théobald pour le peuple de
nos campagnes ne l'empêcha pas de porter à toutes
les villes de notre diocèse sa parole d'une éloquence
toujours popularisée. Orateur à part, original, énergique, prime-sautier, simple, accessible à tous, il avait
parfois le vol de l'aigle, et, à côté de ses négligences de
diction, des élans sublimes. Des appréciateurs les plus
autorisés, après l'avoir entendu, nous disaient de lui :
« On n'est pas plus éloquent que votre P. Théobald.
C'est le premier missionnaire de nos contrées. » Aussi

fallait-il voir l'enthousiasme qu'il excitait dans les missions de campagne! Sa bonhomie, son laisser-aller un peu négligé, son accent un peu vulgaire mais entraînant, ravissaient ces braves gens, et on les entendait s'écrier : « C'est le premier, après le bon Dieu !... »

Le P. Théobald n'était pas seulement l'apôtre de la vérité, il fut encore l'apôtre admirable de la charité. Tandis que le terrible fléau, dont nous avons déjà parlé, répandait partout la terreur, et mettait en fuite les parents même et les amis des victimes, on vit l'intrépide missionnaire, non moins héroïque que son frère, non seulement leur porter des secours rapidement et comme en passant, mais courir s'installer au foyer le plus ardent de la contagion. A Lézinnes, les ouvriers belges, occupés en grand nombre à la construction du chemin de fer de Paris à Lyon, tombaient frappés, dans leurs chantiers, comme des mouches empoisonnées. Le P. Théobald s'établit au milieu d'eux ; il y restait le jour et la nuit, prodiguant à tous des secours et des consolations, administrant les mourants et enterrant les morts. Pendant la guerre de 1870-71, on le retrouve à Clamecy, parmi nos pauvres mobiles ravagés par la variole, leur prodiguant son charitable ministère. Il rapporta à la Maison ce mal affreux, dont il faillit mourir, et dont il garda les traces le reste de sa vie. Combien de détracteurs de l'Eglise recevaient, pour *services exceptionnels,* la croix d'honneur qu'ils avaient cent fois moins méritée que lui ! Lui, il a reçu au Ciel son immortelle décoration.

Ce héros de la vérité et de la charité était, de plus,
un érudit de bon aloi. Outre le grec et le latin, il possédait plusieurs langues vivantes. Il connaissait tous
les auteurs de notre volumineuse bibliothèque confiée
à ses soins, et qui était devenue son empire. Il n'aimait
ni le grand monde, ni les bruyantes réunions, ni les
foules, que Châteaubriand appelle *un vaste désert
d'hommes.* Il préférait la société de ces morts illustres, de ces grands génies dont il savourait les
œuvres sans avoir à craindre ni leurs regards ni leurs
paroles.

Lorsqu'il rentrait à la Maison, après ses laborieux
ministères, il avait trois solitudes qu'il ne quittait
plus : sa cellule, la chapelle et la bibliothèque, que
les anciens appelaient la *pharmacie des âmes.* Il la
soignait avec sollicitude, et il en a laissé le catalogue
complet, très bien ordonné et entièrement écrit de sa
main. Cette solitude lui était bien douce ; mais, si elle
se prolongeait, on voyait bientôt reparaître le besoin
de la vie active. Sa plus grande souffrance, dans ses
dernières années, fut de ne pouvoir plus se livrer
avec la même énergie et la même continuité à ses
chères Missions et à la conquête des âmes.

Les goûts de solitude et l'attrait des voyages qui
semblent se contredire, se trouvaient pourtant réunis
dans cette âme ardente, altérée de zèle, mais non
moins altérée de la soif de savoir.

Il visita deux fois, et longuement, l'Italie en véritable touriste. Il voyageait toujours seul, pour s'eni-
vrer à son aise et sans contrainte du parfum qui

s'exhale des tombeaux des saints, du spectacle des beaux sites et des chefs-d'œuvre qui abondent dans ce pays classique des beaux-arts. Il s'attardait dans les catacombes, dans les magnifiques musées de Rome, de Naples, de Florence, de Venise, de Bologne, et il en contemplait avec avidité les œuvres inspirées. Il nous a laissé, de ces deux grands voyages, des récits qui ne manquent ni d'humour ni d'originalité.

Combien de nos libres-penseurs et de nos demi-savants, en passant à côté de cet humble prêtre, à l'extérieur modeste et à l'air commun, l'ont regardé avec dédain et traité d'ignare, d'ennemi du peuple et d'ennemi des lumières ! Ils ne soupçonnaient pas qu'il les surpassait tous et par la naissance, et par la science et par la vertu, et surtout par un dévouement sublime à l'humanité qu'il a poussé cent fois jusqu'à l'héroïsme et au mépris de la mort. Sa santé ébranlée ne lui permettait plus les labeurs de l'apostolat ; et, dans une retraite de premières communions que ses supérieurs, cédant à ses instances, lui accordèrent, il expirait, à Fontaines, les armes à la main.

Voilà les choses et les hommes que M. Boyer trouva en arrivant à Pontigny. Voilà les pierres angulaires que Dieu jeta dans cet humble édifice, rebâti sur des ruines, et que tant de causes de faiblesse auraient dû renverser dans cette tempête d'un demi-siècle. On nous pardonnera de nous être attardé à ces chers souvenirs. Mais, outre le charme qui s'attache à l'histoire des origines, pouvions-nous séparer dans ce récit ceux qui furent les fidèles satellites du

R. P. Boyer, qui réfléchirent pendant tant d'années
sa douce lumière, qui dorment à ses côtés, et que
rien n'a pu séparer, ni dans la vie, ni dans la mort.

———————

CHAPITRE VII

PREMIERS TRAVAUX DE M. BOYER. — PRÉPARATIFS DU
DÉPART DU P. MUARD, M. BOYER EST NOMMÉ
SUPÉRIEUR. — RETRAITE DE BOURGES. — VOYAGE A
FLAVIGNY. — LA GRANDE RETRAITE DE TRENTE JOURS
ET CONSTITUTION RELIGIEUSE DE LA COMMUNAUTÉ. —
M. BOYER FAIT L'APPRENTISSAGE DU NOVICIAT A
ANGERS.

M. Boyer, libre des sollicitudes pastorales, établi
dans une vie régulière et apostolique, nageait dans
son élément, et s'étonnait lui-même de n'avoir pas
embrassé plus tôt une vocation qui était évidemment
la sienne. Il se livrait aux transports de son zèle avec
allégresse et il voyait sa parole entraînante accompagnée, dans ses premières missions, de merveilleux
succès. Il bénissait Dieu tous les jours de lui avoir
ouvert le vaste champ où il pouvait plus largement
donner carrière à son zèle. Il débuta par le panégyrique de saint Edme, qu'il fut chargé de prêcher
le 16 novembre suivant, jour de sa fête. En glorifiant
saint Edme, dont il devait plus tard réhabiliter le
culte avec tant d'éclat, il mit surtout en relief son

zèle de missionnaire et son intrépidité pour défendre les intérêts de l'Eglise, et il l'adjurait, en finissant, de couvrir de sa protection les humbles héritiers de son apostolat et les gardiens de son tombeau.

Le bonheur d'obéir sans responsabilité ne fut pas de longue durée. M. Muard vit, dans l'arrivée de l'abbé Boyer, sollicitée par tant de prières, le signal de sa propre délivrance. Il sentit renaître plus fortement les goûts de solitude et d'austérité qui ne l'avaient jamais quitté. Il continua de les nourrir dans le secret de son âme jusqu'au jour où il pourrait les révéler sans nuire à l'institution naissante. Lorsqu'il rencontrait une forêt profonde, une colline boisée et éloignée de toute habitation, il s'arrêtait pensif : « Ah ! soupirait-il, si nous pouvions cacher là notre vie ! » Cet idéal de solitude et d'austérité ne lui laissait pas de repos et le suivait partout. Dès le printemps de 1844, pendant une mission très fructueuse que nous prêchions à Quarré-les-Tombes, dans une de nos promenades solitaires, il jetait des regards rêveurs et comme prophétiques sur les rochers et les bois de la Pierre-Qui-Vire : quel site favorable pour une vie de pénitence et de contemplation ! Mais il était résolu à ne pas quitter sa jeune fondation voulue de Dieu, sans pourvoir à son avenir. Celui qu'il avait demandé au Ciel et à la terre était arrivé ; il sentit son âme soulagée, et il attendit en silence l'heure de Dieu.

A la fin de la retraite annuelle, M. Boyer fut proposé par M. Muard, et acclamé à l'unanimité, économe et administrateur temporel de la Communauté.

C'était un acheminement intentionnel à la supériorité.
M. Boyer ne devait pas goûter longtemps les joies de
l'obéissance, et il prit, sans le vouloir, au milieu de
ses confrères plus jeunes que lui, la place qui lui était
destinée : la première, qu'il garda toujours.

Dès l'année suivante, 23 octobre 1846, M. Muard,
accompagné de M. Brullée, son ami et futur historiographe, se retirait en secret dans le presbytère de
Piffonds, vieux castel entouré d'une profonde solitude,
pour y faire une retraite fervente qui allait décider
de son avenir. Il en sortit éclairé des plus vives lumières et déterminé à une vie d'extrême sévérité. Il
voulait renouveler les austérités primitives des anciens
monastères, leur bure, leur jeûne, leur silence éternel,
et leurs macérations pour combattre le sensualisme
qui dévorait la France. Il commencerait le plus tôt
possible, seul, s'il ne trouvait pas de compagnons, et,
s'il en trouvait, il fonderait avec eux une petite société qui unirait à l'apostolat la plus rude pénitence.
Il porta pendant un an ce secret pesant dans son
cœur, sans le confier à ses disciples : il laissa le
temps et la grâce mûrir son dessein. A la retraite de
1847, il ne pouvait plus tarder ; un feu intérieur le
consumait, et puis, il avait quarante ans, c'est le
solstice de la vie. Il confia à M. Boyer, d'abord, son
grand projet : « J'ai demandé à Dieu, lui dit-il, qu'il
vous envoyât ici comme un signe certain de ma vocation. Vous voilà, Dieu vous a envoyé vers moi, vous,
mon ami de toujours ; je me charge de vous faire
accepter comme Supérieur et comme continuateur de

mon œuvre par tous nos confrères. Vous êtes un meilleur organisateur que moi ; vous restaurerez les ruines de cette magnifique église, que je me sens incapable de soutenir. Vous achèverez beaucoup mieux que je ne saurais le faire moi-même l'entreprise que j'ai commencée par la volonté de Dieu et qui ne doit pas périr. Maintenant, Seigneur, vous pouvez me laisser partir en paix !... »

Ce *Nunc dimittis,* si joyeux pour lui, fut bien douloureux pour ses premiers disciples, qui tous avaient été attirés par le charme de sa sainteté. Lorsqu'il leur annonça son dessein, des larmes coulèrent, et plusieurs élevèrent des blâmes et des contradictions, qu'il fit bientôt tomber par sa douce et inébranlable volonté.

Le plus malheureux et le plus désolé de tous fut M. Boyer, qui accueillit cette confidence avec d'abondantes larmes, sans oser pourtant opposer une résistance que sa conscience lui eût reprochée. En présence d'un avenir chargé de tant d'incertitudes et de responsabilités, devant une œuvre qui comptait à peine quatre ans d'existence, et qui était abandonnée à un si court intervalle par ses deux fondateurs (1), sous les menaces d'une révolution, M. Boyer qui, par caractère, voyait les choses en noir, s'alarma vivement et répondit avec un flot de larmes, les plus amères qu'il ait jamais versées : « Vous avez laborieusement enfanté cette belle œuvre, et vous avez baptisé son ber-

---

(1) M. Bravard était rentré dans son diocèse d'origine.

ceau dans vos pleurs et vos sueurs, et moi, je suis
peut-être destiné à jeter la dernière goutte d'eau
bénite sur son tombeau !... Non, Père vénéré, vous
avez toujours donné la vie à ce que vous avez touché,
vous n'enterrerez pas une entreprise qui restera la
plus belle de vos créations et la couronne de votre
vie ! »

Sur ces entrefaites, la Révolution de 1848 éclata,
et, en remuant pour la troisième fois le sol de la
France, vint ajouter encore aux ébranlements du présent les inquiétudes de l'avenir. M. Boyer ne pouvait
refuser à Dieu ce témoignage de son dévouement et
de son abandon. Pour ménager la transition, et ne
pas ajouter à l'inquiétude de son successeur, mais
surtout par le sentiment d'une filiale reconnaissance
et d'un inaltérable attachement à sa personne, ses
collaborateurs furent unanimes à refuser à M. Muard
sa démission avant la fin de son triennat, qui ne devait expirer que l'année suivante. Mais le coup était
porté, la grâce le pressait, il n'avait plus que cinq
ans à vivre, et une si grande œuvre à accomplir ! La
nuit du 9 septembre avait été passée en prières et en
préparatifs, et à 2 heures du matin, il écrivait à son
futur successeur, alors en mission, ces lignes calmes
qui dissimulaient sa vive émotion :

« Mon bien cher ami,

« Après avoir bien réfléchi et fait part de mes pensées à ces Messieurs, je me suis déterminé à partir
définitivement ce matin, afin de passer par mon pays

natal, et d'arriver lundi matin à Avallon, où je suis
attendu pour ouvrir une retraite. Immédiatement
après la cérémonie de profession, qui doit la terminer,
nous partirons pour l'Italie, sans revenir à Pontigny.
Il m'en coûte beaucoup de m'éloigner sans vous dire
adieu de vive voix ; mais, dans la saison où nous
sommes, ce serait s'exposer à voyager par le mauvais
temps, si nous tardions davantage.

« J'ai fait connaître mes intentions à nos confrères,
relativement à l'administration de la Maison ; je leur
ai dit que, puisqu'ils voulaient que je conservasse le
titre de Supérieur, je me regarderais devant Dieu
comme tel, jusqu'à l'expiration des trois ans fixés par
la Règle ; que je vous investissais de toute mon autorité pour la direction de la Maison, et que vous en
resteriez chargé jusqu'à mon retour. Cette mesure a
été adoptée unanimement ; tous veulent, comme moi,
que vous soyez investi de tous les pouvoirs nécessaires pour bien administrer la Communauté... »

Le 22 septembre, M. Muard quittait la France pour
aller à Rome et à Subiaco chercher, sur cette terre
classique des grands Ordres, la forme religieuse de
l'austère Congrégation qu'il méditait. Pendant ces
six mois d'absence, les missives les plus affectueuses
étaient échangées entre Subiaco et Pontigny ; et voici
en quels termes M. Muard répondait à la dernière :

« Votre chère lettre était impatiemment attendue ;
lorsque le Frère allait en ville, il se rendait à la poste,
et toujours point de nouvelles ! Enfin, hier soir, il

10

rentre en nous disant : « Cette fois, j'apporte une « lettre, et une lettre de Pontigny. » Grande fut notre joie de recevoir une lettre de nos Frères, mais plus grande fut-elle encore après que nous en eûmes fait la lecture. J'ai vu, avec une satisfaction que je ne saurais vous exprimer, que toutes mes prévisions se sont réalisées, et que la maison marche beaucoup mieux depuis mon absence, que lorsque j'étais au timon des affaires. Dieu en soit mille fois béni ; je l'en remercie soir et matin, et même plus souvent encore. Votre lettre m'a fait tant de plaisir, que je n'en ai presque pas dormi de la nuit ; je ne songeais qu'à remercier Dieu de cette nouvelle faveur, car je regarde comme faites à moi-même toutes les grâces qu'il accorde à cette chère Maison... »

Il rentra en France au printemps de 1849, et une de ses premières visites fut pour sa famille bien-aimée de Pontigny. Il y arriva pour les fêtes de Pâques ; et les jeunes missionnaires, ayant terminé leurs stations de carême, furent heureux de se trouver réunis avec leur vénéré fondateur. Ils se recueillirent dans une retraite, et, après avoir consulté Dieu, ils élurent pour Supérieur, à l'unanimité des suffrages, M. Boyer, qui en avait déjà exercé les fonctions, à la vive satisfaction de tous. L'élection fut aussitôt confirmée par l'autorité ecclésiastique.

Le sacrifice était consommé, M. Muard quittait l'œuvre de Pontigny, à peine ébauchée, mais avec l'assurance inébranlable qu'édifiée par la volonté de Dieu, elle resterait debout sous sa protection. Ce fut le dernier grand sacrifice de sa vie, et nous savons que jamais séparation ne lui coûta davantage. Dans la famille religieuse, comme dans la famille naturelle, il y a des mystères de tendresses, de douleurs, de joies et de départs dont le monde ne saurait comprendre ni l'allégresse ni l'amertume. Comment eût-il quitté sans les arroser de ses larmes, ses premiers Fils et ses premiers amis d'apostolat, cette maison cimentée de ses sueurs, ce cher berceau de notre vie d'apôtres où nous avions contracté ensemble des liens plus chers et plus sacrés que ceux du sang? O triste et joyeux départ! ô pleurs versés! combien vous dûtes peser dans la balance de la miséricorde pour le succès de ces héroïques entreprises!... L'heure de Dieu était arrivée, il se hâta d'obéir, et aux résistances filiales qui le conjuraient de différer au moins cette déchirante séparation, il répondait : « Je dois me presser, j'ai bientôt quarante ans, les années passent vite. Dieu le veut !... »

— Pendant ces derniers et douloureux jours passés à Pontigny, sa figure s'était illuminée d'une ferveur inaccoutumée. Il y avait dans ses traits, lorsqu'il nous embrassa et nous bénit une dernière fois, sur le chemin de ses nouvelles destinées, tant de sacrifice et de céleste abandon, que les yeux ne pouvaient le regarder sans se remplir de larmes. Après le départ, nous errions comme des âmes en peine, dans cette maison qui nous semblait triste comme un tombeau.

Mais bientôt nous nous serrâmes plus étroitement autour de notre nouveau Supérieur, le plus affligé d'entre nous, et tous reportèrent sur lui la tendresse et la vénération qu'ils avaient vouées à celui qui les quittait. Ils sentaient l'épreuve, et quelle épreuve! pour une Communauté naissante qui ne comptait qu'un si petit nombre de membres, et que son fondateur abandonnait, presque à son berceau, au lendemain d'une de ces révolutions toujours hostiles aux Ordres religieux! Si cette pauvre petite Société n'était pas tombée entre les mains d'un saint et d'un organisateur comme M. Boyer, c'en était fait de ses destinées, elle n'eût pas survécu.

M. Boyer se regarda comme investi par Dieu lui-même d'une entreprise si importante; il prit d'une main calme et ferme les rênes qui lui étaient remises, avec l'intention arrêtée d'achever l'œuvre divine et de l'établir sur les larges et seules solides bases de la vie religieuse. Pour une âme moins virile, c'eût été l'heure des découragements faciles; pour lui ce n'était pas un déclin, mais une aurore. Il avait sous la main les deux forces qui forment les âmes et qui réunissent les hommes : des principes qui s'affirment et des cœurs qui se donnent.

Il résolut de commencer d'abord en lui-même la formation religieuse qu'il méditait, et d'y mettre la main promptement et fortement. A peine quelques semaines après son élection définitive, le 6 juin 1849, il partit en secret à Bourges, et, à l'insu de ses confrères, il s'enferma dans la maison des Pères Jésuites, pour y passer dix jours pleins dans le silence le plus absolu, dans la prière et la méditation des choses éternelles, et, à la lumière de Dieu, fixer pour jamais son avenir. Il suivit pied à pied les exercices de saint Ignace, dont la méthode s'adaptait merveilleusement à son genre d'esprit, méthode claire et logique qui prend l'âme dans un engrenage impitoyable et la pousse droit au but. Ces exercices comportaient quatre méditations par jour, et une cinquième à minuit. Il arriva ainsi au neuvième jour fixé pour l'*élection*, avec une âme pénétrée, jusque dans ses profondeurs, des clartés divines; ajoutez-y les conseils d'hommes consommés dans la science de Dieu, et vous comprendrez qu'il n'y avait plus place pour l'erreur et l'indécision. Aussi ce fut avec une parfaite sécurité que le 16 juin, fête de Saint Jean-François Régis, et lendemain de la fête du Sacré-Cœur, le soir, en présence du Très-Saint-Sacrement exposé et avant de recevoir la solennelle bénédiction, il prononça d'abord pour lui-même les trois vœux de Religion. Il en ajouta deux autres : le premier fut un engagement de stabilité par lequel il s'attachait à ce sol sacré de l'abbaye de Pontigny, « s'il entrait dans les vues de la divine Providence que cette chère Maison devînt l'instrument de sa miséricorde pour le salut des âmes dans le diocèse de Sens. » Il voulait par là « s'enlever toute pensée qui le porterait ailleurs, et lui ôterait le calme et la paix dont il avait besoin, pour s'occuper des intérêts spirituels et temporels de la Communauté, et contribuer à l'accomplissement des desseins de Dieu. »

Le second de ces vœux, qu'il ne mit pas même en délibération, parce qu'il était le résultat d'une pensée

intime qui datait de plusieurs années, et qui, sans
avoir subi aucune alternative, s'était accrue de jour en
jour, c'était l'engagement, si la Communauté de Pontigny venait à se dissoudre, d'entrer dans un Ordre
religieux voué à l'apostolat ; car, ajoutait-il, pour expliquer ce dernier vœu, « depuis que j'ai quitté ma
paroisse, en brisant des liens légitimes et bien chers,
jamais il ne m'est venu une pensée de regret ni un
désir de retour. J'ai trouvé en paroisse des dangers
que je n'ai plus rencontrés dans la vie commune et
apostolique. J'y ai toujours ressenti plus de zèle pour
la gloire de Dieu et voulu faire plus de bien aux âmes.
Pour moi-même, j'ai éprouvé plus de ferveur, plus de
fidélité, un plus grand désir d'humiliation et de mortification, un attrait toujours croissant pour la retraite
et un plus grand éloignement du monde. »

Après avoir donné par ses vœux une assise à sa vie
et déterminé les grandes lignes de sa carrière religieuse, M. Boyer ne négligea pas de descendre dans
les détails quotidiens et de formuler les résolutions
pratiques qui devaient amener la réforme de ses défauts et le progrès dans les vertus. Les défauts qu'il
signale étaient réels ; nous remarquerons seulement,
avec ceux qui l'ont connu dans la dernière moitié de
sa vie, que ces défauts avaient disparu, sous l'effort
d'un examen et d'une lutte de tous les jours, et avaient
été remplacés par les qualités contraires. Il était raide,
et il est devenu suave ; d'une allure fière, d'un visage
sévère, et il est devenu humble et affable ; il était vif,
il est devenu calme et pondéré ; il était, dans le pre-

mier mouvement, impatient et emporté, il est devenu
doux jusqu'à s'attirer le reproche de faiblesse. Il y avait
en lui du saint Ignace et du saint François de Sales.

« Vérités que j'ai comprises pendant ma retraite de
Bourges, et sur lesquelles j'ai pris la résolution de
régler ma conduite :

« De plus en plus, j'ai reconnu que ma passion
dominante était l'amour-propre. Je la combattrai par
l'examen particulier ; je l'attaquerai dans ses effets
intérieurs et extérieurs.

« Effets intérieurs : Préoccupation, précipitation
dans les projets ou accomplissement des œuvres,
ennui, découragement, amour des louanges, crainte
des humiliations et des mépris.

« Effets extérieurs : Je les poursuivrai en ce qu'ils
ont de contraire à la douceur dans les paroles, le ton,
les gestes, la démarche et le visage.

« J'insisterai de plus en plus sur l'Oraison, je m'appliquerai à la bien faire, et je n'oublierai pas la *préparation* et la *revue*.

« Chaque jour, je consacrerai une demi-heure à considérer ce que j'aurai à faire dans mon emploi, et ce
qu'exigent mes fonctions. Je noterai les remarques
que j'aurai faites pour en tenir compte en temps et lieu.

« Je tâcherai d'être fidèle économe de mon temps.
Pour cela, je serai, autant que possible, court et
bref en toutes choses, afin de pouvoir m'occuper de
chacune.

« Je suivrai, pour les mortifications extérieures, les

règles qui m'ont été indiquées : cilice, bracelet, discipline, ceinture de fer, coucher sur la dure..... Je m'appliquerai spécialement à me rendre ,maître de ma vue, pour que mes yeux ne se portent pas là où ils voudront, mais qu'ils ne se portent, au contraire, que là où je voudrai. Je conserverai ainsi un plus grand recueillement intérieur, et je verrai ainsi plus facilement et plus promptement les réponses à faire et le parti à prendre dans toutes circonstances ordinaires.

« Dans les cas plus embarrassants, j'emploierai les règles de saint Ignace pour l'*élection,* règles qui m'ont été si utiles pendant ma retraite.

« Je me confesserai tous les huit jours, plus souvent même, quand ce ne seront pas des craintes pusillanimes qui m'y porteront, mais la circonstance de quelque fête ou la dévotion pour le sacrement. »

Comme sanction de ces résolutions, le directeur de la retraite a tracé, de sa main, ces deux sentences :
« *Juravi, et statui custodire judicia justitiæ tuæ !* »
« *Mihi vivere Christus est, et mori lucrum !* »

18 juin 1849.

M. Boyer revint à Pontigny, calme, heureux de son sacrifice, et fort de toute la force de Dieu. Après s'être ainsi lié lui-même par des engagements irrévocables, soudés au feu des vœux, il se trouvait placé sur un terrain solide où le pied ne pouvait plus lui glisser dans l'inconstance ou les défaillances de la nature. Il partirait de là pour demander aux autres les sacrifices généreux qu'il s'imposait à lui-même et asseoir sa

Communauté sur sa véritable base, sur la pierre angulaire, qui est Jésus-Christ.

M. Boyer portait toujours dans ses prières et dans sa pensée le souvenir de son grand dessein. Il interrogeait tous les horizons et « levait les yeux vers les montagnes, » pour savoir d'où lui viendraient la lumière et le secours. Il se souvint que le P. Lacordaire, après avoir rétabli l'Ordre des Frères-Prêcheurs, venait d'en placer le noviciat à Flavigny, et de mettre à la tête de la résidence, comme Prieur et comme Maître des Novices, le célèbre P. Jandel qui devait, plus tard, devenir Général de l'Ordre.

Avec sa décision ordinaire, M. Boyer résolut d'aller chercher à ce nouveau foyer des indications précieuses pour une fondation religieuse. Dans l'automne de 1849, trois mois après sa retraite de Bourges, il prit pour compagnon de voyage celui qui écrit ces lignes, et ils partirent pour Flavigny. Ils arrivèrent au monastère vers la chute du jour. Ils n'avaient pas encore vu le costume dominicain ; ce fut le P. Jandel qui vint les accueillir. Ce vénérable religieux, d'une haute stature, au visage légèrement coloré et rayonnant, leur apparut avec un maintien modeste et distingué, dans sa longue robe blanche, comme un ange descendu du Ciel. Une gracieuse hospitalité leur fut offerte, et là où ils venaient chercher les linéaments d'une véritable vie religieuse, ils reçurent d'abord une *leçon de choses,* — leçon éloquente de pauvreté, de silence et d'austérité. Une réfection leur fut servie par un humble Frère, qui ne leur sembla pas fort

avancé dans l'art culinaire. Ce fut un maigre festin,
plus confortable pourtant que celui des Pères, arrosé
par une « piquette, » qui n'avait pas l'ombre de pa-
renté avec ses compatriotes, « le pomard » et « le
chambertin. » La maison était extrêmement pauvre et
à peine organisée. Le P. Jandel nous conduisit lui-
même aux cellules où nous devions reposer ; il fallut
y transporter nos sièges, il n'y avait que sept chaises
dans la maison. Les lits qui nous attendaient se
composaient d'un matelas étendu sur trois planches
que supportaient deux tréteaux. Le P. Jandel avisa
un carreau descellé, et le fit chauffer au foyer pour
le placer aux pieds d'un de ses hôtes, avec une parfaite simplicité. Le lendemain matin, les voyageurs,
après avoir assisté avec une grande édification à deux
prises d'habit religieux, purent s'entretenir longuement
avec le P. Jandel sur le projet important qui les amenait à Flavigny. Ils reçurent de cet éminent religieux,
qui avait présidé, avec le P. Lacordaire, à la restauration de l'Ordre Dominicain, des lumières précieuses,
fruits de ses études spéciales et de sa longue expérience. Ils revinrent même munis de notes écrites de
sa main, qui pourraient les guider dans l'exécution de
leur dessein, et ils passèrent à la célèbre Alise pour
les mettre sous la protection de sainte Reine. Ils rem-
portèrent surtout de cette visite à Flavigny un parfum
monastique, l'admiration et le désir de cette belle vie
religieuse, dont ils venaient de voir en action la ferveur et la régularité. Il communiquèrent l'impression
dont ils étaient pénétrés à leurs confrères, qui incli-

naient de plus en plus vers une complète organisation
religieuse.

M. Boyer laissa le temps et la grâce, ces deux
grands ministres auxiliaires de Dieu, continuer leur
œuvre et préparer les esprits à la réalisation de ses
désirs. Deux ans s'écoulèrent ainsi dans l'exercice très
actif des Missions, qui opéraient partout une véritable rénovation religieuse. M. Boyer savait que le
temps n'accepte pas ce qui se fait sans lui et qu'il se rit
des improvisateurs. Quand il eût jugé que l'entreprise
avait assez mûri, il appela à son aide un Père de la
Compagnie de Jésus, que la Providence choisit elle-
même comme le plus propre à ses desseins, et lui envoya sans qu'il le connût. Il avait d'abord demandé le
P. Ecarlat, qu'il avait apprécié comme religieux expérimenté dans la résidence de Bourges. Ce Père, au
moment de partir pour Pontigny, fut frappé par une
dangereuse maladie et dut être remplacé. La reconnaissance nous fait un devoir de nommer ici le vénérable P. Labonde. Jamais nous n'avions entendu prononcer son nom, et Nantes était trop éloigné pour que
la pensée vînt à M. Boyer d'aller chercher un prédicateur jusque-là. Il reconnut, dans cette attention de la
Providence, une véritable prédilection de Dieu pour
notre petite Communauté. Le P. Labonde était un
homme au cœur d'or, d'un dévouement sans bornes.
Sa bonté l'avait tellement rendu populaire, qu'il était
connu de tous, pauvres et riches, et qu'on ne lui
donnait plus qu'un nom dans la ville, on l'appelait :
le Père! Il appartenait à la résidence de Nantes et il

y resta pendant plus de quarante ans chargé du pa-
tronage des ouvriers de cette grande ville. D'une taille
petite et délicate, il avait le visage énergique et ex-
pressif, la parole vive et originale, mais familière
et paternelle. Assis à une petite table, aux pieds d'un
autel de Marie-Immaculée, seul ornement de la grande
salle, il avait sous les yeux un manuscrit où il avait
consigné les leçons tirées des *Exercices* de son bien-
aimé Père saint Ignace, et les fruits de sa longue expérience. Il lisait de temps en temps, avec une légère
emphase, une tirade, soulignant, par un changement
de ton, les passages qu'il voulait signaler à notre attention ; puis, déposant le manuscrit, il se lançait dans
un commentaire original et entraînant. Avec sa petite
stature, il avait de grands bras et de grands gestes qui
descendaient parfois jusqu'à terre, où il restait courbé
un instant ; puis, soudain, il se redressait, et, répétant
la pensée qu'il voulait faire pénétrer dans nos âmes,
il croisait alors les bras et gardait le silence. Il lui arrivait parfois, après une pause, d'interpeller son auditoire : « Hé bien ! mon Frère Jean, qu'avez-vous à
dire à cela?..... » Nous aimons à rappeler son genre
de parole, original, saisissant, son action pittoresque,
son geste parfois imprévu et comme inspiré. Il avait de
ces mots frappés qui restaient à jamais gravés dans
le cœur et dans l'esprit. Ses décisions étaient, pour
le R. P. Boyer, des oracles, et il conservait ses lettres
comme un trésor.

La grande et inoubliable retraite que nous prêcha
pour la première fois le P. Labonde dura trente

jours pleins, pendant lesquels on garda un profond
et continuel silence. Ouverte le 29 août, elle se termina le 29 septembre, jour de la fête de l'archange
saint Michel, dont le sanctuaire devait un jour nous
être confié, et où les Pères de Pontigny rétablirent le
célèbre pèlerinage. Le R. P. Prédicateur parlait quatre
fois par jour. Il sut constamment nous intéresser,
nous édifier, parfois nous faire sourire, et souvent
nous émouvoir jusqu'aux larmes. Il était, sous nos
yeux, l'exemple vivant de la perfection qu'il prêchait.

Pendant la dernière semaine de la Retraite, nous
rédigeâmes, sous la conduite du P. Labonde et celle
du P. Boyer, le sommaire de nos Constitutions, et la
teneur et la formule de nos vœux furent arrêtées avec
précision. Le R. P. Boyer et ceux qui voulurent suivre
son exemple firent des vœux perpétuels ; les autres
restèrent libres de faire des vœux seulement tempo-
raires. Sur la demande du R. P. Supérieur, il fut
décidé que les prêtres de la Communauté prendraient
désormais le nom de *Pères*, et ne porteraient plus de
rabats. Chacun écrivit et signa de sa main la formule
de ses vœux. Enfin, [après avoir fait 'une confession
générale et s'être renouvelés comme l'aigle pendant
ces trente jours, uniques dans la vie, tous se dispo-
sèrent à accomplir leur grand acte, en la fête de saint
Michel.

Le 29 septembre, à 7 heures du matin, M. Roger,
vicaire général, délégué par Mgr Mellon-Jolly, archevêque de Sens, qui acquittait alors son pèlerinage *ad
limina apostolorum*, célébra la messe des vœux. En

présence du P. Muard et d'un petit nombre d'amis
émus jusqu'aux larmes, nous prononçâmes, avant la
communion, les engagements sacrés qui nous fixèrent
pour jamais sur le sol renouvelé de l'antique abbaye,
où nous devions trouver une cellule pendant la vie et
un tombeau après la mort. Ce fut pour le R. P. Boyer
un jour du ciel, son âme ne touchait plus la terre, il
voyait la première réalisation de ses désirs, et il en
prévoyait déjà la consommation. Plus tard, il soumit
à Rome les *Constitutions,* et obtint un *Decretum
laudis,* présage de leur approbation.

Le 30 septembre, après la clôture de la Retraite et
le succès complet de son œuvre, le R. P. Labonde re-
prenait le chemin de Nantes. Nous l'accompagnâmes
tous, notre Supérieur en tête, avec un grand regret
de le voir partir, et avec l'espérance de le revoir
bientôt. Notre espoir ne fut pas trompé : il revint,
pendant dix ans, nous donner les saints *Exercices,* et
consolider notre formation religieuse. Une correspondance suivie s'établit entre Nantes et Pontigny, et
continua de nous apporter des lumières et des forces.
Cet excellent Père nous regardait comme sa famille,
il nous aimait tendrement, et passait volontiers quelques jours avec nous pour se reposer dans notre silencieuse solitude ; cette atmosphère calme et pure le
délassait de ses fatigues. Là, il nous parlait comme à
des fils, et se fût avec bonheur fixé parmi nous, s'il
n'eût été établi par la volonté de Dieu dans la Compagnie de Jésus. Notre souvenir et nos noms se retrouvent à chaque page de sa correspondance : « Mes

bons, mes bien-aimés Pères, écrivait-il en 1854, si vous saviez combien j'estime les dons que Dieu a mis en vous. J'en ai découvert plus que vous n'en connaissez ; et comme je vous aime ! comme si j'avais dix cœurs !... C'est une grâce que Dieu m'a faite et que votre piété m'a obtenue. Celle-là, j'y tiens tout particulièrement ; elle fait comme une partie de moi-même. Aussi j'ose dire, pas d'heure dans ma journée, même en confessant mes Bretons, où Pontigny ne soit comme l'un des soupirs de mon cœur... »

L'humble Société avait pris sa forme par l'émission des vœux ; il importait de la lui conserver. Jusqu'à ces premiers engagements, il n'y avait pas eu de noviciat en règle, et le besoin ne s'en faisait pas sentir. Les hommes que nous avons fait connaître, qui étaient venus les premiers, déjà revêtus du sacerdoce, et au prix des plus grands sacrifices, apportaient avec eux un renom de talent et de sainteté et une volonté déterminée qui offraient toutes les garanties et valaient mieux qu'un noviciat. Religieux par le fond, ils en avaient vite pris la forme ; mais il fallait communiquer cette forme aux jeunes gens, non encore initiés au sacerdoce, et qui déjà s'annonçaient. Il importait de les jeter au moule dès leur arrivée, et de leur imprimer cet esprit et ce cachet religieux qu'ils devraient conserver toute leur vie, et d'où dépendait l'avenir de la Communauté. Le R. P. Boyer comprit que, pour commencer, la charge du noviciat s'imposait encore à son dévouement, et qu'il devait l'ajouter à celle de supérieur. Il n'hésita pas à la

prendre sur lui, et, en homme pratique, il résolut de
se faire disciple avant de devenir maître. Il avait quarante ans ; il était déjà versé dans les secrets de la vie
spirituelle et il en connaissait toutes les pratiques ;
mais il voulut en étudier de près et en action les
théories et les usages, afin de les importer dans sa
Communauté et d'en imprégner les esprits. Il sollicita
du R. P. Général de la Compagnie de Jésus l'autori-
sation, qui lui fut gracieusement accordée, de passer
plusieurs mois au noviciat d'Angers, et d'en suivre
tous les exercices. Quarante ans se sont écoulés depuis
ce temps, qui s'efface déjà dans l'oubli, et beaucoup
de ceux qui furent ses compagnons de noviciat ont
disparu de la scène. Nous avons eu pourtant la bonne
fortune de retrouver, parmi les survivants, un religieux distingué, le R. P. Noury, dont il nous est doux
de reproduire ici le précieux témoignage :

« Je n'ai point perdu le souvenir du R. P. Boyer, et je
me rappelle avec une grande édification le temps qu'il
passa au noviciat de la Compagnie, en 1854. Le P. Gauthier, de vénérée mémoire, était alors maître des novices.

« Nous sûmes immédiatement que le P. Boyer,
tout en prenant part aux exercices du noviciat, sans
aucune exception, n'était pas destiné à rester dans la
Compagnie. Il venait seulement s'initier à l'esprit et
aux usages de notre Institut, pour devenir lui-même
maître des novices dans la Congrégation de Saint-
Edme de Pontigny, dont il était déjà et dont il resta
toujours le Supérieur.

« Le noviciat d'Angers était nombreux ; il s'y trouvait de tout jeunes gens, mais aussi des hommes d'un âge mûr, entre autres cinq prêtres, dont plusieurs avaient rempli, dans leurs diocèses, les fonctions de professeurs, d'aumôniers et même de curés. Or, tous, les jeunes comme les plus âgés, admiraient la piété, la régularité du P. Boyer. Mais ce qui frappait le plus en lui, c'était l'aménité du caractère, l'affabilité et la modestie. Tout, dans sa personne et sa conversation, respirait la simplicité, la gravité et la possession de lui-même. On ne le vit cependant jamais témoigner aucune préférence pour la société de ceux que leur âge rapprochait de lui, et on le voyait se mêler et s'intéresser aux conversations des plus jeunes novices, avec lesquels il redevenait enfant.

« Il prenait part à tous les exercices, aux travaux manuels et autres expériments de la Maison, surtout les plus humbles, avec une joie et un empressement marqués.

« Il partageait, avec nous tous, l'admiration que nous professions pour le R. P. Gauthier, et se déclarait bien heureux d'avoir pu vivre dans la société et sous la direction d'un tel maître. Quand, en 1864, j'écrivis la vie de ce Père vénéré, j'en adressai un exemplaire au R. P. Boyer, qui m'en remercia avec effusion, et me dit avec quelle joie il avait retrouvé, dans ces pages, la douce physionomie de celui qu'il regardait comme un saint.

« Il faut dire que le P. Gauthier, de son côté, pendant les quelques mois que le P. Boyer passa au

11

noviciat, admirait singulièrement les vertus dont celui-ci donnait l'exemple. Plusieurs fois même, profitant de l'absence du Père, il en parla aux autres avec admiration, et ne craignait pas de le leur proposer comme un modèle.

« Quand le P. Boyer dut quitter le noviciat pour suivre la vocation que le Ciel lui avait donnée, ce fut une vraie tristesse pour toute la Maison, qui le regrettait comme on regrette un frère, et je me souviens que plusieurs d'entre nous ne purent retenir leurs larmes. Depuis cette époque, j'entendis rarement parler du R. P. Boyer. Cependant, je savais qu'il continuait toujours ses relations fraternelles avec la Compagnie de Jésus, et que souvent nos Pères étaient appelés à Pontigny pour donner les *Exercices spirituels*.

« Je revis pourtant une fois le P. Boyer, c'était vers 1874 ou 1875. Je ne sais plus quelle affaire l'appelait à Versailles, où résidait alors le Gouvernement. Il vint, avec la simplicité et la cordialité que je lui avais connues autrefois au noviciat, me demander l'hospitalité à la Résidence. Il vécut, une fois encore, comme l'un de nous, pendant un jour ou deux, prenant part à nos repas, à nos récréations et autres exercices de communauté. Il parut très touché lorsque je lui montrai, dans mon bréviaire, une image signée de son nom, avec la date du jour où il avait quitté le noviciat d'Angers.

« Quand, plus tard, j'ai appris sa mort, j'ai porté son souvenir au saint autel avec empressement, mais

je suis intimement convaincu qu'il est plus à propos
de l'invoquer que de prier pour lui. »

Voilà l'exacte photographie du R. P. Boyer, à
quarante ans. Qu'on y ajoute les vertus et la perfection, qui ont toujours été en progressant pendant les
quarante dernières années de sa vie, et on comprendra
que nous écrivons la vie d'un saint.

INTÉRIEUR DU SANCTUAIRE DE L'ÉGLISE ABBATIALE

DE PONTIGNY

CHAPITRE VIII

RESTAURATION DE L'ÉGLISE DE PONTIGNY
DU TOMBEAU DE SAINT EDME

L'activité calme et infatigable du R. P. Boyer mena constamment plusieurs œuvres à la fois. En même temps qu'il constituait sur des bases solidement religieuses sa Communauté naissante, il restaurait les ruines matérielles de la vieille abbaye et de sa magnifique église. Il rendait au cellier et au grenier transformés leur beauté première ; il réparait les murs séculaires de l'enclos monastique que des mains mercenaires avaient découronnés de leurs assises supérieures pour en employer les pierres à de vulgaires constructions ; il complétait la maison d'habitation et la peuplait de pieuses statues ; il plantait les arbres qui nous donnent aujourd'hui leurs fruits, et les belles charmilles qui nous offrent leur ombrage ; et l'abbaye, couverte pendant de si longues années de ronces, d'herbes parasites et de pierres éparses, apparut bientôt dans un parfait rajeunissement.

Mais la grande œuvre devant laquelle avaient échoué, jusque-là, tous les dévouements, la restauration de l'immense abbatiale, restait à accomplir. On sait que cette magnifique église compte parmi les plus beaux monuments historiques de la France. Commencée vers 1150, elle doit à son rapide achèvement et à sa destination monastique, les deux caractères qui la distinguent : l'unité de style et l'austère pureté de ses lignes architecturales. Elle est, pour les amis de l'art français, un type unique de l'architecture du XIIe siècle. « Ici, tout est noble, digne, imposant. La règle de Cîteaux, sans doute, n'a point été méconnue ; mais la simplicité, la pureté des lignes, la gravité du style, ont produit du grand, du solennel dans leur rencontre. L'ogive s'y allie au plein-cintre, et le style ogival primitif n'a rien produit de plus irréprochable (1). » Ajoutons que c'est la seule église de l'Ordre de Cîteaux, lequel en a construit de si magnifiques, qui reste debout dans son intégrité et qui ait échappé au marteau des démolisseurs.

Mais, si elle a pu se dérober aux ravages des hommes, elle n'a pu échapper aux impitoyables ravages du temps. Elle offrait aux fidèles, aux amis des arts et aux visiteurs un spectacle lamentable, qui décourageait ses plus religieux admirateurs. A travers les toits brisés, l'eau tombait sur les voûtes lézardées ; et les murs et les pavés humides se recouvraient d'une mousse verdâtre. Les vingt-trois chapelles qui rayonnent autour du sanctuaire et du transept étaient délabrées, et leurs autels en bois grossier et vermoulu tombaient en morceaux. A la vue des dégradations

_____

(1) Chaillou des Barres.

qui augmentaient tous les jours et qui menaçaient le
bel édifice d'une ruine complète, le P. Muard était
dévoré d'inquiétude. Durant les rigueurs de l'hiver et
après les tempêtes, il parcourait les voûtes immenses,
s'efforçant d'enlever les neiges et les eaux amon-
celées dans les parties déclives et là où la toiture
s'était effondrée. « Ah ! s'écriait-il, en quittant
Pontigny, cette église a été ma croix continuelle ;
je me sentais incapable de trouver les ressources
nécessaires pour la restaurer, je suis consolé en la
laissant entre des mains plus aptes que les miennes à
ce grand travail... »

Le P. Muard n'était pas le seul à solliciter cette
restauration et à gémir sur ces ruines. Tout le clergé
du diocèse, les fidèles, les pèlerins, les touristes, les
sociétés savantes, exprimaient les mêmes plaintes et le
même vœu. Au mois de juin 1850, le congrès archéologique de France, présidé par M. de Caumont, tenait
une de ses séances à Auxerre. Sur l'invitation de
l'Archevêque de Sens et de l'archiviste, M. Quantin,
il résolut de se transporter à Pontigny. Après une
revue complète du vaste édifice, le congrès, frappé
de l'abandon où on le laissait, décida, sur la proposition de M. de Caumont, d'adresser, en faveur de la
restauration, une requête pressante au ministre de
l'intérieur et des beaux-arts. La pétition fut rédigée
et signée sans désemparer. Cet appel resta sans
réponse. Une lettre de Mgr l'Archevêque à ses diocésains n'avait pas eu plus de succès ; d'autre part,
M. Viollet-Leduc, tout entier à la restauration de

Vézelay, abandonnait Pontigny à son malheureux sort.

C'est alors que le P. Boyer, en présence d'une restauration qui s'imposait, que l'Etat et les beaux-arts refusaient d'entreprendre, et qui eût effrayé une fortune princière, se mit résolument à l'œuvre. Lui, dévoré du zèle de la maison de son Dieu, pouvait-il la laisser tomber ? Il est vrai qu'il était pauvre des biens de la terre, mais il était riche de foi, de confiance et de ce zèle qui est la flamme de l'amour. Malgré une indigence qui ne nous assurait pas toujours le pain du lendemain, quoique nous fussions trop peu nombreux et que nos relations fussent trop restreintes pour le seconder efficacement, il n'hésita pas à assumer la responsabilité d'une pareille entreprise. Il se souvenait du mot de sainte Thérèse : « Thérèse et un sou, c'est peu ; mais Thérèse, un sou et Dieu, c'est beaucoup ! »

Il fut encouragé dès le début par de puissantes et généreuses initiatives. C'est sous les auspices et la haute approbation de Mgr l'Archevêque de Sens, du préfet, des députés, des sociétés scientifiques de l'Yonne et de M. Chaillou des Barres, historiographe de Pontigny et inspecteur des monuments historiques, que le R. P. Boyer ouvrit une souscription. Dans un appel chaleureux adressé « à tous ceux qui ont à cœur de conserver les monuments élevés par la science et la foi de nos pères, » il énumère les titres de l'antique abbatiale à l'intérêt général, et termine par ces mots : « Ils sont loin les temps où l'Angleterre couvrait d'or le tombeau de saint Edme. Le grandiose monument tombé au rang de simple église de village, a perdu toutes ses ressources. Son entretien, trop onéreux pour la commune de Pontigny, l'a fait abandonner, et le temps de sa ruine complète n'est peut-être pas éloigné! En présence d'une telle situation, nous n'avons pu demeurer indifférents ; nous avons résolu d'entreprendre la grande œuvre de restauration de notre chère église, espérant, avec l'aide de Dieu, la conduire à bonne fin. »

Son espérance ne fut pas trompée, mais il faut reconnaître qu'il déploya pour le succès un zèle et une activité que l'amour de Dieu seul pouvait inspirer. Il frappa à toutes les portes, il demanda et il reçut. Il s'adressa d'abord au clergé et aux maisons religieuses où il était sûr de trouver un accueil si sympathique, et dont la plupart donnaient sur leur nécessaire ; puis, aux familles nobles, toujours disposées à contribuer aux bonnes œuvres, et enfin aux sociétés charitables ou artistiques fondées dans le louable but de conserver à la France les richesses merveilleuses que nous ont léguées nos ancêtres. Le jour où on lut à la Société archéologique de Sens une lettre du P. Boyer, sollicitant son concours, un de ses membres les plus distingués, M. Giguet, en recevait une autre émanant de Mgr de Mérode, député à la Chambre belge, qui exprimait le regret de voir dans notre département une église comme celle de Pontigny, rester sans restauration. Il offrait ensuite sa souscription, et la Société, malgré la modicité de ses ressources, tint à faire acte de bon vouloir et y joignit une alloca-

tion décennale. Le P. Boyer n'avait garde d'oublier
les habitants de Pontigny, dont il était le pasteur, et,
quoiqu'il eût peu de riches parmi eux, il y fit une si
abondante cueillette que, le jour de Pâques 1857, à
la grand'messe, il laissa déborder son cœur, et leur
déclara que l'*Alleluia* de Pâques était doublé par sa
joyeuse reconnaissance. Au mois de juin suivant, il
voulut se rendre à une réunion de la Société archéologique de Sens pour lui exprimer ses vifs remerciements et lui annoncer qu'il recevait de toutes parts
des encouragements non stériles. La souscription
s'élevait déjà à une somme assez importante pour qu'il
pût commencer, sans délai et sans témérité, les travaux qui ne devaient pas durer moins de dix ans,
terme fixé pour la souscription.

Mais le P. Boyer devait procéder avec économie ; il
n'avait pas à sa disposition les caisses de l'Etat, et il
ne pouvait, comme les architectes du gouvernement,
dépenser d'abord en échafaudages des sommes consi-
dérables. Quoique l'église fût classée parmi les monuments historiques, il parvint à se faire autoriser à
agir en régie, sans formalités, sans adjudication, en
suivant seulement un plan dressé par un homme de
l'art. Rassurée par l'usage intelligent qu'il savait faire
des fonds qui lui étaient confiés, l'autorité fermait
les yeux sur les détails. Les agents du fisc élevèrent
d'abord la prétention d'encaisser les fonds produits
par la charité privée ; mais, en présence de l'héroïque
courage et du désintéressement du P. Boyer, ils
finirent par se désister.

Le premier soin du P. Boyer fut de n'employer
que des ouvriers intelligents du pays qui avaient leur
matériel sur place et échafaudaient à leur guise. Pour
atteindre les voûtes, soit de la haute nef, soit des bas-
côtés, soit des chapelles, le P. Boyer avait fait construire, en bois léger, une tour ambulante qui se
démontait à volonté et permettait d'arriver à la hauteur convenable pour rafraîchir les voûtes, gratter les
pierres de grand appareil, et débarrasser, dans toute
son étendue, le vaste édifice de l'ignoble badigeon
qui le déshonorait. On découvrit, parmi les nombreuses fenêtres supérieures, quelques verrières de
l'époque primitive, composées de feuillages, d'enrou-
lements et d'entrelacs de diverses nuances, mais sans
addition de couleurs. Le R. P. Boyer eut le bon goût
de les donner comme modèles à deux habiles peintres
verriers qui les reproduisirent fidèlement, et ainsi
toutes les fenêtres lancéolées de l'immense édifice
furent refaites à neuf. Ces verrières, rétablies dans
leur état primitif, mesurent la lumière avec parci-
monie et donnent au saint lieu une couleur religieuse
et recueillie qui rappelle la cellule du moine, et s'harmonisait bien avec la vie céleste et détachée des hôtes
pour lesquels l'église avait été bâtie. L'élégant narthex
qui servait de portique à l'église et d'abri aux pèlerins
avait disparu depuis près d'un demi-siècle avec ses
colonnettes et ses gracieux ajours, noyé dans une
grossière maçonnerie qui ne laissait plus qu'un étroit
passage pour entrer à l'église. Les murs parasites et
informes furent détruits, et les sveltes colonnettes

furent remises en lumière dans toute leur grâce. Les
vingt-trois chapelles furent réparées à neuf avec leur
pourtour et munies d'élégants autels de pierre. Les
cent stalles, admirablement sculptées dans le plus beau
style renaissance, ont repris leur fraîcheur première.
Les quatre grands tableaux de Jouvenet, qui ornent le
chœur, et qui tombaient en lambeaux, ont été ren-
toilés et retouchés par un homme de l'art. L'échelle
informe qui conduisait à la châsse de saint Edme, a été
remplacée par un bel escalier en chêne, qui se ploie à
la forme des colonnes monolithes et ne dissimule pas
leur légèreté.

Tandis que les restaurations intérieures se pour-
suivaient sans bruit et avec une calme persévérance,
les réparations extérieures n'étaient pas négligées.
Les travaux d'assainissement furent entrepris à une
grande profondeur dans tout le pourtour du monument. Les toitures du transept, les contreforts, l'aile
du cloître adossée à l'église, les corbeaux et l'entable-
ment, détruits par l'incendie des Huguenots, furent
aussi rétablis dans leur état primitif. En un mot, il
n'y a pas une pierre à l'intérieur et à l'extérieur
qui n'ait été retouchée et remise à neuf.

Enfin, il fallait rendre au temple renouvelé la voix
puissante qui l'animait autrefois et qui était restée
muette depuis longtemps : la voix intérieure de l'orgue
et la voix extérieure des cloches. Le grand orgue, qui
se dressait superbement avec ses gigantesques tuyaux
et sa brillante boiserie sur une tribune merveilleusement sculptée, était destiné à verser des ondes sonores

dans la vaste enceinte qui les rendait en échos prolongés. Mais cette voix, si elle n'était pas éteinte, était
bien affaiblie. L'instrument royal, abandonné depuis
la grande Révolution avec une incroyable incurie,
avait subi toutes les dévastations. La plupart des jeux
qui Je composaient avaient été vendus à vil prix et
dispersés au loin. Le R. P. Boyer, par une série incessante de réparations, et, enfin, par une dernière et
complète restauration, l'avait rétabli avec une addition de jeux nouveaux et nombreux dans une puissance et une harmonie qu'il n'avait jamais connues en
ses plus beaux jours.

. A la voix intérieure qui portait jusqu'au Ciel les
chants et les prières des fidèles, vint se joindre la
grande voix extérieure qui répand au loin l'annonce
des solennités, des joies et des douleurs de la famille
chrétienne. Le R. P. Boyer dota l'église rajeunie de
deux belles cloches que Mgr Bernadou tint à bénir
lui-même, après une brillante allocution. Elles vinrent s'ajouter à leurs vieilles sœurs pour fortifier et
compléter leur trop faible voix (1).

Et aujourd'hui, la vénérable abbatiale de Saint-
Edme resplendit au soleil aussi fraîche, aussi saine,
aussi jeune que le jour où, il y a sept cents ans, elle

---

(1) La première et la plus forte s'appelle Jeanne-Edmée-Georgette, et a
eu pour parrain et marraine M. le comte et Mme la comtesse de Luart. La
seconde s'appelle Louise-Madeleine, et a eu pour parrain et marraine
M. le comte et Mme la comtesse du Peyroux ; deux nobles familles qui entourèrent le P. Boyer, pendant toute sa vie et à sa mort, de la plus filiale
vénération.

sortit des mains de l'architecte. Elle reste, dans sa
jeunesse reconquise, comme un modèle de pureté, de
beauté sereine, de force tranquille et d'élégante majesté.

Le R. P. Boyer voulut terminer son œuvre par le
Chemin de Croix monumental qui s'harmonise avec le
style de l'église. Lorsque nos bâtisseurs sublimes et
inconnus du moyen âge achevaient un sanctuaire, ils
plaçaient au fronton, comme couronnement, l'éten-
dard du Maître, la Croix : *Vexilla Regis !*... Le
R. P. Boyer n'eut pas à prendre ce souci pour couronner son œuvre de restauration ; la croix était
restée debout au sommet du monument, et elle avait
traversé ainsi les âges et les révolutions. Il désirait
pourtant, lui aussi, marquer son œuvre du sceau de
la Croix et des vestiges du chemin que Jésus-Christ
parcourut pour aller mourir. Il y voyait deux avan-
tages : le premier, de laisser un aliment à la piété
des fidèles dans les scènes de la Passion exposées
à leurs yeux ; le second, de faire, de ces quatorze
scènes bien exprimées, une ornementation pour les
surfaces un peu froides et nues de l'imposante nef.

Le R. P. Boyer désirait donner à l'inauguration le
plus brillant éclat et en faire une de ces manifestations
religieuses qu'il aimait à multiplier, laquelle serait
comme un grand pèlerinage, prélude de ceux plus
solennels qui devaient le suivre. Il fixa la solennité au
14 septembre, fête de l'Exaltation de la Sainte-Croix.
Il invita, pour y porter la parole, l'un des plus célèbres missionnaires de ce temps-là, M. Combalot ;

empêché par la maladie, il fut providentiellement remplacé par un éloquent Dominicain, le R. P. Mathieu, qui semblait prédestiné à parler de la Croix, car il devait plus tard fonder une maison de son Ordre en Terre-Sainte, et aller mourir au pied du Calvaire, auprès du tombeau de Jésus-Christ.

L'appel du R. P. Boyer fut entendu, et, le matin du 14 septembre, plus de cent prêtres et des milliers de fidèles remplissaient la vaste nef, magnifiquement ornée de guirlandes, d'arbres verts, d'oriflammes, et dominée par un brillant autel qui avait été adossé à l'entrée du chœur, pour les cérémonies de cette grande journée.

La foule se déroula bientôt pour aller chercher, dans l'enclos du monastère, les quatorze croix confiées à quatorze prêtres en habits de chœur. Le célébrant suivait la foule, portant en triomphe la vraie Croix, au chant du *Vexilla Regis*.

A la rentrée de la procession, la messe solennelle commença et l'émotion religieuse fut à son comble lorsque le sublime Introït de la fête : *Nos autem gloriari oportet in cruce Domini nostri Jesu Christi :* « Il faut nous glorifier dans la Croix de Jésus-Christ, » retentit sous les vieilles voûtes, exécuté d'enthousiasme par les cent voix des prêtres présents. L'office entier se ressentit de ce début, et bientôt la foule mêla sa voix à celle du clergé pour les chants aussi beaux que populaires du *Gloria* et du *Credo*. Un artiste consommé, M. l'abbé Piélard, tirait de l'orgue, restauré par ses soins, de brillantes harmonies.

Le soir, l'assemblée, qui n'avait cessé de s'accroître de nouveaux arrivants, se massait en rangs pressés autour de la chaire. Le R. P. Mathieu électrisa son immense auditoire par des accents d'éloquence qu'il n'a peut-être jamais surpassés. La cérémonie du Chemin de Croix se termina ensuite par le chant du *Te Deum,* qui porta jusqu'au Ciel les actions de grâces de tous les cœurs.

Parmi les heureux de ce jour, il y en eut un dont le bonheur n'était plus de ce monde ; le R. P. Boyer l'exprima dans les félicitations émues qu'il adressa à l'assemblée pour clore cette inoubliable journée.

Mais tout n'était pas fini ; l'admirable restauration de l'église appelait une dernière restauration. L'auguste habitant de ce saint lieu, qui occupait depuis plus de six cents ans la place d'honneur, saint Edme. reposait, revêtu d'ornements flétris et usés, dans une châsse inconvenante, où M. Cabias, alors curé de la paroisse, l'avait déposé en 1825, après une exhibition regrettable. Le R. P. Boyer souffrait depuis longtemps de cet état de choses et résolut d'y mettre fin. Il réunit une commission autorisée par Monseigneur l'Archevêque de Sens, et composée d'un de ses vicaires généraux, du docteur Lambert, de pieuse mémoire, et du gardien des reliques du diocèse. Sous leurs yeux, la châsse fut respectueusement ouverte ; le saint corps en fut retiré, et le docteur le retrouva tel qu'on l'avait toujours vu de temps immémorial. Il fut ensuite renfermé dans une châsse provisoire, sous le sceau archiépiscopal, en attendant qu'il pût, revêtu de nouveaux et plus dignes ornements, être replacé dans la châsse d'honneur qu'il occupe aujourd'hui.

Le saint, aimé et vénéré de toute la contrée, disparut ainsi à tous les yeux, jusqu'au jour impatiemment attendu où la restauration fût achevée.

Le R. P. Boyer confia d'abord à un artiste connu la construction de l'élégant escalier dont nous avons parlé, pour remplacer la misérable échelle qui conduisait aux saintes reliques. L'habile artiste employa un bois choisi, le sculpta dans le style des stalles, contourna les marches entre les colonnes de granit, et parvint à donner à l'ensemble de son œuvre une forme gracieuse. Il répara ensuite le tombeau, qui fut redoré par un religieux du monastère. Une châsse nouvelle fut disposée de manière à laisser voir, par un large cristal, le corps tout entier, revêtu des ornements pontificaux. On avait retrouvé, en faisant la reconnaissance des reliques, quelques vêtements sacrés de l'époque de saint Louis, qui avaient été donnés par la reine Blanche de Castille, sa mère, et avaient échappé à la dispersion des autres ornements : c'était un fragment de chasuble, une étole, un manipule et des sandales qui figurent aujourd'hui parmi les reliques les plus remarquables du Trésor de l'abbaye. Pour remplacer les vêtements sacrés, ou usés, ou si malencontreusement dépecés et distribués comme reliques par l'indiscrète libéralité de M. Cabias, la pieuse présidente de l'Œuvre des Tabernacles voulut offrir de magnifiques ornements, en témoignage de sa dévotion pour saint Edme et de son filial dévoue-

ment au R. P. Boyer, qu'elle vénérait comme un
saint.

Cependant, il tardait aux chrétiens de la région,
et plus encore au vénérable Supérieur de Pontigny,
de revoir le visage aimé de leur saint protecteur.
Aussitôt la restauration du tombeau achevée, le
R. P. Boyer se hâta de rappeler la commission insti-
tuée par l'Ordinaire, pour constater l'identité et l'au-
thenticité des saintes reliques. En présence de la
commission réunie, après le chant du *Veni Creator,*
et les invocations à saint Edme, le R. Père, entouré de ses religieux, rompit le sceau du reliquaire
provisoire, et les commissaires retrouvèrent et recon-
nurent l'insigne relique dans l'état où ils l'avaient disposée. Aussitôt, aidé de ses Pères, il revêtit le saint
corps de l'aube, de la ceinture, de l'étole et de la chasuble. Un coussin fut placé sous la tête sacrée qui
reçut la mitre d'honneur. Les pieds furent chaussés
de sandales pontificales exactement semblables à celles
du XIIIe siècle déposées au Trésor, brodées par une
personne reconnaissante, en témoignage d'éternelle
gratitude pour le céleste bienfaiteur à qui elle doit une
guérison miraculeuse.

Après ces hommages intimes, dont le souvenir em-
bauma toute sa vie, le R. P. Boyer exprimait à ses
Pères et à ses Frères le bonheur qu'il éprouvait de
voir enfin saint Edme rétabli dans les conditions
d'honneur et de vénération dont il avait été entouré
pendant tant de siècles. Il leur redit une fois encore
combien son cœur avait souffert de l'état d'humilia-

tion où l'avait réduit le malheur des temps. Alors, s'agenouillant tous ensemble dans une prière mouillée de larmes, ils supplièrent le patron bien-aimé, dont ils désiraient prendre le vocable religieux, de les compter toujours parmi ses plus chers enfants, de couvrir de sa paternelle protection leur pauvre petite Communauté abritée sous ses ailes, et de leur ouvrir un jour les portes du Ciel, comme aux fidèles gardiens de son tombeau.

Le lendemain, sans aucune cérémonie et sans convocation de prêtres ni de fidèles, le corps saint fut déposé dans la châsse nouvelle, que le R. P. Boyer, en qualité de Vicaire général, scella du sceau de l'Ordinaire. Replacée au centre de l'ancien tombeau, resté le même mais rajeuni, elle laisse le visage et le corps entier du saint visible à tous les regards, et nul homme de foi ne le contemple sans émotion.

CHASSE DE SAINT-EDME

CHAPITRE IX

Pendant les longues années que le R. P. Boyer dut consacrer à la restauration du temple matériel, il ne laissa pas dormir le souvenir et le culte de saint Edme. Chaque année, aux deux fêtes qui se célèbrent en l'honneur du saint : l'une, le jour de sa mort, le 16 novembre; l'autre, le lundi de la Pentecôte, en souvenir de l'élévation de son corps qui fut transporté du sépulcre où il gisait, dans une châsse resplendissante d'or et de pierreries, le R. P. Boyer déployait une pompe et une solennité extraordinaires. Il y conviait respectueusement l'Archevêque de Sens, les Evêques des diocèses limitrophes : de Troyes, de Nevers, de Meaux, de Dijon ; et, plus d'une fois, ils s'y trouvèrent réunis ensemble, accompagnés d'un nombreux clergé qui accourait de tous les pays voisins. Il établit, comme préparation à la fête, une neuvaine d'instructions et de prières, qui n'était suivie que par un petit nombre, mais qu'il rehaussait cependant par des

des chants et des illuminations. Le jour de la
fête surtout, l'église se parait de ses plus beaux
atours et resplendissait d'innombrables flambeaux.
Un prédicateur de renom était invité, et les chants
liturgiques, entremêlés de morceaux de grands maîtres, étaient exécutés avec enthousiasme. Au milieu
de cet éclat, on voyait le R. P. Boyer, revêtu de son
modeste surplis, le cœur en haut, veillant à tout, et,
le soir, avant le départ, ayant toujours une parole
ardente pour recommander les pèlerins, réciter avec
eux la prière composée par saint Edme, et leur
adresser une dernière félicitation.

Ces grandes manifestations remuaient les populations pourtant bien indifférentes de nos pays, et la
fête commença à prendre un caractère plus grandiose
et surtout plus religieux. Jusque-là, le peuple et
principalement la jeunesse des villages voisins venaient, le soir, pour s'y livrer aux réjouissances ordinaires des fêtes patronales, et n'entraient à l'église
qu'en curieux et pour la profaner, le plus souvent,
par leurs entretiens tumultueux. Il n'en est plus
ainsi ; dès le matin de la fête, les messes commencent
aux différents autels, et les communions se succèdent
sans interruption à l'autel de Saint-Edme. Aussitôt
que l'office solennel s'annonce par la voix puissante
de l'orgue, la majesté des cérémonies pontificales,
célébrées avec l'imposante solennité de nos plus
grandes cathédrales, saisit l'assemblée et la maintient
dans une attitude recueillie.

Le nom et la mémoire de saint Edme étaient restés

en vénération dans toute la contrée ; ils avaient souffert, cependant, de l'indifférence générale, qui avait atteint le culte même de Dieu. Les saints sont les grands hommes de Dieu et ses plus chers amis ; il est donc inévitable qu'ils partagent sa gloire et ses abandons. Le pèlerinage de Saint-Edme, autrefois célèbre, était dans les traditions du pays ; mais, délaissé peu à peu, il avait disparu depuis la grande Révolution. Le R. P. Boyer avait vivement à cœur de le faire renaître, et il en saisit la première occasion. L'ère des pèlerinages semblait se rouvrir, après les terribles désastres de 1870 et de 1871, et les foules se précipitaient à Lourdes et à Paray-le-Monial, pour apaiser la Justice divine. Le R. Père profita de cet élan pour amener au tombeau de saint Edme, qui avait tant aimé la France, un pèlerinage national. Il s'en ouvrit à Mgr Bernadou, son archevêque, qui accueillit le projet avec enthousiasme et voulut en prendre lui-même l'initiative. Il l'annonça en ces termes, dans une Lettre pastorale du 2 août 1873, adressée à son diocèse : « Nous présiderons Nous-même, le 26 de ce mois, cette solennelle fête du pèlerinage à laquelle il sera donné tout l'éclat qu'elle peut comporter. Nous avons voulu associer ainsi Notre clergé et Notre peuple à ces grandes manifestations de la foi qui se succèdent depuis quelque temps dans Notre France, et qui donnent à tous les cœurs chrétiens et français espérance et courage. Saint Thomas, l'intrépide défenseur des droits de l'Eglise, fuyant la persécution, s'est réfugié à Pontigny. Vous le savez,

l'église de Pontigny possède le corps de saint Edme,
cet autre martyr des libertés de l'Eglise. C'est pour
rappeler les grands enseignements, aujourd'hui si
méconnus, qui se rattachent à ces immortels souvenirs, que Nous avons cru utile et opportun de vous
convoquer au tombeau de saint Edme. Là, humblement prosternés sous l'œil de Celui qui tient en ses
mains les destinées des peuples et des empires, Nous
lui demanderons toutes les grâces dont la société ac-
tuelle a si grand besoin !... »

Dix mille pèlerins répondirent à cet appel du
Pontife, et l'humble village de Pontigny revêtit l'aspect des grands pèlerinages de Lourdes et de Paray.
Dès le matin, la circulation y était difficile, la foule
envahissait l'église, les confessionnaux étaient assiégés, les communions se succédaient sans interruption
à l'autel [de Saint-Edme ; les autels qui rayonnent
autour du sanctuaire étaient tous occupés par des
prêtres qui offraient le saint Sacrifice. Toutes les villes
du diocèse et de nombreux villages avaient envoyé leurs
bannières. Paris, où saint Edme avait étudié ; Provins,
où il était mort, rappelaient sur leurs étendards ces
glorieux souvenirs. La grande avenue ombragée de
noyers qui conduit au sanctuaire, offrait, le soir surtout,
pendant la procession aux flambeaux, un spectacle
féérique. A l'entrée, un magnifique arc de triomphe,
soutenu par quatre colonnes, rappelait sur ses oriflammes les nombreuses illustrations de saint Edme
et de Pontigny : « A saint Edme ! » « A saint Thomas
de Cantorbéry, l'hôte de Pontigny !... » « A saint Ri-

chard, évêque de Chichester, et compagnon de saint Edme!... » Sur d'autres, on lisait : « Nous prions et nous souffrons pour l'Eglise et pour la France !... Courage, bons pèlerins, Dieu accueillera vos expiations et vos prières!... »

A l'entrée du chœur, sur le beau reliquaire renfermant la main de saint Edme, cette main qui avait tant de fois béni, pardonné et consacré, un groupe de jeunes filles vinrent déposer un cœur en vermeil, hommage de la ville d'Auxerre au Saint qu'elle a, pendant six siècles, constamment aimé et vénéré. Depuis l'aurore jusqu'à une heure très avancée de la nuit, une foule se pressait respectueusement auprès du saint tombeau, attendant qu'il fût permis à chacun de faire la pieuse ascension vers la châsse, d'y poser un rapide baiser et de jeter un regard sur le visage vénérable. Des cierges nombreux brûlaient devant la sainte Relique et répandaient, dans les profondeurs des chapelles, une lueur religieuse. Rien de plus grandiose que l'immense assemblée recueillie et priante ; rien de plus saisissant que la Messe pontificale, célébrée par Mgr l'Archevêque, entouré d'Evêques, de dignitaires de l'Eglise et de centaines de prêtres, faisant retentir la vieille basilique des chants sublimes du *Kyrie* et du *Credo,* qui réunissent tous les cœurs dans l'unité de la foi et la puissance de la prière.

Avant de quitter l'autel, le Pontife officiant, laissant déborder son cœur, adressa ces vibrantes paroles à l'immense auditoire : « Je ne puis contenir l'émotion qui me transporte en voyant une telle multitude accourue, malgré toutes les difficultés, de tous les points de mon bien-aimé diocèse, pour apporter ses hommages et ses prières au tombeau d'un saint Pontife, qui mourut martyr des droits et des libertés de l'Eglise. Rien n'était plus opportun dans la crise d'angoisse que nous traversons, que ces prières solennelles au confesseur de la foi qui a combattu jusqu'à la mort pour la justice. C'est là sa gloire ; combattons aussi vaillamment ! De nos jours, on s'attaque à Dieu et à son Christ, dans la personne auguste de notre magnanime Pie IX. Ne nous laissons, pas plus que notre Père, émouvoir par les attaques des impies ! Haut les cœurs et les fronts ! Que les anges de ce sanctuaire lui portent, comme une goutte de consolation, le récit de ce pèlerinage, et aussi, avec nos hommages et nos vœux, un espoir de délivrance ! »

« Dieu des chrétiens ! J'implore vos bénédictions les plus abondantes pour Notre Mère la sainte Eglise, pour Notre Saint-Père le Pape et pour notre Patrie. D'une voix unanime et d'un seul cœur, crions au Ciel, pour la délivrance du Souverain-Pontife : *Oremus pro Pontifice Nostro Pio ; Dominus conservet Eum...* »

Et trois fois la foule immense répondit : *Dominus conservet Eum !...*

Le soir, avant l'heure indiquée pour le discours du P. Félix et l'office solennel, la vaste église était comble, et les deux tiers de l'assemblée devaient renoncer à entendre le célèbre orateur. C'était une véritable déception. Monseigneur le comprit et fit annoncer que le R. P. Félix parlerait en plein air, dans l'enclos du monastère. Un noyer séculaire étendait au loin un dôme de verdure, et, entre ses branches vigoureuses qui s'écartaient largement, on avait dressé l'autel de la bénédiction. Cette multitude, debout sur la vaste pelouse, les milliers d'arbres du verger, dont les brises remuaient à peine les feuilles, les quatre prélats, revêtus de leurs majestueux ornements, l'orateur, debout devant l'autel sur sa chaire rustique, sous la voûte splendide du Ciel, présentaient une scène incomparable et inspirèrent à l'orateur des accents sublimes. « *Votre jeunesse se renouvellera comme celle de l'aigle.* » Il débuta par ce texte heureux qui exprimait bien la pensée dominante de cette grande fête : le rajeunissement de l'église de Pontigny et de son pèlerinage, image frappante de l'éternelle jeunesse de l'Eglise et de l'éternel recommencement de ses institutions et de ses œuvres. Elargissant son horizon, l'éloquent orateur a montré au front de l'Eglise les quatre rayons d'une perpétuelle jeunesse : Beauté, Force, Fécondité, Espérance, et, de plus, le signe de la grande et divine Jeunesse, l'Immortalité. Après les magnifiques développements de ces glorieux attributs de l'Eglise catholique, il en faisait l'application à l'église et aux œuvres de Pontigny : « Si vous voulez une image de cette *beauté,* regardez le temple qui a subi le passage de sept siècles ! Il montre à vos regards je ne sais quel air de jeunesse qui revêt le simple caractère d'une perpétuelle beauté ! Si vous voulez un signe de cette *force* de résistance, voyez ce pèlerinage qui

renaît aussi vivant qu'en ses plus beaux jours ; et
votre temple, qui a essuyé les coups de la persécution
et de la tempête, il est toujours debout, portant à son
front le signe de la force et de la divinité. Si vous
voulez une preuve de cette *fécondité*, voyez l'apostolat nouveau qui est sorti de ces ruines et fait re-
fleurir cette solitude ravagée par les révolutions. O
philosophes, vous qui disiez que nous allions mourir !
Vous qui, il y a cent ans, sonniez nos funérailles !
Vous, disciples de Voltaire, puisqu'il en existe encore
autour de nous, en barbe grise et en manteau troué,
vous qui reprochiez à l'Eglise sa caducité, je vois la
décadence qui vous gagne vous-mêmes. Où est votre
jeunesse ? Vous disiez que vous alliez nous rajeunir
au contact de vos doctrines ; et la vérité, c'est que vous
êtes vieux et que nous sommes jeunes !... Oui, sainte
Eglise, ma Mère, vous êtes jeune et immortelle ! Je
suis heureux de le proclamer devant les dix mille
fidèles venus ici pour rendre témoignage à votre puissante vitalité ! Et nous, condamnés à mourir, il nous
est doux de nous attacher à l'Eglise et de nous dire :
« Nous serons immortels avec Elle et comme Elle. »

« Je vous conjure, mes bien chers Frères, d'emporter cette assurance d'immortalité comme fruit de ce
pèlerinage à saint Edme, qui vous a dit, à sept siècles
de distance : « Croyez à l'Eglise immortelle ! » Et ce
temple qui reprend sa jeunesse après une si longue
vétusté, et les dépouilles vénérées, glorifiées aujour-
d'hui comme aux plus beaux jours de la foi, tout ici
nous dit que l'Eglise est toujours jeune, féconde, im-

mortelle! Pour nous, enfants de l'Eglise, soyons à notre Mère pour toujours!..... »

Après ce magnifique discours, les Pontifes, mitre en tête et crosse en main, donnèrent ensemble, du haut de l'autel et d'une même voix, la bénédiction solennelle à la foule agenouillée. Puis, les chants commencèrent et la masse des pèlerins, se rangeant par paroisse sous leurs bannières respectives, se déploya en immense procession pour se rendre à l'église, où fut célébré le salut solennel.

Après la bénédiction, le R. P. Boyer, au milieu du sanctuaire, prononça l'acte de consécration de la France à la Sainte Vierge, titulaire de l'église, et chanta les invocations au Sacré-Cœur de Jésus et à saint Edme, patron du pays.

Le soir, un spectacle grandiose et émouvant vint clore cette belle journée. De l'église, éclairée jusqu'au toit, on vit s'avancer, dans la longue avenue et sous les portes triomphales illuminées, des milliers de pèlerins, portant des flambeaux à la main, et répétant une dernière fois, avec un enthousiasme indescriptible, le cantique, aujourd'hui national : *Pitié, mon Dieu!*...

Ainsi s'achevait glorieusement une des grandes œuvres du R. P. Boyer; mais il ne cessa de l'embellir jusqu'au jour où il alla dormir en paix sous son ombre et à l'harmonie de ses saints cantiques.

Il semblait que cette imposante manifestation, véritable résurrection des âges de foi, ne pouvait être surpassée; elle le fut pourtant dès l'année suivante. Et c'est de l'Angleterre, sa patrie, que vint à saint Edme un hommage qu'il n'avait pas reçu de ses compatriotes depuis plusieurs siècles. Le R. P. Boyer, de concert avec Mgr Patterson, avait formé le hardi projet de renouer l'Angleterre à Pontigny, et de ramener, à travers les mers, au tombeau de saint Edme les plus illustres représentants de l'Eglise et des nobles familles de la Grande-Bretagne. Et cet audacieux dessein se réalisa avec un plein succès.

Le 2 septembre 1874, quatre prélats, cent vingt prêtres et plus de quatre cents pèlerins laïcs, arrivaient, par train spécial, à la gare de Saint-Florentin, distante de deux lieues de Pontigny. L'illustre cardinal Manning, si populaire en Angleterre et dont le génie et la sainteté sont connus du monde entier, présidait lui-même le pèlerinage. Il avait voulu arriver la veille à Pontigny pour faire la *veillée des armes,* et prier seul et plus librement dans le sanctuaire du saint archevêque de Cantorbéry. Sa haute stature, son attitude simple et distinguée, son visage pâle et ascétique, sa maigreur extrême, causaient une impression inexprimable de respect. Aussitôt arrivé, sans avoir accepté d'autre réfection qu'une tasse de thé, il alla se prosterner devant le saint tombeau, et on l'entendit, pendant plusieurs heures, sangloter et prier. Les autres prélats qui accompagnaient le pèlerinage étaient Mgr Weathers, Mgr Patterson, Mgr Stonor et Mgr Virtu. Parmi les laïcs, on remarquait des rejetons de la vieille aristocratie et des représentants du grand monde commercial et financier, tels que lord Edmond Howard,

frère du duc de Norfolk, premier pair d'Angleterre ; le
fils de lord Camoys, de Sussex ; Extin Park, lord
Grainsborougk, Ruthland, Arunclel Castla, lord
Douglas, etc., etc. La réception fut imposante. Comme
la distance à parcourir était longue, les dames an-
glaises et les vieillards vinrent en voiture. Les autres,
prêtres et laïcs, sans tenir compte des fatigues d'un
si long voyage, se placent résolument sur deux rangs
et la procession commence, au chant des hymnes et
des cantiques, bannières déployées. Les laïcs ouvraient
la marche, dans leur costume de voyage, ayant à la
main un recueil de prières, d'hymnes et de cantiques
en l'honneur de saint Edme, que les pèlerins avaient
eu l'ingénieuse idée de composer comme *Guide* au
tombeau de leur saint compatriote. Lord Howard,
frère de Sa Grâce le duc de Norfolk, que la maladie
retenait en Angleterre, et le très honorable comte
de Grainsborougk, portaient eux-mêmes, sous un ardent soleil, les deux bannières, l'une à l'image de
saint Edme, d'un très riche travail, et qui fut laissée
en *ex-voto* au sanctuaire de Pontigny ; l'autre figurant
saint Thomas Becket, la tête transpercée du glaive qui,
en lui donnant la mort, lui ouvrit les portes du Ciel,
et en fit sur la terre le patron des libertés de l'Eglise.

Rien n'était touchant et beau à la fois comme cette
procession, durant un parcours de trois heures, de
plusieurs centaines de pèlerins à pied, bravant la
fatigue et les ardeurs du soleil, faisant retentir les
vallées et les bois de leurs cantiques sacrés, chantés
tantôt en latin, tantôt dans leur langue maternelle. Çà

et là, quelques Français se joignirent spontanément au pieux cortège pour lui faire honneur.

Lorsque les pèlerins furent en vue de Pontigny, on vit s'avancer au-devant d'eux Mgr Manning, assisté du supérieur, le R. P. Boyer, précédé des Pères Missionnaires, des notables du voisinage, de jeunes filles vêtues de blanc, de la croix, des bannières et de la châsse contenant le bras droit de saint Edme. Bientôt les deux processions se rencontrent et n'en forment plus qu'une qui entre triomphalement dans le village, puis dans l'église resplendissante, tandis que l'orgue renouvelé joue la marche triomphale de *Judas Macchabée,* l'une des plus belles inspirations de Haendel.

Lorsque les pèlerins eurent pris place dans le chœur, les prélats et les prêtres dans le sanctuaire, le R. P. Boyer, des marches de l'autel, leur offrit ses souhaits de bienvenue et ses félicitations dans l'allocution suivante, composée en latin, qui est la langue de l'Eglise, et la seule qui pût être comprise d'un auditoire étranger :

« Illustrissimes et très honorés Seigneurs, Révérendissimes Prêtres bien-aimés en Jésus-Christ, fidèles catholiques de l'Angleterre.

« Lorsque le Pape Innocent IV, dans le Concile de Lyon, inscrivit le bienheureux Edmond au catalogue des saints, il félicitait, à juste titre, le monastère de Pontigny, en ces termes dignes d'une éternelle mémoire : « Que le monastère de Pontigny se réjouisse, « pour avoir mérité d'être honoré par la présence de

« deux évêques si éminents et d'une si grande vertu,
« dont l'un, pendant son séjour, l'a fait resplendir de
« l'éclat de sa sainteté, et l'autre, après s'y être réfu-
« gié, ayant rendu son âme à Dieu, l'a enrichi du
« trésor de son corps. » Par là, devait, en quelque
sorte, s'accomplir la promesse que le glorieux martyr
Thomas avait faite aux moines. Se sentant incapable
de reconnaître, suivant toute l'étendue de son désir,
l'insigne et éclatante charité qu'ils lui avaient témoignée, pendant toute la durée de son long exil, il·leur
avait dit, assure-t-on, qu'après lui viendrait quelqu'un qui leur paierait une juste rétribution.

« Excellente rétribution, en effet! trésor le plus
riche, le plus fécond! De ce trésor, comme d'une
source profonde et toujours abondante, ont coulé
mille vertus, mille guérisons pour les corps et pour
les âmes. C'est pour cela qu'on voyait affluer au tombeau du bienheureux saint Edmond les rois et les
princes, avec une multitude de fidèles.

« Mais, dans la suite des temps, l'hérésie enveloppa
l'Angleterre d'épaisses ténèbres, et, pendant trois
siècles, les voies de Sion ont pleuré, de ce qu'il ne
se trouvait plus personne pour venir à ce même tombeau. Voici l'Eglise de Cantorbéry enfin résus-
citée! Voici son pasteur puissant en paroles et en
œuvres ; voici d'illustres prélats et des prêtres, leurs
coadjuteurs dans le salut des âmes; voici des fidèles
choisis de toutes les parties de l'Angleterre, accourant tous, d'un cœur unanime, vers ces saintes
reliques !

« Nous sommes heureux de voir, comme dans les anciens jours, une foule si fervente de chrétiens, faisant cortège à leurs évêques. Mais combien Pontigny est changé? Qu'est devenu le monastère? où sont les moines, les voix qui chantaient l'office divin! Une bête féroce, d'une espèce singulière, a ravagé la vigne du Seigneur! Le monastère a été détruit, les moines ont été dispersés, et tout est muet. Il ne reste plus que la basilique ; il ne reste plus que le corps de saint Edme, plus précieux, il est vrai, que l'or et les pierreries. Auprès du tombeau et de l'église restaurés par leurs soins, quelques prêtres seulement forment un petit troupeau tout dévoué à saint Edme; et, à l'exemple de ce prélat si humble, ils vont prêcher le royaume de Dieu dans les bourgs et dans les villages. Les voici bien joyeux de recevoir en ce temple, avec le consentement et la pleine satisfaction du révérendissime et illustrissime archevêque de Sens, des frères catholiques, qui, jouissant enfin de la liberté religieuse, viennent avec empressement satisfaire leur piété filiale envers saint Edmond.

« O l'heureux jour, où il nous est donné d'unir nos intentions et nos prières pour les besoins de notre sainte Mère l'Eglise, pour notre Saint-Père le Pape, pour notre paix, que Satan, plus audacieux que jamais, menace de nous enlever! Nul doute que le Seigneur, tout puissant et miséricordieux, qui est glorifié dans ses saints, touché par l'intercession des bienheureux Edmond et Thomas, ne se montre propice à vos prières si ferventes et aux nôtres qui les accompagnent. *Les cieux distilleront la rosée et les nues laisseront tomber une pluie de grâces,* afin que, sous la conduite de Votre Grandeur, très révérendissime Seigneur, et des autres évêques qui ont reçu de Dieu le don d'annoncer l'Evangile avec une grande force, l'Angleterre revienne tout entière à la plénitude de la foi, et que la France évite le malheur de *tomber au fond de l'abîme, pour ne connaître que le mépris.* Mais, plutôt, qu'elle allume en tout cœur le feu de la charité, et que l'une et l'autre nation, éclairées par la même foi, embrasées du même amour de Dieu et des âmes, s'efforcent de faire passer le monde entier à l'admirable lumière du Christ, et que, désormais, tout catholique, selon votre devise, préfère la mort à la souillure du péché. Dans cet espoir, nous implorons votre bénédiction, laquelle aidant, nous pourrons dire véritablement avec le prophète : *Voici le jour que le Seigneur a fait. Réjouissons-nous et tressaillons d'allégresse !*

« Mais, ici-bas, le deuil touche à la joie : un des nôtres (1), qui vient d'être enlevé à l'instant même à l'amour des siens, par une mort subite, mais non imprévue, rendra plus parfait l'holocauste du pèlerinage. »

La soirée se termina par un office solennel et une procession aux flambeaux dont il est impossible de rendre la magnificence. Cette marche religieuse, d'a-

---

(1) Le R. P. Barbier, dont nous avons écrit la *Vie*.

bord dans les vastes nefs, et ensuite à travers les
arbres de l'avenue qui précède l'église, reliés ensemble
par des guirlandes de lumières, au milieu des chants
anglais et français alternés, produisait une impression
indicible. Mais ce qui touchait plus vivement encore,
c'était cette gravité réfléchie, ce recueillement profond, ces yeux modestes fixés sur le livre, sans écarts
curieux, sans distraction aucune, en un mot, cette
foi d'aujourd'hui, s'affirmant simplement, mais fer-
mement, dans un monument témoin de la foi des générations qui se sont succédé pendant tant de siècles.

La nuit et la matinée du lendemain furent consacrées aux confessions. Comme le nombre des tribu-
naux de la pénitence, assiégés de toutes parts, était
devenu insuffisant, on voyait çà et là, au coin d'un
pilier ou d'un degré écarté, un prêtre recevant les
aveux d'un pèlerin anglais ou français, et même des
prélats se confessant entre eux. A huit heures, la
messe de communion pour les pèlerins anglais fut
célébrée au milieu d'une silencieuse et profonde
émotion. Tous les Anglais y communièrent avec une
ferveur qui édifia les assistants.

Cependant les archevêques de Sens et de Chambéry,
le préfet de l'Yonne, arrivaient au milieu d'une
immense multitude, avec la patriotique pensée de
rehausser, par leur présence, l'éclat de la réception
faite aux catholiques anglais.

A la grand'messe, célébrée pontificalement, Monseigneur Manning monta en chaire. Son imposante
dignité impressionna vivement la foule, et ceux

même qui ne comprenaient pas sa langue restèrent sous le charme. Il parla sur la liberté de l'Eglise, dont saint Thomas et saint Edme furent les héroïques défenseurs, et par la parole, et par l'exil, et par le sang. Il donna pour heureux texte à son discours, cette belle parole de saint Paul : *Là où est l'esprit du Seigneur, là est la liberté!* et s'exprima en ces termes émus :

« Jamais, jusqu'au dernier jour de ma vie, je n'oublierai ce pèlerinage des fils de l'Angleterre, portant à Pontigny la bannière de saint Edmond, visitant cette terre sanctifiée par la mémoire de saint Germain, saint Hilaire et saint Martin, et ces contrées si chères à l'Archevêque qui m'a laissé le *pallium* que je porte. Lorsque j'ai vu cette grande Eglise de France venir au-devant de cette petite Eglise d'Angleterre, déchirée et amoindrie, mais encore armée victorieuse, j'ai senti que ceux qui venaient nous accueillir se trouvaient en présence des fils des confesseurs et des martyrs, et que le petit nombre des descendants de pareils ancêtres est encore une Eglise glorieuse...

« Dans cette abbaye de Pontigny, dans cette chapelle qui est à ma droite, saint Thomas de Cantorbéry eut une vision de notre bienheureux Sauveur, qui lui dit : *Thomas, l'Eglise sera glorifiée dans ton sang, et je serai glorifié en toi.* Ici, saint Edmond a prié, jeûné et offert le saint sacrifice pour les libertés de l'Eglise en Angleterre, et pour la noble, catholique et charitable France. Ici, saint Edmond prêcha avec cette

énergie et cette beauté qui dérivent du Saint - Esprit.
Dans un de ces discours, il disait : *Si véritablement
vous aimez et vous servez Dieu, chaque cheveu de
votre tête sera glorifié.* Saint Anselme, saint Thomas
et Etienne Langton sont chers à la France et à
l'Angleterre ; ils furent de nobles champions des
libertés de l'Eglise ; mais celui qui occupe spécialement nos cœurs et notre intelligence aujourd'hui,
c'est saint Edmond. Pourquoi est-il ici ? Un roi faible
et injuste maintenait plusieurs sièges vacants, et
donnait les revenus des évêques et des abbés à ses
courtisans. La discipline de l'Eglise s'était relachée ;
le clergé tomba dans le désordre... Edmond ne put
endurer cette injustice en silence ; il s'exila. Du haut
d'une colline élevée, il donna à l'Angleterre une dernière bénédiction avec cette main droite qui repose ici
et qui, hier, était portée en procession...

« Il y a plus de six cents ans, un roi de France,
avec des archevêques et notre saint Richard de Chichester, l'ami de cœur d'Edmond, étaient ici rassem-
blés pour la translation du corps de saint Edmond.
Des milliers de fidèles campaient autour d'eux. Depuis
ce jour, nul n'a vu un aussi consolant concours que
celui d'aujourd'hui, ce touchant témoignage d'honneur à saint Edmond, dont tant d'enfants du pays
reçoivent le nom au saint baptême. Une centaine de
nos prêtres et des prêtres du clergé irlandais aussi, un
nombre considérable de nos frères, prêtres et laïques
de France, se mêlant à notre petit troupeau, ont fait
de ce jour un jour de gloire pour la France et l'An-

gleterre. Fasse Dieu que l'Angleterre puisse en jouir
également !... »

L'éloquent prélat termina son discours en réclamant
les suffrages des pèlerins pour l'Eglise de France et
d'Angleterre. En *gentleman* distingué, il demanda que
les premières prières fussent « pour l'Eglise de France
dont ils recevaient l'hospitalité ; pour cette Eglise illustre, belle comme ses plaines, élevée comme ses
montagnes, la première à accourir là où le danger l'appelle, où la charité la réclame. » Il implora ensuite
d'une voix plus émue encore les prières de tous « pour
sa chère Angleterre, qui a une triple réparation à
offrir : la première, à Jésus-Hostie dans la sainte
Eucharistie, qu'elle a chassé de ses sanctuaires ; la
seconde, à Marie-Immaculée, que toutes les générations proclament bienheureuse, et à qui l'Angleterre
refuse ce titre de puissance et de protection. Puisse
ce bien-aimé pays redevenir le douaire de Marie !
Enfin, la troisième réparation, au Vicaire de Jésus-
Christ, pour avoir rejeté d'un coup de pied son autorité, lorsqu'elle répudia sa foi et se sépara de l'unité
catholique. Et si notre chère patrie ne veut pas chercher la bénédiction du retour, nous devons l'y porter
amoureusement dans nos bras, comme l'enfant
au baptême, et répondre pour elle ; Dieu fera le
reste !... (1). »

Après ce discours, dont nous ne reproduisons que

---

(1) Extraits des journaux anglais, le *Tablet*, le *Daily Telegraph*, le *Daily
News*, le *Standard*, qui avaient là leurs représentants.

quelques brèves pensées, extraites des feuilles même
non croyantes de la presse britannique, avides de recueillir toutes les paroles qui tombaient des lèvres du
plus populaire prélat de l'Angleterre, Anglais et
Français unissent leurs voix pour chanter l'immortel
Symbole de leur foi et les sublimes prières de la liturgie catholique.

Mgr l'Archevêque de Sens qui, dans cette belle église,
était chez lui, ne pouvait laisser sortir l'assemblée sans
remercier chaleureusement celui qu'il appelait le puissant athlète des libertés catholiques et tous ces pèlerins
courageux, du grand spectacle d'édification qu'ils donnaient à son peuple. Il parla ensuite des espérances
que nous inspirent les retours à la vraie foi de tant
d'hommes savants et distingués de la Grande-Bretagne. Il forma enfin des souhaits pour que les deux
illustres Eglises d'Angleterre et de France s'unissent
dans l'étroite communion de saint Thomas et de saint
Edmond de Cantorbéry.

Aussitôt la procession se mit en marche, et les
Anglais s'avançaient, au milieu d'une foule étonnée
et recueillie, en chantant le beau cantique composé
par Mgr Wiseman, en l'honneur de saint Edme.
Arrivés au centre de l'enclos monastique, les prélats
montèrent sur une estrade élevée pour la circonstance,
les chants cessèrent, et la foule immense s'inclina
pieusement sous la bénédiction des prélats anglais et
français. La grande et noble figure de Mgr Manning,
creusée par les veilles et les austérités, planait sur
cette multitude, et, en le voyant étendre la main au-

dessus d'elle, de concert avec les prélats français, on eût dit que la vieille Angleterre et l'antique France, unies dans la même foi, cimentaient une éternelle amitié par un serment d'amour. Aussi l'enthousiasme fut-il indescriptible, quand, de l'âme de la foule, sortit ce cri puissant, unanime : « Vive l'Angleterre! » auquel les Anglais répondirent par le cri de : « Vive la France! » mille fois répété. Ce ne fut bientôt plus que hourras formidables ; les chapeaux s'agitaient, et, au milieu des vivats en l'honneur des deux pays, on entendait ceux de : « Vive Pie IX! Vive Monseigneur Manning! Vivent les prélats français!... » Le chant de l'hymne de la reconnaissance et de la joie vint couvrir ces acclamations patriotiques.

La même scène se renouvela le soir, plus émouvante encore, avant le départ. On vit des larmes se mêler à la joie, lorsqu'apparut, au sommet de l'estrade, le R. P. Boyer, à qui appartenait le dernier mot de cette fête dont il avait été l'âme et l'inspirateur. Il adressa d'abord ses félicitations aux généreux pèlerins que, depuis des siècles, saint Edme n'avait jamais vus aussi nombreux prosternés autour de son tombeau. Il exprima ensuite son regret de n'avoir pu leur faire entendre l'éloquent P. Ramière, retenu par la maladie ; « mais, ajouta-t-il avec un accent profondément ému, vous avez entendu deux voix plus éloquentes que la sienne, et qui ont parlé à vos cœurs : la mort de notre saint et aimé P. Barbier, et le spectacle de la piété de nos Frères d'Angleterre. Puissions-nous tous remporter de cette admirable fête, un amour plus ardent pour l'Eglise, et la généreuse volonté de vivre et de mourir comme les saints ! »

Au départ, les fidèles entourèrent leurs évêques, les suivirent en leur faisant une véritable ovation, leur baisèrent les mains en pleurant et leur dirent un touchant adieu.

CHAPITRE X

LE R. P. BOYER EST NOMMÉ SUPÉRIEUR DES SOEURS DE LA PROVIDENCE DE SENS

Le R. P. Boyer venait à peine d'entreprendre la restauration de l'église de Pontigny, qu'une charge nouvelle s'imposait à son dévouement. Il avait quarante-cinq ans ; il semblait que la Providence se hâtât d'utiliser la plénitude de ses forces pour multiplier ses mérites en multipliant ses travaux. C'était un bon ouvrier de Dieu ; il déployait une activité extraordinaire dans les retraites et missions incessantes, qui, avec le gouvernement de la Maison, était plus que suffisantes pour remplir sa vie. On eût dit qu'il n'y avait plus place pour d'autres fonctions ; mais l'expérience a prouvé que sa charité exubérante pouvait mener de front plusieurs entreprises, dont une seule eût suffi à remplir la vie d'un homme.

Une famille religieuse avait pris naissance dans le diocèse de Sens, et dans le voisinage même de Pontigny, sous le nom de Congrégation de la Providence. C'était une fleur du pays ; elle était sortie, comme le

clergé, du sein du peuple ; elle avait été créée pour
venir en aide aux faiblesses, aux souffrances et aux
détresses du peuple. Comme toutes les œuvres de miséricorde, elle avait commencé humblement ; c'était
le grain de sénevé ; mais elle avait grandi vite, et elle
abritait déjà au loin les oiseaux du Ciel. Répandue
surtout dans les villages auxquels elle était destinée,
elle rendait d'immenses services et prodiguait son
admirable dévouement à l'éducation des jeunes filles,
au soulagement des pauvres et des malades. Elle était
jeune, elle n'avait que quarante ans d'âge ; mais le
fondateur et la fondatrice avaient vieilli : celle-ci avait
plus de quatre-vingts ans, et elle portait encore vaillamment le poids des années et le poids de la supériorité. Il n'en était pas de même du fondateur ; la
maladie et les infirmités étaient venues avec la vieillesse et avaient amené graduellement l'impuissance
absolue de diriger la Communauté. L'inquiétude avait
envahi l'âme de la Supérieure et de ses Filles. L'aumônier de la Maison recevait, chaque jour, la confidence de ces alarmes qu'il partageait. « Un soir, raconte-t-il, dans l'octave de la Toussaint, à la chute du
jour, j'étais accoudé à la fenêtre de la chambre que
j'occupe encore aujourd'hui ; mes regards et mes pensées erraient vaguement dans l'espace, et je repassais
en moi-même toutes les hypothèses proposées pour le
choix d'un nouveau Supérieur, lorsque, tout à coup,
une idée me vint comme un trait de lumière : si
Monseigneur nommait le R. P. Boyer Supérieur, et
si j'entrais moi-même dans la Société des Pères de

Pontigny !... On dit que la nuit porte conseil ; j'en
consacrai les longues heures à envisager la question
sous tous ses aspects, et la conclusion était toujours
que la Bonté divine m'avait suggéré la véritable solution. Il me paraissait hors de doute que les Sœurs
l'accepteraient comme un grand bienfait et un gage
de sécurité pour l'avenir. En thèse générale, les Communautés de Religieuses sont plus sûres d'être dirigées et soutenues selon les Règles de leur saint état,
par des religieux que par des prêtres séculiers. De
plus, la Société des Missionnaires a fait ses preuves
et jouit de l'estime universelle. Le cercle de leur activité est le même que celui des Sœurs de la Providence ;
ils sont nés sur la même terre et fondés dans deux
paroisses limitrophes ; ils exercent leur zèle dans le
diocèse de Sens et dans les diocèses voisins, qui sont
les seuls où elles possèdent des établissements. On
peut compter sur le dévouement le plus absolu du
R. P. Boyer et de ses associés.

« Quant à moi, l'acquisition de Pontigny et la résurrection de la vieille abbaye avaient éveillé dans
mon âme les aspirations à la vie religieuse. Combien
j'enviais le sort de mes bons amis Muard, Bravard,
Massé, Bonnard, Bernard, qui commençaient cette
œuvre et se vouaient à la vie si méritante de missionnaires ! Avec quel intérêt, du haut de ma montagne (1),
je suivais leur progrès et leur affermissement ! Mais,
alors, la piété filiale me faisait un devoir d'entretenir

---

(1) Le Mont-Saint-Sulpice, dont il avait été curé.

mes vieux parents, qui n'avaient que moi, et de leur fermer_les yeux. Depuis deux ans, Dieu en avait disposé, et j'étais libre. J'entrais dans ma quarante-troisième année : les Pères voudraient-ils me recevoir? Je me sentais disposé à accepter tout ce qu'ils exigeraient de ma bonne volonté...

« Le lendemain, après avoir recommandé toutes ces intentions à Notre-Seigneur au saint sacrifice de la messe, je m'empressai d'en faire part au Grand-Vicaire, M. Sicardy. Il applaudit et me conseilla d'en garder le secret, d'opérer cette négociation avec le Conseil de la Maison-Mère, et de n'en donner communication au fondateur et à Monseigneur que quand tous les obstacles seraient levés. Je revins ensuite trouver la Révérende Mère fondatrice, qui réunit son Conseil. Je leur racontai le projet que le Ciel m'avait inspiré, et les moyens de l'exécuter. Ce fut une explosion de joie et de reconnaissance pour cette intervention visible de la Providence, dont elles étaient les Filles. Elles me pressèrent de partir pour Pontigny. Le voyage s'exécuta les jours suivants. J'exposai au R. P. Boyer l'état d'infirmité du Fondateur, les inquiétudes, et, enfin, l'idée qui m'était venue, de confier la Congrégation de la Providence au Supérieur de Pontigny, et de solliciter mon admission dans la Société des Pères, en faisant le temps du noviciat jugé convenable. J'ajoutai que, sans aucun doute, cette heureuse inspiration serait agréée de grand cœur par l'Ordinaire, et qu'il ne manquait plus que l'acceptation du R. P. Supérieur et de son Conseil. »

Le R. P. Boyer demande du temps pour réfléchir et consulter, et dans les deux Communautés on se met en prières. La neuvaine préparatoire à la fête de Saint-Edme allait commencer ; on la fit solennellement pour recommander cette grave affaire à la puissante intercession de notre grand Protecteur.

Une réponse favorable ne tarda pas à arriver à Sens : « Nos Pères, écrivait le P. Boyer, acceptent, en principe, le projet que vous m'avez confié ; ils pensent que c'est une œuvre que nous pouvons utilement adopter, mais ils voient beaucoup de difficultés dans l'exécution... Si la Providence, qui est la grande ressource de toutes les Communautés et de la vôtre en particulier, dénoue ces difficultés, ce que je puis affirmer pour les nôtres et pour moi : *Non recuso laborem !* » Si le P. Boyer était agréé pour Supérieur, et la Congrégation de la Providence confiée aux Pères de Saint-Edme, la direction du noviciat devait leur être remise, et l'aumônier ou directeur devait appartenir à leur Société, et il fallait une résidence à Sens. Cette difficulté disparaît, si l'on conserve comme aumônier le P. Cornat, résidant, avec un Père et un Frère, dans la maison qui lui est généreusement accordée par la libéralité de M. Sicardy. Ces moyens furent acceptés, et il ne restait plus qu'à prévenir le Fondateur et l'Ordinaire du diocèse, à qui on avait voulu épargner tout souci jusqu'à ce que les démarches fussent couronnées de succès. Le vénérable vieillard témoigna une vive joie de cette heureuse solution, et demanda qu'on allât, sans délai, supplier de sa part l'Ordinaire de ratifier des arrangements qui assuraient l'avenir d'une œuvre à laquelle il avait consacré toute son existence. Le prélat écouta avec la plus bienveillante attention l'humble supplique qui lui était adressée par les fondateurs, et il en demanda le rapport écrit pour le communiquer à son Conseil. Le Conseil l'approuva chaleureusement et exprima le vœu qu'il fût promptement exécuté.

Le R. P. Boyer vint ensuite solliciter de Sa Grandeur la bénédiction et la sanction d'un projet qui promettait de consolider puissamment et d'étendre les deux Sociétés religieuses, qui sont les deux grands auxiliaires de son zèle épiscopal. Le pieux prélat ne donna pas seulement avec joie sa sanction définitive, mais il adressa au P. Boyer ses remerciements et ses félicitations, et lui témoigna le désir de le voir entrer en fonction dès les premiers jours de l'année 1857. Le 1er janvier, une ordonnance officielle annonçait la bonne nouvelle à la Congrégation et à tout le diocèse.

Le secret avait été bien gardé. Ce fut donc une grande joie dans toutes les maisons de dépendance, qui avaient entendu, dans plusieurs retraites et notamment dans celles où furent promulguées leurs Constitutions, le R. P. Boyer. Elles le vénéraient comme un saint. Elles relevaient à l'envi les mille convenances qui indiquaient que, dans les desseins d'en-haut, les Pères de Saint-Edme, nés, comme elles-mêmes, à l'ombre du tombeau de saint Edme, étaient prédestinés à devenir pour elles, Filles de la

Providence, ce que les Lazaristes sont pour les Sœurs de Saint-Vincent-de-Paul : leurs protecteurs et leurs guides.

Le premier jour de l'an, toute la Communauté fut convoquée à la chapelle, et, du haut de la chaire, le P. Cornat indiqua les craintes qu'inspirait la santé du Fondateur, et le grand parti qu'on avait embrassé. Debout, il lut, avec la plus profonde émotion, l'ordonnance de Monseigneur, conçue en termes si bienveillants. Cette lecture fut accueillie avec des transports de joie mêlés aux larmes filiales que faisait couler la démission du vénéré Fondateur.

L'installation du nouveau Supérieur n'eut lieu que le 19 janvier, veille de la fête du saint nom de Jésus, qui est une des fêtes spéciales de la Congrégation. Le R. P. Boyer avait voulu d'abord demander la bénédiction de Monseigneur qui la lui donna dans toute l'effusion de son cœur. Du palais épiscopal, il se rendit auprès du vénérable patriarche qui lui léguait sa famille spirituelle; c'était le manteau d'Elie qu'Elisée venait réclamer comme son plus précieux héritage. Le saint vieillard fut vivement touché de cette démarche et bénit affectueusement le digne héritier qui répondait pleinement à toutes ses aspirations. Après ces actes de déférence et d'humble recours aux deux sources de sa mission, le nouveau Supérieur fit son entrée à la Maison-Mère, et les cloches du monastère lancées à toute volée annoncèrent son arrivée. Toutes les sœurs se rendirent à la salle du Chapitre, et il parut escorté de l'aumônier et de la R. M. Générale.

L'assistante lui adressa de touchantes paroles de bienvenue. Il répondit avec tout son cœur qu'il venait de
recevoir la bénédiction de leur vénéré Père ; il espérait qu'elle lui porterait bonheur... ; il essaierait de
les dédommager de son absence en reproduisant les
vertus dont il leur avait donné l'exemple, et très particulièrement sa douceur et sa bonté. Il termina en
protestant de son entier dévouement et de celui de ses
Pères aux intérêts spirituels et temporels des Sœurs
de la Providence. On se rendit de là à la chapelle où
le R. Père entonna le *Veni Creator* et donna la bénédiction du très saint Sacrement. Le lendemain, fête du
saint Nom de Jésus, il officia solennellement et
et exhorta à la perfection ses nouvelles Filles avec
une ardeur tout apostolique. A partir de ce jour, il se
voua corps et âme à l'œuvre sanctifiante qui lui était
confiée et où il trouva grand profit pour lui-même
comme pour ses Filles. Un pieux et secret instinct le
poussait vers les ordres religieux qui sont comme les
paradis de la terre et le vestibule du Ciel. Là, il se
sentait davantage sur son terrain et dans son élément :
plus loin des hommes et plus près de Dieu. Sa vraie
jouissance était d'y rencontrer des âmes éprises de la
perfection, et, dans son estime, bien meilleures que la
sienne. Il lui semblait que le prêtre doit se prodiguer
pour des cœurs détachés de tout, qui s'immolent en
imitant Jésus-Christ, et dont un seul fait plus pour le
divin service que cent autres cœurs vulgaires. « S'il
est vrai qu'un saint fait plus d'honneur à Dieu que
mille chrétiens imparfaits, disait-il avec le P. de la

Colombière, quel bien plus grand pourrait-il m'arriver que d'avoir contribué à mettre une âme dans la voie de la véritable sainteté ? »

Le P. Boyer se réserva de prêcher lui-même la retraite générale qui suivit son installation. Du 1er au 8 septembre, il donna audience à chacune des Sœurs au for extérieur.

Chaque année, il procédait de même, et il profitait de la retraite générale pour la visite canonique qu'il ne pouvait faire régulièrement dans les maisons de dépendance.

Il monta en chaire six fois par jour. En la fête de la Nativité, il ne voulut céder à personne la consolation de célébrer solennellement la messe de Vêture et de Profession et de prendre la parole pour féliciter les prémices de ses Filles qui prenaient l'habit religieux ou qui prononçaient entre ses mains leurs premiers vœux. Le soir, Mgr Mellon-Jolly, pour témoigner de sa sympathie au nouveau Supérieur et à ses Filles, vint, à l'improviste, présider les vêpres. Il réunit ensuite les Sœurs dans la chapelle du Noviciat, et là, dans une familière allocution, il les félicita de l'avènement de l'homme de sa droite qu'il leur avait donné pour Père, et il couronna ses bienveillantes paroles par une paternelle bénédiction. Il donna ensuite le salut de clôture, et pour fêter jusqu'au bout le nouvel élu qu'il appréciait si haut et sur lequel il nourrissait déjà de secrets desseins, il le plaça à table vis-à-vis de lui, et prit part aux modestes agapes qui terminèrent cette belle journée.

Un peu plus d'un mois après cette mémorable
retraite, le 16 octobre, le R. P. Boyer eut la douleur
d'assister à l'administration des derniers Sacrements
et à la mort du vénérable fondateur. Il lui donna la
suprême absolution, lui ferma les yeux, et il annonça
à toutes les Sœurs, par une circulaire extrêmement
touchante, le malheur qui venait de les frapper. C'est
lui-même qui, le jour des obsèques, célébra, à la
Maison - Mère, le service funèbre, avec le concours
des prêtres amis de la famille, et au milieu des sanglots des Sœurs. Le soir, à la Cathédrale, Monseigneur présidait aux vêpres des Morts et à la levée
du corps qui fut rapporté plus tard dans la belle chapelle funéraire où il repose au sein de sa Famille religieuse, dont il reçoit sans cesse les visites et les
prières. Il y avait à peine neuf mois que le R. P. Boyer
avait pris le gouvernement de la Communauté. La
Providence lui avait ainsi ménagé le temps de recueillir les derniers conseils du fondateur, de se pénétrer de son esprit et de s'unir à ses projets. Avant de
fermer les yeux, cet autre Siméon avait pu chanter
dans son cœur le *Nunc dimittis*. Il laissait à son
œuvre l'homme du diocèse qui répondait le mieux à
ses désirs, le saint qu'il avait rêvé, l'administrateur
habile, le religieux aussi zélé que judicieux, enfin, la
régularité vivante.

De son côté, le R. P. Boyer n'avait pas hésité à
ajouter ce fardeau à ceux qui déjà pesaient sur lui.
Il voyait là un grand service à rendre à l'Eglise, un
puissant moyen de sanctifier l'enfance et la jeunesse,

de sauver les vieillards et les mourants. Derrière les quelques centaines de religieuses, il découvrait par la foi les milliers d'âmes, qu'en gravitant vers le Ciel elles emporteraient avec elles.

Pendant trente-cinq ans, il se dévoua tout entier, sans trève ni merci, à la grande œuvre qu'il avait acceptée. Il présidait tous les examens des Postulantes et des Novices ; il assistait à toutes les retraites et les prêchait lui-même, lorsque le prédicateur venait à manquer ; lors même qu'il n'en était pas l'orateur, il en était l'âme et la vie, et son absence en eût gravement compromis le succès. Toutes les âmes étaient tournées vers lui pendant ces jours de grâces ; il redoublait de prières et paraissait, à tous les yeux, encore plus recueilli, plus uni à Dieu, plus mortifié qu'à l'ordinaire. Le surcroît de travail le forçait parfois d'abréger son sommeil qu'il prenait, le plus souvent, étendu sur le pavé de sa chambre. Il expliquait, chaque jour, la Règle et les Constitutions dans la salle du Chapitre, et il entendait chaque Sœur en particulier. Il signalait les moindres abus et les irrégularités qui avaient pu se glisser dans les maisons de dépendance ; il indiquait, avec précision, les réformes à apporter, et il en exigeait l'application immédiate. Ces instructions du matin étaient celles qui avaient le plus d'attrait pour les Sœurs. Là, dans cette vaste salle du Chapitre, il était chez lui, comme un père au milieu de ses enfants ; il laissait parler son cœur et chacune de ses paroles allait droit aux cœurs qui l'écoutaient.

Lorsque la retraite touchait à son terme, le zèle du vénéré Supérieur semblait croître avec ses fatigues ; il avait coutume de clore les exercices par un coup décisif qui venait affermir les résolutions. Il y avait, à la place d'honneur, dans la salle des conférences, une statue de la sainte Vierge que la fondatrice avait rapportée de Ligny et qui avait abrité le berceau de la Congrégation. C'est devant cette image aimée, ornée de fleurs, entourée de flambeaux, que le Révérend Père, se faisant le cœur et la bouche de ses Filles prosternées, prononçait, d'une voix pleine de larmes, une amende honorable pour les fautes commises pendant l'année dans sa chère famille religieuse. Il les consacrait ensuite à cette divine Mère, en la conjurant de les garder toujours fidèles. A ces accents attendris d'un Père criant miséricorde pour ses Filles, un courant électrique traversait les cœurs, des larmes coulaient avec abondance, et les résolutions étaient scellées du sceau de la Croix et au chiffre de Marie.

En dehors des retraites, le R. P. Supérieur faisait de fréquentes apparitions à la Maison-Mère, et il n'y entrait jamais sans visiter, d'abord Jésus-Christ au très saint Sacrement, ensuite ses membres souffrants, les Sœurs malades, âgées et infirmes. Toujours pressé par les nombreuses occupations qui se disputaient les heures précieuses de ses journées, il ne faisait que paraître à la porte de chaque infirme, et, avec un regard compatissant, il leur adressait quelques paroles encourageantes et les bénissait. Il les laissait heureuses et consolées comme si Notre-Seigneur lui-

même les eût visitées. Plusieurs attribuèrent à cette
bénédiction d'un saint leur guérison soudaine ou bien
un soulagement inespéré.

Il ne paraissait jamais à la Communauté sans lui
adresser une exhortation à la vie plus parfaite ; sa
parole, quoiqu'elle fût commune et manquât de la
magie de la rareté, était toujours utile et goûtée. Il
visitait tous les emplois, et, dès son entrée en fonction, il apporta des réformes, surtout dans le service du réfectoire. Il recommandait sans cesse de
soigner la santé des Sœurs qui ont besoin de toutes
leurs forces pour les œuvres fatigantes auxquelles
elles se dévouent. Il exigeait que dans toutes les
maisons, malgré la pauvreté, on donnât une nourriture solide et fortifiante, et il ne tolérait pas que,
par une économie malentendue, on compromît les
santés.

Il se préoccupait surtout de la discipline, de la solidité des vocations, du progrès des âmes, de l'enseignement qu'il voulait, avant tout, absolument chrétien,
de la force des études, du maintien de la concorde
et de la charité parmi les Sœurs. Combien d'âmes
découragées ou chancelantes il a réconfortées ! Combien de vocations il a fait naître ou affermies ! Combien de malades il a soulagées ! Combien de religieuses
ont trouvé dans sa générosité des secours pour leurs
parents vieux ou infirmes ! Nous avons reçu sur ses
innombrables actes de charité spirituelle et corpo-
relle des confidences émouvantes qu'il nous est
impossible de redire.

Il ne négligeait aucune occasion de procurer à la Communauté une joie et un encouragement. S'il passait devant le réfectoire, pendant le dîner, un jour de dimanche, il entr'ouvrait la porte, et accordait un joyeux *Deo gratias* qui déliait les langues et dilatait les cœurs. Au retour de ses pèlerinages ou de ses missions, il avait en réserve quelques traits joyeux ou édifiants recueillis sur son chemin, et ils lui servaient de thème pour édifier ou égayer sa famille heureuse de le revoir. Il invitait les prêtres nouvellement ordonnés à dire leur première messe dans la chapelle du couvent et à donner aux Sœurs les prémices de leurs bénédictions. Toutes les fois qu'il rencontrait à Sens un personnage distingué par son éloquence et sa sainteté, quelque vénérable prélat du voisinage : les évêques de Meaux, de Nevers, de Dijon, de Troyes, il les amenait à sa Communauté et les priait de la bénir et de lui adresser quelques paroles d'édification.

Le R. P. Boyer ne limitait pas à la Maison - Mère les sollicitudes de sa paternelle vigilance. Il ne se fondait pas de nouvelles maisons sans qu'il allât les inaugurer et les bénir. A chaque retraite annuelle, il convoquait les Sœurs par une circulaire qui était la meilleure préparation à ces pieux exercices. Il profitait de ses retraites et missions, de ses nombreuses courses apostoliques, pour visiter les maisons de dépendance placées sur son passage. Ces visites étaient à la fois des fêtes et des bienfaits. Elles étaient toujours sollicitées et longtemps attendues pour relever les courages abattus, rétablir la paix, ranimer les tièdes, et faire monter plus haut les âmes avancées dans la perfection. Il semblait que son passage, toujours trop rapide, établissait dans la maison un courant d'air pur, surnaturel et fortifiant. Il ne savait surtout rien refuser aux malades, et, au premier appel d'une Sœur mourante, il accourait, l'assistait à ses derniers moments et présidait à ses funérailles.

La bonté fut toujours la note dominante du gouvernement du P. Boyer, et à mesure qu'il avançait dans la vie, on le voyait montrer plus de sainte sévérité pour lui-même, plus de douceur pour les autres. Cependant, il savait réprimander à propos, et joindre la force à la suavité. Une Sœur s'était-elle rendue coupable de fautes graves et publiques contre la charité, il l'appelait, la faisait mettre à genoux devant la Communauté réunie, et, après une sévère admonition, il lui imposait une pénitence plus ou moins prolongée, mais qu'il abrégeait bientôt en présence de son repentir. Il mortifiait surtout l'amour-propre, tout en se souvenant, avec saint François de Sales, que la réprimande est un fruit amer, qui ne se digère bien que quand il est confit dans le sucre de la douceur. En directeur habile, il traitait les âmes selon leurs forces et selon la mesure des grâces qui leur étaient départies. Lorsqu'il rencontrait des âmes arrivées, comme la R. M. Zoé, à un haut degré de perfection et prévenues de faveurs extraordinaires, qui lui demandaient de les humilier et de les mortifier, il laissait pleuvoir sur elles des mépris im-

mérités, et profitait de l'occasion pour leur adresser
de sévères remontrances qui, en frappant injustement
sur elles, rejaillissaient justement et utilement sur
leurs voisines.

On pense bien que, pendant cette administration de
plus d'un tiers de siècle, les épreuves ne manquèrent
pas au courageux Supérieur. L'une des plus douloureuses fut l'application des funestes lois scolaires
qui, au commencement de 1882, furent imposées de
force à toutes les écoles communales. Les Sœurs de la
Providence, qui en dirigeaient un certain nombre,
furent mises en demeure de se soumettre à ces lois
criminelles qui chassaient Dieu de l'enseignement. Le
R. P. Boyer réunit, dans un conseil extraordinaire de
sa Congrégation, toutes les supérieures des maisons
de dépendance et directrices d'écoles, et il leur déclara
que, dans les écoles communales encore confiées à
leurs soins, les crucifix, les statues de la sainte Vierge
et autres images pieuses seraient conservées à la
place d'honneur qu'elles ont toujours occupée ;
que les prières, avant et après les classes, conti-
nueraient d'être récitées par les enfants ; que les
Sœurs conduiraient et surveilleraient leurs élèves à
l'église. Quant à l'enseignement du catéchisme, de
l'histoire sainte, des évangiles, il continuerait d'être
donné avec le même soin par les Sœurs, mais en dehors des heures et des locaux scolaires. L'Ordinaire
revêtit de sa haute approbation ce courageux règlement ; et, dans une lettre adressée aux fidèles, il
exhorte les maîtres et les parents à paralyser les effets

lamentables de cette funeste loi. S'il eut des douleurs, il eut aussi des joies ; il vit de rares défections, de nombreux et héroïques dévouements, et, à côté des laïcisations ingrates, des libéralités touchantes.

La Maison-Mère manquait d'église. Sur l'initiative du R. P. Cornat, aumônier de la Communauté, il conçut le saint et ambitieux projet d'en bâtir une en l'honneur de l'Immaculée-Conception ; il fit appel à la charité des chrétiens ; cet appel fut entendu au delà de toute espérance, et, au milieu des désastres de la guerre et des persécutions religieuses qui la suivirent, Dieu lui envoya l'ineffable consolation de voir bénir cette magnifique église. Ce fut un rayon de soleil divin au milieu de ses amères tristesses. Pendant vingt ans, il eut la joie d'y célébrer le saint sacrifice, d'y parler de Dieu à ses chères Filles, et d'y recevoir les nouvelles professions.

C'est ainsi que, pendant ces longues et fécondes années, il fut donné au R. P. Boyer d'élever le monastère de la Providence à une prospérité qu'il n'avait jamais connue. Comme toutes les institutions naissantes, comme l'Eglise elle-même, des défections l'avaient affligée, des schismes l'avaient menacée ; sous cette sainte et active direction, elle se sentit revivre ; elle reprit plus que la vigueur de la jeunesse, elle atteignit vite les forces et la plénitude de la maturité. Le P. Boyer s'en était fait une seconde famille, et il lui prodigua les trésors d'un dévouement, qui est allé jusqu'aux extrêmes limites de ses forces et jusqu'aux derniers jours de sa vie. Dix jours avant sa mort,

dont il n'avait aucun pressentiment, dans une visite
de convalescence qui devait être la dernière, il entre-
tint chaque Sœur en particulier, et il leur adressa
deux fois la parole en public. Sa voix avait l'accent
inspiré d'un prophète ; l'âme encore tout endolorie
des cruelles pertes qu'il venait de faire dans sa famille
religieuse et dans sa famille naturelle, il parla la
première fois sur la nécessité de se préparer tous les
jours à la mort. Le lendemain, dans la dernière allocution qui fut comme son testament et son dernier
adieu, il revint sur son thème favori : la charité entre
les Sœurs. Il parla, comme par une inspiration divine, le langage de Jésus-Christ, la veille de sa mort.
C'était, à lui, son discours après la Cène, doux et pé-
nétrant comme celui de Notre-Seigneur. Il redisait,
comme saint Jean, ce qu'il avait dit toute sa vie :
Filioli, diligite vos invicem ! « Mes enfants, aimez-
vous les unes les autres ! » Vous me répondrez que
je suis vieux, que je répète toujours la même chose,
mais c'est le précepte du Seigneur ; si vous y êtes
fidèles, il suffit... » — Enfin, son mot de la fin fut
une prière : « Je vous en conjure, mes chères Filles,
donnez-moi, pendant les quelques jours qui me restent encore à passer sur la terre, donnez-moi la consolation de vous voir des Religieuses silencieuses, recueillies, régulières, vivant sous l'œil de Dieu et vous
aimant comme les enfants d'une même famille. Con-
fiez vos peines à votre Crucifix ; Jésus-Crucifié seul
peut vous consoler, vous encourager, vous soutenir ! »
— Et il ajoutait : « Je sens que les années pèsent sur

moi ; j'entre dans mes quatre-vingts ans, *jam delibor*, il est temps de vous choisir un autre Supérieur. Pour moi, il ne me reste plus qu'à me préparer à mon éternité. Du courage ; soyons à Dieu, tout à Dieu, rien qu'à Dieu ; déposons nos résolutions aux pieds de Notre-Seigneur, et, pour vous aider à y être plus fidèles, de tout mon cœur je vais vous bénir... »

Enfin, avant le départ, qui fut le dernier, on lui offrit un magnifique et éloquent bouquet, dont chaque fleur symbolisait une de ses vertus et lui rappelait un des mérites de sa longue carrière. C'était déjà des fleurs sur un tombeau.

Jamais, ô mes Sœurs de la Providence, vous n'aurez à votre tête un homme plus dévoué, plus généreux, plus compatissant à vos douleurs, plus condescendant à vos infirmités, plus zélé pour votre perfection, plus patient et plus doux. Vous êtes nombreuses, il vous connaissait toutes par votre nom et par le fond de votre âme ; il savait vos forces, vos aptitudes et vos goûts. Il s'occupait de vous comme si vous eussiez été sa seule famille. Vous l'avez pleuré, vous ne le pleurerez jamais assez, et s'il n'était déjà au Ciel, ce sont vos prières incessantes qui devraient l'y introduire !

CHAPITRE XI

1861

LE R. P. BOYER EST NOMMÉ VICAIRE GÉNÉRAL
IL EST CHARGÉ DE L'ŒUVRE DE L'APOSTOLAT DE LA
PRIÈRE
LE R. P. JANNON

Il y avait à peine quatre ans que le R. P. Boyer
était investi du titre de Supérieur ecclésiastique des
Sœurs de la Providence, lorsque, je ne dirai pas un
nouvel honneur, mais un nouveau fardeau lui fut imposé. Sa vie religieuse de près d'un demi-siècle,
s'écoula tout entière sous la juridiction de deux archevêques, Mgr Mellon-Jolly et Mgr Bernadou, qui, l'un
et l'autre, l'entourèrent d'une estime portée jusqu'à
la vénération ; leur confiance en lui augmenta à mesure qu'ils le connurent davantage. Une parole tombée sans dessein de sa bouche avait le poids d'un
conseil : aussi se gardait-il de laisser entrevoir une
préférence ou un blâme pour le placement des sujets.
Pendant les trente ans qu'il fut revêtu des pouvoirs
de Grand-Vicaire, il se renferma dans les bornes de
la plus sévère discrétion ; il applaudissait aux heu-

reux choix du pontife pour les postes importants,
sans apprécier les autres. Il n'assista jamais au conseil épiscopal ; il ne se mêlait aucunement de l'administration, et il avait prévenu ses Sœurs de la Providence, qu'en cas de conflit grave avec leur pasteur,
elles quitteraient leur poste pour le bien de la paix.

Tandis que le R. P. Boyer administrait ses deux
Communautés, et, missionnaire jusque dans la moelle
des os, se dépensait sans relâche, dans les retraites
et les missions, l'œil de son archevêque le suivait à
son insu et se reposait sur lui avec complaisance. Il
saisit l'occasion d'en faire l'homme de sa droite et le
choisit pour l'accompagner dans ses visites pastorales
et le seconder dans ses tournées de confirmation.

A la fin de la Retraite ecclésiastique de 1861 et du
Synode qui la suivit, Monseigneur l'Archevêque, en
présence de tout le clergé réuni, sans s'être ouvert de
son projet à personne et surtout à l'intéressé, pro-
clama du haut de la chaire le R. P. Boyer Vicaire
Général, au milieu des applaudissement unanimes de
l'assemblée. Il n'y eut qu'une seule voix discordante,
celle du P. Boyer. Il se leva, et après avoir remercié
Monseigneur du témoignage de confiance trop flatteur
qu'il daignait lui offrir, il lui représenta avec respect
qu'il lui était impossible d'accepter cet honneur, que
la Règle, qu'il devait respecter le premier, interdisait
à tous les membres de sa Communauté de recevoir
aucune dignité ecclésiastique. Le Pontife lui répondit
très gracieusement que ce n'était pas un honneur
qu'il lui offrait, mais une charge qui lui était im-

posée : celle d'assister tous les jours son Archevêque dans les fatigantes cérémonies de la confirmation, et d'adresser tous les jours la parole au peuple et aux enfants. Comme preuve, et pour respecter les scrupules de l'humble Supérieur, il ne le nomma pas chanoine honoraire, afin de ne point le contraindre à en porter les insignes.

C'était touchant de voir ce dignitaire malgré lui, debout, à la droite de son Archevêque, sans aucun insigne, revêtu seulement du blanc surplis des lévites. Quelle distinction aurait brillé avec autant d'éclat que cette absence de toute distinction ! Sa modestie angélique attirait sur lui tous les regards. Une personne de haute piété disait : « Après avoir assisté aux cérémonies de la confirmation dans mon village, je me rendis, le lendemain, aux mêmes cérémonies dans le village voisin, non pour contempler la pompe du culte, l'éclat et la majesté du Pontife, mais pour m'édifier par l'air de sainteté qui reluisait dans cet homme de Dieu. »

Le zélé missionnaire trouvait, dans ces tournées de confirmation, une occasion quotidienne de faire entendre son ardente parole devant de nombreuses assemblées, et le saint prêtre y rencontrait une nouvelle manière d'évangéliser, en montrant la bonté et la simplicité du sacerdoce. On disait de lui : Il promène à travers le diocèse le vrai sacerdoce ! J'en atteste ceux qui l'ont vu à l'œuvre ; n'a-t-il pas laissé partout, dans les presbytères et dans les châteaux, des traces aimables et saintes de son passage, et le parfum de piété qui s'appelle la bonne odeur de Jésus-Christ ? Il se mêlait avec un entrain joyeux à toutes les conversations, et, tout en gardant une parfaite urbanité, il n'oubliait pas la réserve commandée au prêtre par la sainteté de son état. Il se refusait avec grâce à certain cérémonial mondain : ainsi il ne toucha jamais la main d'une femme, ni ne lui offrit le bras pour l'introduire au salon. Il rencontra dans ce séjour rapide des châteaux, l'occasion de faire d'illustres connaissances, de nouer des relations distinguées qu'il sut utiliser pour la propagation des bonnes œuvres et pour la défense des intérêts de l'Eglise. Aux traits édifiants qui marquèrent souvent ses voyages, se mêlèrent parfois des épisodes désopilants dont nous ne citerons qu'un seul.

En ce temps où le cléricalisme n'était pas encore l'ennemi, un dîner officiel avait été offert à l'Archevêque par le préfet d'Auxerre. La maîtresse de maison, qui savait faire les honneurs de chez elle avec une parfaite distinction, avait assigné à chaque invité une place conforme à son rang, et une des premières au P. Boyer, comme Grand-Vicaire. Le receveur général, par une méprise bien explicable en raison de la similitude des noms, au lieu de lire sur un couvert : *Vicaire général*, lut *Receveur général,* et s'installa sans façon à la place qu'il croyait la sienne. Lorsque tous les convives eurent reconnu leur nom et leur place, le R. P. Boyer se trouva seul et sans aucune position sociale. Madame, d'un coup d'œil, aperçut la méprise ; elle rougit légèrement et la signala au

Receveur, en lui indiquant, d'un geste gracieux, une place inférieure qui lui était assignée. Quand l'Archevêque, dont on connaissait les manières rondes et la parole sonore, eût remarqué le léger malaise que cet incident avait excité parmi les convives, il cria de sa forte voix : « Monsieur le Receveur général, si vous voulez céder vos émoluments d'une année à mon Grand-Vicaire, dont je connais le bon caractère, il vous cédera volontiers sa place. » — Le Receveur, homme d'esprit, accueillit avec un fin et bon sourire cette saillie qui dissipa l'embarras et provoqua l'hilarité générale.

Le R. P. Boyer, avec le tact et la discrétion qui le distinguaient, eût bientôt reconnu et adopté les goûts, les habitudes, les manières d'être du digne prélat qu'il devait assister. Dans les cérémonies religieuses, il disposait les confirmands dans l'ordre exact et toujours le même préféré par le pontife. Il l'accompagnait comme son ombre, sans l'importuner, mais sans lui faire jamais défaut. Il n'avait qu'à obéir à ses habitudes d'ordre, d'exactitude, de détails, de simplicité, pour répondre à tous les désirs du Pontife qui avait les mêmes goûts. Il disposait le Bréviaire, les livres de méditation, les ornements sacrés, dans le lieu qui leur était assigné. Aussitôt montés en voiture, le pieux Archevêque commençait le chapelet, puis venait la récitation de l'Office, suivi de quelque édifiant ou utile entretien. Le R. P. Boyer était devenu nécessaire, et il le fut ainsi chaque année, jusqu'au jour où le saint prélat obtint du Souverain

Pontife la permission de se démettre de ses fonctions.
On sait que Mgr Mellon-Jolly, sans avoir prévenu son
entourage qui eût entravé ses desseins, avait envoyé
et fait agréer à Rome la démission de sa charge épiscopale qui lui était devenue trop pesante et dont la
responsabilité alarmait sa conscience. Le jour où il
quitta sa ville primatiale, au milieu des larmes de son
peuple et de son clergé qui lui faisaient cortège, pour
se retirer à Fontainebleau, le R. P. Boyer était auprès
du Pontife auquel il avait voué une affection et une
vénération sans bornes. De son côté, au fond de sa
retraite, le saint Evêque garda à son Vicaire Général
et à sa Congrégation un souvenir et une charité qui
durèrent autant que sa vie. Un jour que celui qui
écrit ces lignes était allé le visiter dans sa pieuse retraite, en le voyant entrer, il cria à son serviteur de
sa forte voix qui fit retentir la maison : « Voilà le
Père N***! Dites qu'on prépare un gros dîner ; il faut
que le Père mange pour toute sa Communauté !... »

Le R. P. Boyer, l'homme de la parole incessante
était aussi l'homme de la prière, plus incessante encore. Malgré ses accablantes occupations, il récitait
chaque jour trois chapelets entiers, et, au cours de
ses voyages, ou même dans ses allées et venues à la
maison, il avait toujours la prière dans le cœur et sur
les lèvres. Il convenait donc que la direction de
l'Apostolat de la prière lui fût confiée et s'ajoutât
chez lui à l'Apostolat de la parole. Lorsque l'Ordinaire voulut établir dans son diocèse cette belle
œuvre, son premier regard se porta vers celui qu'i

savait être l'homme de la prière par excellence. Dès que le P. Boyer eût pris en main cette association toute de zèle, il prépara et publia un *Manuel de l'Apostolat* qui est répandu aujourd'hui dans toute la France ; il confia la diffusion de l'œuvre à des zélateurs infatigables qui multiplièrent le nombre des associés dans les villes et jusque dans les petits villages.

Le R. P. Regnault, directeur général de l'*Apostolat de la Prière,* informé de la mort du R. P. Boyer, nous écrivait : « Nous nous associons plus que personne à cette tristesse de famille qui nous a mis tous en deuil, car la perte du Révérend Père ne peut qu'être très sensible à notre œuvre qui lui doit tant !... Plaise au divin Cœur de Jésus de nous réserver un autre lui-même qui poursuive l'Apostolat avec un succès égal au sien ! Les âmes auront tout à y gagner. »

Parmi les hommes envoyés en ce temps-là par la Providence au R. P. Boyer pour le seconder dans ses ministères qui allaient toujours croissants, et qui se vouèrent le plus particulièrement à l'extension de l'*Apostolat de la Prière* et de la *Ligue du Cœur de Jésus*, il en est un dont le nom aimé et vénéré vient se placer sous notre plume, et que notre cœur, la reconnaissance de notre famille religieuse et d'âmes sans nombre ne nous permettent point de passer sous silence, c'est le R. P. Jannon.

C'était un homme de vrai talent, d'une remarquable érudition, d'une grande humilité et d'une grande

piété. Il a été, pendant vingt-cinq ans, un des plus
ardents collaborateurs du P. Boyer ; il fut frappé le
même jour que lui de la même maladie, et il est mort
trente-sept jours avant lui. Comment ne pas lui donner un souvenir dans une vie dont il a si largement
partagé les labeurs, les joies et les douleurs? Et il
nous semble entendre notre vénéré P. Boyer nous
crier du fond de sa tombe : « Parlez donc de mon
fils, de celui qui m'a si bien consolé et secondé, et
dont, avant de mourir, je vous avais demandé de
raconter les vertus ! » — Oui Père, nous parlerons,
et pour vous obéir et pour honorer votre famille et
pour satisfaire au désir de tant d'âmes qu'il a sanctifiées. Parler de lui, ce sera encore parler de vous !

Sulpice Jannon était né à Brion, village voisin de
Joigny, et son premier maître, qui lui a survécu,
nous a déclaré que, pendant sa longue carrière d'instituteur, il n'avait pas rencontré deux Sulpice !
L'existence tout entière du P. Jannon a donné les
fruits abondants que promettait son enfance. Au
foyer, à l'école, à l'église, il fut un modèle irréprochable ; et quand, à quinze ans, il quitta le village
pour entrer à l'Ecole normale d'Auxerre, il y apporta
une âme neuve et pure, déjà ouverte à toutes les
grandes aspirations de la science et de la piété. Il eut
la bonne fortune de rencontrer alors un maître dont
le nom nous est resté cher, M. l'abbé Duru ; c'était
un littérateur, un poète, un historiographe, et mieux
que tout cela, un saint. Il aimait tendrement les jeunes
gens, et il leur consacra toute sa vie. Nommé aumô-

nier de l'École normale, il s'y dévoua tout entier et la
transforma. L'année où le jeune Jannon y entra, elle
était à son apogée, et, à Pâques, on vit à la Table
sainte tous les élèves, professeurs et directeur en tête.
A force de travail, d'industrie, de zèle, l'aumônier
avait battu en brèche le respect humain, et il pouvait
écrire : « L'école m'absorbe le jour, elle me préoccupe
la nuit; mais c'est merveille de voir le terrain que
Dieu y a gagné pour sa gloire. » L'heure était donc
propice, et le jeune Jannon entra en plein dans le
mouvement scientifique et religieux. M. Duru le discerna dès son arrivée ; il s'en empara, et en fit son
auxiliaire dans les conférences et la solution des
objections, et dans toutes ses industries de prosély-
tisme. Alors, entre le maître et le disciple commença
une intimité qui, plus tard, se continua par une fidèle
correspondance et décida de l'avenir du jeune Jannon.
Celui-ci devint bientôt, par le talent, les connaissances
et la piété, le premier élève de l'école. Le même jour,
il obtint son brevet simple le matin, et, le soir, son
brevet supérieur. Il est hors de doute que, s'il fût
resté dans l'Université, il serait promptement arrivé
aux plus hauts grades : à la licence et au doctorat.
Mais la Providence, qui avait d'autres vues plus élevées sur lui, l'envoya, par la voix de ses supérieurs,
comme professeur au collège d'Avallon. Il prit possession de sa chaire dans les premiers jours d'octobre
1857. Il avait vingt ans ; il était à l'âge où l'âme bat
des ailes, où le jeune homme, échappé à l'école, a soif
de liberté et est heureux de donner une direction

indépendante à sa nouvelle carrière. Le nouveau professeur ordonna sa vie intérieure en libre et fort chrétien, et sa vie extérieure et professionnelle en maître habile et dévoué. Il apportait dans son emploi deux qualités maîtresses, il était ferme et bon, et il unissait à un joyeux entrain une discipline inexorable. Il avait déjà appris, à l'Ecole normale, que la discipline est le nerf de l'école, comme elle est le nerf de l'armée, et que ce qui manque le plus, à l'école comme au foyer, c'est le respect. Dans l'apprentissage pédagogique et l'exercice de ses fonctions, il avait contracté cet air magistral et raide qu'il garda toujours, mais qui était tempéré par tant de liesse, tant de joyeuses saillies, et un rire *si bon enfant* qu'on ne pouvait s'empêcher de l'aimer. Cependant, parmi ses disciples, plusieurs ne portaient pas sans peine un joug auquel ils n'étaient pas habitués, et ils se dédommageaient de la contrainte du travail et des classes par certains sourires et par des surnoms malins donnés à ce maître sévère à peine plus âgé qu'eux. « *Ils cantent,* disait avec Mazarin le jeune professeur, *mais ils paieront!...* » Il surprit, un jour, sur les livres d'un élève très indiscipliné, un surnom à son adresse, qui visait à être spirituel, mais qui était méchant ; il reprit le coupable avec une autorité imposante, et lui infligea une punition exemplaire, si mortifiante, que personne, dans la suite, ne fut tenté de l'imiter.

Mais ce n'étaient là que des ombres qui disparaissaient dans l'amabilité du jeune professeur entouré de l'estime et de l'affection des maîtres. La réputation qu'il rapportait de l'Ecole normale, sa supériorité incontestable, jointe à sa grande piété, lui firent bientôt une auréole de respect et d'admiration. Il portait partout, à l'église, à l'étude, en classe, dans les récréations, cet air sacerdotal qui était comme le présage de sa vocation future. Sa renommée avait franchi les murs du collège et il jouissait, dans la ville, d'une considération universelle. Les Religieuses de la Sainte-Enfance écrivaient d'Avallon à une des Sœurs de leur Congrégation, la Sœur Claire, qui était la marraine du jeune Jannon, et qui ne cessa jamais de s'intéresser à sa conduite chrétienne : « Votre filleul est pieux et modeste comme un ange ; il fait l'édification de toute la ville. »

Le jeune maître était avide de science ; il dévorait les livres, et l'on est étonné de la vaste érudition qu'il a pu acquérir au milieu d'une vie si active et toujours occupée. Il n'a jamais lu un roman ; ce seul nom excitait ses dégoûts, mais il était à l'affût de tous les bons livres qui paraissaient. Religion, science, littérature, histoire, hagiographie, rien ne lui restait inconnu. En ce temps-là, un des premiers ascètes de notre siècle, et un des premiers littérateurs anglais, converti, le P. Faber, fit paraître deux ouvrages qui eurent une grande vogue parmi les chrétiens ; le premier avait pour titre : *Tout pour Jésus ;* le second : *Le Progrès de l'Ame.* Notre pieux jeune homme les fit relier ensemble, et ils devinrent son *vade-mecum* et comme les inspirateurs de sa vie. Il était impossible que l'amour de Jésus-Christ ne fît pas invasion

dans une âme si pure et si belle. Cet amour sacré
ne vieillit pas et il produit les mêmes effets dans tous
les âges. Plus de sept siècles auparavant, le jeune
châtelain de Fontaines, saint Bernard, allait à cinq
lieues de son château natal, à Cîteaux, chercher un
foyer pour son amour. A cinq lieues d'Avallon, dans
les bois du Morvan, avait surgi, tout récemment, un
nouveau Cîteaux : le monastère de la Pierre-Qui-Vire,
dont le fondateur venait de mourir en odeur de sainteté. Attiré par ce parfum céleste, le jeune Jannon
dirigea plus d'une fois ses pas vers cette douce solitude, et il conçut le dessein d'y cacher sa vie. Depuis
son départ d'Auxerre, il n'avait pas cessé de corres-
pondre avec M. Duru, qui restait son directeur préféré.
Il lui confia son projet, et, dans une lettre de 1858,
pieusement conservée, il écrivait : « Voilà le mois de
Marie qui va commencer ; je veux le consacrer avec
plus de ferveur que jamais à demander à la sainte
Vierge qu'elle m'éclaire sur ma vocation.., » Ce fut à
la fin de ce mois béni que la résolution de se consacrer à Dieu dans la vie religieuse fut arrêtée dans son
esprit.

Le pieux directeur, qui avait suivi le travail de la
grâce dans cette âme d'élite, mais qui laissait toujours l'Esprit-Saint marcher en avant, approuva
chaudement son élection. Il lui conseilla de passer
quelques jours dans le monastère de la Pierre-Qui-
Vire, d'y vivre, de prendre part à tous les exercices,
d'en essayer les extrêmes austérités, et de prendre
ensuite conseil du vénérable abbé, le R. P. Bernard.

Il fut reconnu que ce régime austère ne pourrait se concilier avec la délicate santé du jeune professeur. Il était d'une taille svelte et élancée, mais frêle comme un roseau ; c'était une grande âme à peine vêtue d'un corps : *Ingentes animos angusto in pectore versant !* On avait bien jugé ; il est certain qu'à pareil régime la lame fine et ardente aurait vite usé le fourreau. Même dans la vie mitigée et très douce de Pontigny, il ne revenait jamais de ses ministères de retraites et de missions sans être exténué de fatigue. Son visage devenait alors pâle et plombé ; pendant les derniers jours de ces exercices, le sommeil et l'appétit fuyaient, il ne vivait plus que des transports de son zèle. Il lui fallait ensuite plusieurs semaines de repos pour refaire ses forces épuisées.

L'année scolaire de 1859 se terminait ; c'était le moment pour lui de prendre une décision qui pressait d'autant plus qu'on allait lui offrir un nouveau poste bien capable de flatter son ambition. Son sage Ananie lui montra alors une autre communauté dont la vie commune n'était assujettie à aucune austérité de corps, et qui aurait un attrait pour lui, parce qu'elle était éclose dans son diocèse natal.

Mais avant d'entrer dans l'asile de son choix, il lui fallut porter lui-même l'annonce de cette douloureuse nouvelle, d'autant plus terrible pour les siens qu'elle était plus inattendue. Et puis, cette affectueuse et chrétienne famille méritait-elle qu'il lui causât ce chagrin ? Elle venait, sur ses pressantes exhortations, de rentrer tout entière dans la pratique des devoirs religieux. Le père, la mère, les frères et sœurs avaient eu la douce joie de se trouver réunis à la sainte Table, et on lui avait écrit de sa famille : « Nous venons de faire notre mission à Bussy, et, grâces à Dieu, nous sommes tous désormais des chrétiens pratiquants !... »

La première annonce de la grande résolution fut un coup de foudre ; les larmes coulèrent avec abondance. Jamais fils et frère n'a plus aimé ses parents et n'en a été plus tendrement aimé. Une parole de lui était un oracle, une lumière, un ordre, une consolation. Nous avons vu éclater, à sa mort, la douleur inconsolable de cette bien-aimée famille. Nous avons entre les mains de nombreuses lettres, qu'il nous est impossible de citer, qui expriment cet amour surnaturel et profond de tous les siens. Il eut, longtemps après son entrée à Pontigny, la consolation de célébrer la cinquantaine, les noces d'or de son père et de sa mère, et, en cette occasion, il sut tirer du bon trésor de son cœur filial des paroles qui émurent tous les assistants. Lorsqu'il rappelle dans ses correspondances ses deuils et ses joies : la mort de ses parents, le départ pour le ciel de ses jeunes nièces cueillies dans leur fleur, l'entrée d'autres nièces, qu'il avait cultivées de loin, dans la vie religieuse, son cœur éclate tour à tour en larmes, en reconnaissance et en joie.

Le 27 août 1859, M. Duru voulut se donner le bonheur de conduire lui-même à Pontigny son fidèle disciple. Et, en présentant au R. P. Boyer le fils de sa prédilection, il put lui dire, comme l'instituteur de

Brion : « Dans ma carrière déjà longue d'aumônier, j'ai trouvé des jeunes gens distingués et pieux, mais je n'ai pas trouvé deux Sulpice !... »

Quelques jours après son entrée, le 8 septembre, il écrivait à sa famille :

« Sans doute, mes chers parents, vous êtes encore sous le coup de la douleur et de la séparation. Vous vous faites difficilement à l'idée de me voir dans une société religieuse, étranger au monde, et essayant de me former aux exercices d'une vie plus parfaite. Je vous ai surpris et je vous ai fait bien mal au cœur en vous annonçant une telle résolution. Pardon, mes bien-aimés, je vous demande pardon de la peine que je vous ai causée involontairement ; mais ma conscience m'obligeait d'agir ainsi. Vous le savez ; nous avons ici-bas une petite place que le bon Dieu nous fait signe d'occuper. Si j'ai la vocation religieuse, ce que je crois et ce que j'ai le temps d'éprouver pendant deux ans de noviciat, je ne serais pas à ma place ailleurs et je risquerais de me perdre. Vous ne voudriez jamais me voir infidèle à Celui qui nous a fait tant de bien en nous ramenant tous à la voie du salut ! Vous devez donc faire généreusement à Dieu votre sacrifice et me donner à Lui de bon cœur. Pour moi, qui ne sais comment assez remercier Dieu de ma vocation, et qui ne tremble que d'y être infidèle, je conjurerai Dieu de vous combler de ses plus abondantes bénédictions ; je vais m'efforcer de devenir meilleur afin d'être mieux exaucé. N'écoutez pas les gens sans

foi qui vous répéteront que je commets un acte de
déraison et d'ingratitude. Vous ne prêterez jamais de
tels sentiments à celui qui vous aime si tendrement.
La religion ne brise pas les liens qui nous unissent ;
elle ne fait que les rendre plus solides et plus purs.
Le souvenir de votre amour et de tout ce que vous
avez fait pour moi restera à jamais gravé au plus
profond de mon âme.

« Je vous embrasse bien tendrement et reste

« Votre fils à jamais dévoué,

« S. JANNON. »

L'humilité dans le jeune Jannon était aussi profonde que ses talents étaient étendus. En se présentant à la Communauté, il déclara qu'il y entrait en
qualité de *frère coadjuteur,* pour s'occuper des travaux domestiques. Il ne voulait pas commencer les
études classiques pour arriver au sacerdoce, dont il
s'estimait incapable et indigne. Il fallut l'ordre du
P. Boyer, qui, après avoir constaté ses talents remarquables et l'étendue de ses connaissances déjà ac-
quises, le força d'étudier. La volonté formelle du
Supérieur fut pour lui l'expression même de la volonté
de Dieu ; il se livra au travail avec l'ardeur, l'entrain
et l'intelligence qu'il apportait en toutes choses. Il
acquit bientôt, presque sans le secours d'aucun maître,
une connaissance profonde et vaste de la langue latine,
qui est la langue de l'Eglise. Il avait l'esprit philosophique et les aptitudes et les goûts propres à cette
étude, qui est une introduction solide à la théologie.

Le savant P. Mémain, qui fut chargé de le diriger dans l'étude de la théologie, disait : « On m'a confié une tâche facile ; mes leçons sont presque superflues, mon disciple devance mes explications, il semble né pour l'intelligence des choses divines !... »

Le P. Jannon fut ordonné prêtre par Mgr Bernadou, en 1865. Le R. P. Boyer voulut qu'il célébrât sa première messe dans la chapelle des Sœurs de la Providence, au monastère de Saint-Antoine de Sens. Ce jour-là fut beau pour lui et pour les siens ; sa famille fut bien dédommagée de ses sacrifices, et les larmes de tristesse qu'elle avait versées, lors de son entrée à Pontigny, se changèrent en larmes de joie.

Il fut aussitôt lancé dans la carrière des missions et des retraites, et son talent s'y révéla avec éclat. La première neuvaine qu'il prêcha à Saint-Martin d'Avallon eut un grand succès, et le P. Jannon fut surnommé le Lacordaire de Pontigny. Il excellait dans les retraites d'hommes et dans les retraites religieuses. A Metz, à Mâcon, à Vichy, à Bordeaux, à Clamecy, à Joigny, et dans plusieurs autres villes et villages, il attirait une grande affluence à ses conférences spéciales, exclusivement destinées aux hommes. Pour les missions de campagnes surtout, il trouva un grand élément de succès dans son talent de musicien. Il organisait des chœurs de jeunes gens et de jeunes filles, et le chant enthousiaste des cantiques qu'il présidait devenait une puissante attraction pour amener les foules à l'église. Il produisait des fruits étonnants de conversion et de sanctification, et laissait des traces durables de son zèle vraiment apostolique. Il s'était lié d'amitié avec le pieux M. Gravier, auteur de remarquables recueils de cantiques ; il était devenu son collaborateur et il travailla activement à la diffusion de ses œuvres dans les paroisses et les communautés. Il publia, à plusieurs milliers d'exemplaires, ses cantiques les plus populaires et en fit ainsi le précieux auxiliaire des missions. A la nouvelle de la mort du P. Jannon, M. Gravier fut frappé comme de la perte d'un frère, et il nous adressa, en ces termes, l'expression de ses touchantes condoléances :

« Je ne suis pas encore remis de la triste nouvelle, si absolument inattendue, que vous avez eu la charité de m'apprendre. Je ne m'en consolerai pas. Pauvre cher excellent ami ! digne prêtre et saint religieux ! Il a été un de mes meilleurs soutiens, et nul ne m'a si vaillamment encouragé. Je ne l'ai jamais vu ; mais je le connaissais, je puis le dire, comme si j'avais été moine de Pontigny et l'avais fréquenté depuis vingt ans. Il a désiré mon portrait, ce qui m'a valu le sien : c'est une de mes précieuses reliques.

« Dites à ses Frères de Saint-Edme que je le pleure avec eux, et longtemps mes prières s'uniront aux leurs pour cette belle âme, pour ce cœur d'or.

« Bien à vous de tout cœur *in Christo*.

« A. GRAVIER,

« *Chan. hon.* »

Le P. Jannon était un véritable érudit. Dans les

loisirs forcés que lui laissa sa santé épuisée, il dévorait les livres avec une rapidité de lecture étonnante, et, chose plus surprenante encore, il s'en assimilait la substance. Il acquit, entre temps, la connaissance de deux langues vivantes, et il aimait à lire les livres de poésie ou de piété dans ces idiomes, qui avaient une particulière saveur pour lui.

Il était généreux et libéral, non de cette libéralité inintelligente qui donne sans utilité et sans discrétion. Zélateur par nature et par grâce, il exerçait l'apostolat sous toutes les formes, par les livres, par les images, par tous les objets de piété qui peuvent donner une bonne pensée, et, comme dernière œuvre avant de mourir, il fit magnifiquement ornementer son église natale.

Il fut surtout le grand zélateur de l'*Apostolat de la prière* et de la *Ligue du Sacré-Cœur*. Lorsque le R. P. Boyer eut été officiellement chargé de ces œuvres, le P. Jannon se fit son auxiliaire infatigable par sa parole et par ses lettres spirituelles. Il avait le génie de l'ascétisme et le goût passionné du divin. Nous avons sous les yeux un recueil de lettres de la plus haute spiritualité sur le Sacré-Cœur, sur la prière, sur la foi, l'espérance et l'amour, sur l'humilité, sur les tentations, sur le dévouement, sur l'éducation, sur le respect des âmes, où se révèle au plus haut degré son talent de directeur, et que ne désavoueraient pas Fénelon et saint François de Sales. De là, ses succès dans les retraites religieuses où il excellait, et qu'il ne terminait pas sans enrôler dans l'*Apostolat*

16

et la *Ligue du Sacré-Cœur,* les âmes de bonne volonté. Il écrivait à ses plus ardents zélateurs et à ses zélatrices :

« Tout ce qui peut avancer le règne de Jésus doit faire palpiter nos âmes !... Etudiez l'œuvre si opportune du Cœur de Jésus ; répandez-la autour de vous, parmi vos enfants, parmi les vrais chrétiens... Quand deviendrez-vous donc une ardente zélatrice de ce Cœur sacré ?... Plus que vous ne pensez, le temps presse !... Que Dieu vous comble de ses plus abondantes bénédictions, pour avoir pris en main, d'une manière si efficace, les intérêts de son Cœur !... — Vous venez de me faire un grand plaisir. Vos groupes sont bien composés ; les saintes industries du zèle ne vous ont pas manqué pour cueillir autour de vous de belles fleurs, en ne blessant personne, et pour en composer avec art des bouquets charmants. Hâtons-nous d'expier, les jours sombres approchent !... » — « Merci, au nom du Cœur de Jésus ; répandez le feu autour de vous ! Que n'ai-je un grand nombre de zélatrices comme vous ?... Ah ! merci toujours ; que n'ai-je mille voix pour appeler tous les cœurs à Jésus, mille cœurs pour l'aimer !... — « Je viens d'enrôler, à Montpellier, toutes les Sœurs de Notre-Dame Auxiliatrice ; quatre-vingt-un groupes de sept sœurs ! Quelle armée ! *Deo gratias !...* »

« ...Je vous fais cadeau d'un livre saint, le *Sacré Cœur de Jésus,* par saint Alphonse de Liguori ; c'est tout ce qu'il y a de plus simple et de plus substantiel sur Jésus ; lisez-le pour vous nourrir et pour nourrir les autres. Moissonnez, moissonnez des âmes, et que le Cœur de Jésus vous récompense par ses mille bénédictions !... »

Il avait composé pour lui-même et pour tous ses associés cet acte d'offrande quotidienne : « O le Dieu de mon cœur et mon partage pour l'éternité ! Je vous consacre ma vie et tous ses instants : que tous les battements de mon cœur, toutes mes respirations, tous mes pas, toutes mes paroles, tous mes regards, toutes mes actions vous soient des offrandes d'adoration, de réparation, d'action de grâces, de pur amour et d'abandon complet ! Par chacun de ces actes, je veux vous rendre tous les devoirs que vous ont rendus et vous rendront à jamais les anges et les saints, le Cœur sacré de Jésus et le Cœur immaculé de Marie !... »

Dieu sait le bien obscur et immense que le Père Jannon a opéré par cette infatigable propagande qui a rempli surtout les dernières années de sa vie, et le R. P. Boyer a pu dire, après sa mort : « Quand le cher Père sera arrivé au Ciel, le Cœur de Jésus, qu'il a tant aimé et tant fait aimer, se sera largement ouvert pour l'accueillir !... »

Nous aurions voulu reproduire ici d'admirables et originales pensées sur l'éducation, sur le respect des âmes ; mais nous ne devons pas oublier que cette attrayante figure n'est que l'appendice d'une plus grande vie.

Sa dévotion au Sacré-Cœur et la pente de son esprit, éclairé par la foi, avaient fait du P. Jannon l'homme de l'espérance. Il voyait les événements dans une lumière divine qui lui montrait une renaissance là où nous voyons une décadence. Notre fin de siècle ne lui paraissait pas un déclin, mais une aurore, et il estimait que quand Dieu laboure, c'est qu'il veut semer. Quant à la France, la fille aînée et le bras droit de l'Eglise, il avait une confiance inébranlable dans ses destinées, et, fallût-il un miracle pour la relever de ses abaissements, il comptait sur un miracle.

Il y eut pourtant dans sa vie une étrange illusion politique, mais que Dieu lui a pardonnée, parce qu'elle avait sa source dans l'amour du Sacré-Cœur et des intérêts de l'Eglise.

La vie de l'apôtre du Sacré-Cœur se dépensait ainsi sans compter, et s'inclinait vers son terme, sans qu'aucun signe extérieur accusât l'affaiblissement de ses forces. Il avait cinquante-quatre ans, mais il paraissait plus jeune que son âge. Cependant, la poitrine, qui avait toujours été chez lui délicate, se fatiguait de plus en plus, et on l'avait entendu dire : « Quand un homme a été vingt-quatre ans missionnaire, sa carrière est finie. » Rien chez lui n'annonçait pourtant le déclin ; son activité juvénile, la prestesse de ses mouvements, sa gaieté gauloise, ne laissaient pas soupçonner une fin aussi prochaine. Il venait de terminer, pour Noël, une mission qui avait électrisé la paroisse de Méré, et, de retour à Pontigny, il s'y reposait depuis quelques jours de ses fatigues, lorsque l'influenza éclata sur la Communauté et atteignit plusieurs de nos Pères à la fois. Trois succombèrent en six semaines, et le R. P. Jannon fut la première et la plus jeune victime. Il expirait le 11 janvier 1892. Dans le délire de son dernier jour, il s'écriait : « Aimez-vous Jésus ? Aimez-vous l'Eglise ? Aimez-vous la vérité. la vérité intégrale ?... » Et il expirait, enseveli comme dans son drapeau, dans l'amour du Sacré-Cœur de Jésus et de l'Eglise qui avait été la double passion de sa vie. Lorsque l'athlète de Dieu, encore [plein de vigueur, tombe ainsi terrassé en trois jours par un mal inexorable, que nul art humain ne peut conjurer, on adore les desseins de Dieu, on prie et on pleure.

Cette mort fut un coup de foudre pour le R. P. Boyer, qui, malade lui-même, ne put fermer les yeux à ce fils bien-aimé ni recevoir son dernier soupir. Retenu par la maladie dont il devait mourir, et ne pouvant payer au cher P. Jannon le tribut de louange et d'affection qu'il méritait à tant de titres, le R. P. Supérieur a voulu qu'on lût à l'assemblée, en présence de son cercueil, ces simples lignes qui expriment toute son âme : « Au milieu de ma profonde douleur, c'est un besoin pour mon cœur de proclamer bien haut que le R. P. Jannon a toujours été pour nous un modèle de piété, de régularité, de travail et d'infatigable dévouement. Déjà sont venues du diocèse de Sens et de plusieurs autres diocèses, des lettres très nombreuses qui expriment la vénération la plus grande pour le cher défunt et le plus profond chagrin de la perte immense que nous faisons en sa personne. Je n'ai jamais reçu de ce cher Père que des consolations et un concours admirable pour toutes les œuvres d'apostolat, qui rentrent dans notre vocation, mais, en particulier, pour la diffusion de l'*Apostolat de la Prière*, et la *propagation de la dévotion au Sacré-Cœur de Jésus*. Prions pour lui, avec la confiance que ce divin Cœur l'a déjà reçu dans sa miséricorde !... »

———

MONT SAINT - MICHEL.

CHAPITRE XII

1867

FONDATION DE LA RÉSIDENCE DU MONT-SAINT-MICHEL

COLLÈGE DE LAVAL

A mesure que la Providence envoyait au Révérend P. Boyer des hommes nouveaux, elle lui imposait des charges nouvelles et elle étendait la sphère de son action. Quoi qu'il eût pour principe de croître d'abord par les racines, les événements lui forcèrent plus d'une fois la main et le contraignirent à accepter d'autres fondations. C'est ainsi que la résidence du Mont-Saint-Michel et la restauration de son célèbre pèlerinage lui furent comme imposées.

Le R. Père venait d'être nommé vicaire général, lorsqu'une bonne nouvelle se répandit tout à coup dans le diocèse : l'élévation de M. Bravard au siège épiscopal de Coutances. Ce fut une grande joie et un honneur pour Pontigny, dont il avait été un des fondateurs et l'un des missionnaires les plus zélés. Parmi les félicitations qui lui arrivèrent de toutes parts, aucune ne fut plus sincère et plus cordiale que celle du R. P. Boyer. Aussitôt installé dans son

magnifique diocèse, l'un des plus beaux et des plus
religieux de la France, Mgr Bravard n'oublia pas ses
collègues d'autrefois, ses collaborateurs et ses amis,
dont il avait toujours gardé la plus haute estime et
le plus affectueux souvenir. Il les appela pour prêcher
le carême à sa cathédrale, ses retraites ecclésiastiques
et des retraites dans ses nombreuses communautés
religieuses. Il ne devait pas tarder à solliciter leur
concours pour une œuvre plus importante que déjà
il méditait : la restauration religieuse du Mont-Saint-
Michel et de son célèbre pèlerinage. L'occasion de
réaliser son généreux dessein lui fut bientôt fournie
par la Providence. Il fit sa première visite au Mont-
Saint-Michel au printemps de 1862 ; il fut ébloui par
la beauté du site et la splendeur du monument ; il
conçut aussitôt le dessein de restituer à la religion le
sublime édifice qu'elle avait bâti et possédé pendant
tant de siècles. Un décret du 20 décembre, qui suppri-
mait au Mont la maison centrale de détention pour
les condamnés politiques, vint au devant de tous ses
désirs. Il alla trouver l'empereur et ses ministres ; il
se fit appuyer auprès d'eux par de puissantes influences, et auprès de Dieu par de ferventes prières.
Dieu bénit ses efforts, et, au mois de mars suivant, la
Revue catholique de Coutances annonçait aux amis
de l'art et de la religion que le diocèse allait rentrer
en possession de la *Merveille de l'Occident,* de l'antique abbaye restée pendant dix siècles l'asile inviolable de la prière et le rempart imprenable de la
France.

Pour la garde de cet incomparable monument, foyer séculaire des lettres et des sciences, de la prière et du patriotisme, et pour le rétablissement de son antique pèlerinage, Mᵍʳ Bravard voulut y appeler une société stable de prêtres liés par des vœux. Son idéal était la Société des Pères de Pontigny, qu'il avait vus à l'œuvre et qu'il savait être les auxiliaires les plus puissants d'un évêque dans son diocèse pour toutes les entreprises de zèle. Il fit choix d'un vénérable prêtre, auquel s'adjoignirent bientôt de dévoués collaborateurs. Il les envoya à Pontigny, afin qu'ils pussent s'y façonner à la vie religieuse sous la direction du R. P. Boyer, et se préparer à prendre des engagements sacrés. L'ardent pontife, qui ne souffrait pas de délai dans ses entreprises, impatient de les voir à l'œuvre qui le passionnait, les rappela promptement, après une trop rapide formation. Il oubliait que la vie religieuse, avec ses habitudes de régularité, d'abnégation continuelle, ne s'improvise pas. Les religieux trop hâtifs revinrent pleins de bonne volonté au Mont-Saint-Michel ; mais le fil éphémère et fragile qui les réunissait se rompit, et ils se dispersèrent comme les perles d'un écrin.

Cette tentative infructueuse ne découragea point l'intrépide prélat. Dans les premiers jours de 1867, il manda instamment le R. P. Boyer, non plus, cette fois, pour confier à lui ou à l'un des siens un ministère transitoire, mais pour le conjurer d'établir une colonie de ses Pères au Mont-Saint-Michel. Après de nombreux pourpalers, le R. Père, qui était d'une modestie peut-être exagérée pour lui-même et pour les siens, opposa un refus formel au bienveillant pontife, qu'il était désolé d'entraver dans ses desseins. L'humble Supérieur motivait son refus très plausible sur le petit nombre de ses sujets, sur l'éloignement du Mont, placé à l'extrémité de la France, avec des moyens de communication alors difficiles, et enfin sur cette fameuse résolution de *croître par les racines* et de consolider sa famille religieuse avant de la disperser. Le prélat, aussi tenace que pressé dans les projets qu'il avait formés pour la gloire de Dieu, revint plusieurs fois à la charge. Il supplia le P. Boyer d'accéder à sa demande au nom de leur vieille amitié et du bien immense qu'il y aurait à faire dans ce lieu si cher à la France et l'un des plus célèbres pèlerinages de l'univers catholique. Charlemagne, l'un des premiers et plus illustres pèlerins de Saint-Michel, n'avait-il pas proclamé ce prince de la milice céleste l'ange protecteur de la France et fait peindre son image sur les étendards de la patrie ?

Pour comprendre la sainte passion de Mgr Bravard pour le Mont-Saint-Michel, auquel il légua son cœur, il faut se rappeler l'histoire de ce rocher célèbre, qui forme une des plus pures gloires de la religion et de la France. Jeté comme un immense phare sur l'océan, il porte, à cent cinquante-six mètres au-dessus des sables, une couronne de majestueux édifices et réunit toutes les merveilles de l'art et de la nature. Pendant dix siècles, il fut le sanctuaire le plus fréquenté de l'Europe ; il fut également le boulevard inexpugnable de notre honneur national. C'est l'archange saint Michel qui lui a donné son nom, comme saint Pierre a donné le sien à l'église de toute la chrétienté. Saint Michel et saint Pierre sont les deux premiers qui ont confessé, l'un, dans le Ciel, l'humanité du Fils de Dieu, l'autre, sur la terre, la divinité du Fils de l'homme ; et l'humanité reconnaissante, transformée par ces deux confessions, a élevé en leur honneur les deux plus étonnantes merveilles : Saint-Pierre de Rome et Saint-Michel de France. Debout au milieu des grèves, avec ses pieds baignés par les flots et sa tête perdue dans les nuages, vrai géant de granit entre deux immensités, il tient à la terre par la base, et au ciel par le sommet. C'est bien le trône terrestre de l'Archange. De plus, ce Mont est un sol deux fois sacré, qui ne fut jamais foulé par l'ennemi ni souillé par l'hérésie. Il n'y a plus que lui en France qui soit resté vierge de toute domination étrangère ; l'âme de la France est là ! La double épreuve du temps et de la persécution ne lui a pas manqué ; mais il est tou- jours debout, redisant sur le monde le cri de saint Michel sur Satan terrassé : « *Quis ut Deus !* »

La Révolution, « *satanique* par son essence, » a lutté contre le Mont-Saint-Michel, et, n'ayant pu en jeter les pierres à la mer, elle s'est contentée de le dépouiller et de le profaner. Pendant soixante-dix ans, elle en fit une caverne de malfaiteurs et de révoltés, et, à l'heure où Mgr Bravard en racontait l'histoire et en montrait les merveilles au R. P. Boyer, leurs yeux étaient encore affligés par le spectacle des

ruines que le temps avait faites et des dégradations
qu'y avaient laissées les prisonniers.

En présence de ces dévastations et de ces beautés,
de la gloire de Dieu et du bien des âmes à procurer,
le R. P. Boyer devint hésitant, et, après des négociations prolongées, il se laissa vaincre par les instances
de l'évêque, et prononça un « oui » conditionnel. Il
revint à Pontigny, ébloui de tout ce qu'il avait vu ; il
en raconta les magnificences avec enthousiasme, et
l'acceptation de la nouvelle résidence fut ratifiée par
les Pères.

Après quelques semaines consacrées aux préparatifs,
le R. Père reprit le chemin du Mont-Saint-Michel,
qu'il a si souvent parcouru depuis ; mais, cette fois,
il ne repartit pas seul ; il était accompagné de la
petite colonie qu'il destinait à cette importante fondation : trois Pères et trois Frères. C'était là une entreprise difficile qui réclamait comme Supérieur un
homme de choix, à l'initiative puissante et inacces-
sible au découragement.

Personne ne parut plus propre à cette grande
œuvre que le P. Robert. Il avait quarante-sept ans ;
ses cheveux blanchis avant le temps faisaient une
auréole à son calme et bon visage, et unissaient en
lui la vénérabilité du vieillard à la vigueur de l'homme
mûr. Son austère fermeté était tempérée par une douceur un peu froide, une discrétion et une mesure en
toutes choses qui l'ont fait apprécier partout comme
l'homme irréprochable. Il n'eut pas cette tendresse
expansive, cet enthousiasme qui entraîne les foules ;

mais, sous un extérieur digne, il cachait une âme
zélée, prête à tous les sacrifices, dévouée à Dieu,
à l'Eglise et aux âmes, jusqu'à la mort. Ces qualités
maîtresses qui font un homme, elles étaient chez lui,
trempées dans une foi profonde qui a donné le branle
à toute sa vie. Il n'y eut pas un jour, pas une heure
dans son existence si agitée, où il n'ait pu dire : « Je
vis dans la foi du Fils de Dieu, c'est Jésus-Christ qui
vit en moi. » Ce fort, par nature et par grâce, n'était
pas violent ; il a occupé tous les postes, passé par
toutes les persécutions, sans que son gouvernement
se soit trouvé en défaut. Il a parfois été victime, il n'a
jamais été vaincu.

Au service de cette âme ainsi trempée, Dieu
avait mis un corps carré et vigoureux, qui se riait
des souffrances, des marches forcées, des veilles prolongées, des jeûnes et des mortifications. Dieu semblait l'avoir taillé dans le granit, et tout son être
s'harmonisait bien avec le rocher dont il devait avoir
la garde et dont il avait la solidité.

Des devoirs sacrés l'avaient retenu pendant quatorze ans dans les rangs du clergé séculier ; mais,
quand la Providence eut dénoué les liens qui le rat-
tachaient au monde, et quand il n'eut plus à vaincre
que les larmes qui coulèrent autour de lui et ne ser-
virent qu'à donner plus de mérite à son sacrifice, il
réalisa le projet de toute sa vie ; il entra en religion,
l'idéal pour lui de l'apostolat et de la perfection. Il
choisit l'humble Communauté de Pontigny, dont il
connaissait déjà les œuvres et les ouvriers.

Pendant les quatorze années passées dans le ministère paroissial, il avait déjà donné sa mesure et
justifié les promesses de son enfance. Celui qui avait,
à sept ans, fait vœu de ne prendre aucun breuvage
pendant tout un carême et qu'on dut relever de ce
vœu téméraire, dès qu'il fut prêtre, comprit qu'il devait être victime. Il jeûnait alors tous les mercredis
et vendredis de l'année ; tout le carême, il collation-
nait au pain et à l'eau. Il couchait sur la dure et portait le cilice plusieurs fois la semaine. Il récitait à
genoux tout l'office divin, et ses autres prières semblaient interminables à son frère et à sa sœur qui
furent les témoins édifiés de sa vie toute surnaturelle.
Dans les divers postes qu'il a remplis à l'honneur de
Dieu et de l'Eglise, il n'eut jamais de conflits irri-
tants avec les autorités ; il avait le tact, qui est la
mesure en toutes choses, et l'esprit de Dieu, qui
est suave et fort. Il résistait au mal ; il combattait
l'erreur et les vices, sans attaquer les égarés et les
vicieux.

Pendant les dix années qu'il passa ensuite à Pontigny, son supérieur le vit de plus près et apprit à le
mieux connaître encore ; il lui confia les emplois et
les ministères les plus importants, et en fit son
Maître des Novices. Tel était l'homme que le P. Boyer
conduisait au Mont-Saint-Michel, et qui, à la tête de
jeunes et ardents collaborateurs, pendant les vingt-
deux ans qui lui restaient encore à vivre, y accomplit
des œuvres merveilleuses. Il ressuscita le pèlerinage,
détruit par la Révolution, avec un éclat qui ne sera

pas surpassé et amena au Mont un nombre toujours croissant de touristes et de pèlerins.

Le R. P. Boyer passa sur la sainte Montagne le temps nécessaire pour préparer les habitations, et, le 11 avril 1867, il y installait religieusement le R. P. Robert avec le R. P. Bourbon, qu'il lui donna comme premier aide et comme satellite : c'était le doux à côté du fort. Le P. Bourbon était doux et humble, et ces deux vertus, qui ont été le principal attribut de son cœur comme du Cœur de Jésus, ont établi en lui à un degré rare cette qualité souveraine qui, somme toute, fait l'agrément et le charme de la vie et qui s'appelle la bonté. Il était d'une conscience timorée, et c'est le souci anxieux des âmes qui l'avait engagé à quitter le ministère paroissial, dont la responsabilité l'effrayait. Il avait passé partout en se faisant aimer et en faisant le bien, et on pouvait le suivre à la trace, non pas lumineuse, mais suave de ses pas. Timide et modeste, il cachait ses œuvres et ses bienfaits, semblable à ces plantes qui meurent au soleil et fleurissent à l'ombre; il a fleuri comme le juste.

Quoique les talents ne lui fissent pas défaut, trop défiant de lui-même, le P. Bourbon ne voulait pas porter la parole en public. Dans les Missions, il laissait paraître les autres et ne se montrait qu'au dernier rang. Mais c'est en vain qu'il se taisait et se dérobait; les pécheurs, les âmes inquiètes ou troublées savaient trouver le chemin de son confessionnal. Effet merveilleux de la charité ! Lui, si scrupuleux pour lui-même, il était indulgent pour les autres, et il se

montrait large, consolant et fortifiant dans la direction
des âmes.

Le P. Bourbon était un homme précieux dans un
pèlerinage, et à l'intérieur d'une maison essentiellement hospitalière. Toujours édifiant et serviable, il
accueillait les hôtes avec un sourire épanoui ; il s'em-
pressait à les servir, et, au besoin, il préparait de ses
mains la chambre et la couche où ils devaient reposer ;
et cela, avec une simplicité si cordiale, que les hôtes
en remportaient un souvenir embaumé. Il fut longtemps chargé de l'orphelinat du Mont-Saint-Michel,
où sa patience excellait à former les enfants.

Il est mort dans sa simplicité, et nous lui devions ce
souvenir de la reconnaissance et du cœur. Le Révérend Père Boyer l'avait bien choisi pour ce poste naissant, et nul n'était plus capable de lui donner, de
concert avec le R. P. Robert, une sainte popularité.

Lorsque les vaillants religieux, dont nous venons
d'esquisser la physionomie, furent définitivement
installés, ils visitèrent en détail le grandiose monument confié à leur garde, et reçurent une pénible
impression. La royale abbaye avait subi toutes les
profanations d'une maison de détention. A l'intérieur,
tout était ravagé ; les magnifiques dortoirs et réfec-
toires avaient été défigurés ; on les avait barbarement
mutilés pour les approprier aux exigences d'une
prison. La splendide église, d'une imposante architecture, était délabrée ; ces ruines réclamaient d'ur-
gentes réparations que les Pères commencèrent eux-
mêmes avec le concours du gouvernement.

Aussitôt que Mgr de Coutances eut entre les mains des hommes dont il était sûr, qu'il traitait en amis, et avec lesquels il agissait familièrement, il se mit à multiplier les fêtes pour attirer les foules, raviver la foi, et remettre en vogue le pèlerinage anéanti. Dès le 24 septembre, Mgr Bravard présidait une touchante cérémonie pour la translation de reliques nombreuses et insignes dans l'antique abbaye qui s'appelait jadis *la Cité des Reliques*. Il annonça, pour le 16 octobre suivant, une solennité plus éclatante encore, la cérémonie commémorative de la dédicace de la célèbre abbatiale. Le R. P. Boyer accourut le premier, comme il faisait à toutes les grandes fêtes, pour recevoir les hôtes illustres et seconder ses Pères.

Mgr Bravard avait convoqué tous les évêques de la province : Son Eminence le cardinal de Bonnechose, Nos Seigneurs de Voucoux, Hugonin, Guilbert, et enfin, Mgr Dupanloup, qui devait porter la parole le soir et qui était la grande attraction de la fête.

Le concours fut immense ; il se composait de toute la noblesse, de la bourgeoisie du voisinage, d'auditeurs d'élite et de nombreux chrétiens qui profitaient de cette occasion pour faire leur pèlerinage à Saint-Michel. La fête fut splendide ; le cardinal de Bonnechose électrisa l'assemblée, le matin, par son éloquence. Une pénible déception attendait les auditeurs distingués qui se pressaient le soir autour de la chaire. Mgr Dupanloup, dont la susceptibilité nerveuse était proverbiale, fut atteint d'un enrouement qui l'empêcha de porter la parole devant cette foule haletante.

17

Ce fut le seul nuage de ce jour qui fut comme la préface des pèlerinages et leur promettait un plein succès.

C'est en 1873 que s'ouvrit, sous les meilleurs auspices, l'ère de ces grandes assemblées. Du 14 septembre au 5 octobre, les foules se succédèrent sans interruption. Chaque jour, des villes et des villages de la Normandie arrivaient des flots de pèlerins qui, comme le flux tranquille et majestueux de la mer, disparaissaient chaque soir pour revenir le matin aussi compacts et aussi enthousiastes. Le mouvement religieux qui, après nos désastres et au milieu de nos déchéances, amenait les multitudes aux sanctuaires les plus vénérés, devait avoir son couronnement sur la sainte montagne.

Dans la même année, des associés normands et bretons eurent la délicate pensée d'élever un autel à Notre-Dame des Anges dans le sanctuaire du prince de la milice céleste. Tous les cœurs fidèles applaudirent, et le R. P. Boyer en conçut une vive joie. C'est lui qui fut délégué par Mgr de Coutances pour bénir la statue qui dominait l'autel. Dans une allocution touchante, il retraça les origines et le progrès de la dévotion à Notre-Dame des Anges, et montra que Marie devait avoir son trône de prédilection dans le sanctuaire angélique.

Le P. Boyer, en juillet 1876, voulut consacrer une chapelle de sa belle église de Pontigny au culte de saint Michel. Il y érigea une statue de l'archange et il écrivait à ses Pères du Mont : « Nos désirs sont

enfin accompli ; nous possédons la belle statue de
saint Michel, attendue depuis longtemps. Elle domine
aujourd'hui l'autel que nous avons élévé en son honneur. Notre vénérable Archevêque a tenu à la bénir
lui-même et à l'enrichir d'indulgences. C'était une
dette que nous ne pouvions manquer d'acquitter envers le puissant protecteur de nos œuvres. Nous pourrons donc désormais, nous unissant à vos intentions,
offrir le saint Sacrifice dans ce petit sanctuaire qui
nous rappellera les beautés et les grandeurs de notre
sainte montagne. »

Il était doux pour le R. P. Boyer, après avoir adoré
le Cœur sacré de son Roi au pèlerinage diocésain
qu'il présidait (1), après avoir salué Marie sa Mère
dans ses plus célèbres sanctuaires, après avoir ramené
au tombeau délaissé de saint Edme les catholiques
français et anglais, il lui était doux et consolant,
d'aller chaque année, avec des représentants de toute
la France, saluer l'ange gardien de la patrie qu'elle
avait trop oublié. Et, chaque année, une joie nouvelle
l'y attendait. C'était, en 1875, la création des *Annales*,
destinées à propager dans le monde chrétien le culte
du saint archange ; c'était, en 1876, la fondation d'une
Ecole apostolique, pépinière d'enfants choisis et élevés
pour le sacerdoce. Aucune œuvre n'apporta plus de
consolation au cœur du P. Boyer que cette œuvre
d'enfants pieux, née d'un sourire de saint Michel,
qu'il voyait grandir en grâce et en sagesse. Il voulut

---

(1) A Paray-le-Monial.

plus d'une fois les évangéliser lui-même dans des
retraites destinées à ranimer leur ferveur et à préparer
en eux de précieux auxiliaires pour ses vieux jours.
Lorsqu'il recevait, à sa fête, au premier jour de l'an,
ou dans quelques autres solennelles circonstances, les
vœux de ces benjamins de la famille et les prémices
de leurs études littéraires, son cœur tressaillait de joie
en les lisant à haute voix à la Communauté.

Tout le bien qui se faisait par les siens touchait le
P. Boyer à l'endroit le plus sensible du cœur, et quand
il apprenait la conversion de quelques protestants au
Mont-Saint-Michel, les succès des missions données
par ses fils dans les villes et villages du diocèse de
Coutances, et surtout les progrès toujours croissants
de la dévotion à saint Michel, il en éprouvait un bonheur qui le dédommageait de tous ses déboires. Le
29 septembre 1876, le R. P. Robert pouvait dire dans
son discours de bienvenue à Mgr Germain : « Nous
devons bénir Dieu de l'accroissement du culte de saint
Michel. J'ai souvenir que la première année de notre
présence ici, le jour de sa fête, il n'y eut pas un seul
pèlerin ; la seconde année, il y en eut un ; mais, aujourd'hui, la dévotion au saint Archange s'est tellement
répandue, que les pèlerins accourent de toutes les
contrées de la France pour prier et communier dans
son sanctuaire. Et, à l'heure présente, notre archicon-
frérie compte plus de cent cinquante mille associés. »

Un dernier grand bonheur attendait le R. P. Boyer
au Mont-Saint-Michel : le couronnement du saint
Archange. Mgr Germain, successeur de Mgr Bravard,

dans l'admirable lettre par laquelle il annonçait à son diocèse et à la France cette solennité, écrivait : « Deux ans se sont écoulés depuis le jour où Notre digne prédécesseur déposait aux pieds de l'immortel Pie IX, un de ses vœux les plus ardents, celui de voir décerner les hommages d'un solennel couronnement à la statue de l'Archange. Quelques jours plus tard était accordée cette insigne faveur, qui fut la consolation suprême de votre évêque sur la terre et la joie de ses derniers jours. Il ne devait pas, hélas ! assister à cette grande fête que son cœur avait préparée avec tant d'amour... » Mais ce cœur inanimé était là, et il dut tressaillir d'allégresse sous la dalle du sanctuaire auquel il l'avait légué. Cette fête, longtemps attendue, après mille difficultés vaincues, fut enfin annoncée pour le 3 juillet 1877.

Aussitôt que la grande nouvelle eut été répandue au loin par toutes les voix de la presse, un mouvement de zèle se produisit parmi les fidèles. Une couronne, c'est un signe de victoire, de triomphe et de règne !! Il fallait a l'Archange une couronne digne de lui ; c'était la première qui eût été, en cette terre, posée sur son front éternellement vainqueur. Elle ne pouvait se composer que d'or et de pierres précieuses. Pie IX offrit lui-même le premier fleuron, puis des mains .royales et princières y ajoutèrent leurs présents ; des dames opulentes envoyaient leurs bijoux, des généraux leurs croix d'honneur, d'humbles filles des croix avec cœur d'or héritées de leurs mères ; des ouvriers, des domestiques voulurent apporter leur obole. On dut annoncer que les bijoux ne seraient plus reçus parce qu'ils ne pourraient plus trouver leur place dans le riche diadème de l'Archange.

Cette incomparable solennité devait être précédée d'un *triduum* préparatoire et suivie d'une octave d'action de grâces. A la première annonce, le R. P. Boyer était accouru. Il trouva le Mont, splendide par lui-même, transfiguré par des décorations magnifiques extérieures et intérieures qui s'harmonisaient bien avec le site et le caractère architectural du monument.

Le *triduum* s'ouvrit le 30 juin, au milieu d'un nombreux concours. Le R. Père, comme il convenait, prit le premier la parole, et, avec sa chaleureuse éloquence, il montra la signification du couronnement de l'Archange. Le lundi soir, 2 juillet, vers six heures, la cloche de l'abbaye, s'unissant à la voix du canon, annonçait l'arrivée des Révérendissimes Prélats. Une réception solennelle eut lieu à l'entrée de la ville, et le nombreux cortège des prêtres et des fidèles accompagna Leurs Grandeurs, au chant du *Benedictus,* jusqu'à la basilique. Le R. P. Boyer les reçut à la porte de l'église et leur souhaita la bienvenue en ces termes :

« Eminence,

« Messeigneurs,

« En voyant Vos Grandeurs franchir le seuil de cette insigne basilique, nous ne pouvons nous défendre d'une vive et profonde émotion, et volontiers nous redirions avec le Roi-Prophète : *Montes, exultastis sicut arietes, et colles, sicut agni ovium !*..... Oui, la sainte montagne semble bondir aujourd'hui d'allégresse, car elle ajoute un nouvel anneau à la chaîne de ses gloires antiques. Ces gloires ne resplendirent jamais d'un plus vif éclat. Ce ne sont pas seulement quelques preux chevaliers qui viennent remercier Dieu dans son sanctuaire de quelques victoires dues à la protection de saint Michel ; ce sont nos Pères dans la foi, des pontifes illustres, des pasteurs bien-aimés, précédés d'un prince de l'Eglise, qui répondent à la voix du digne successeur de saint Aubert. Ils accourent, pour célébrer, à la gloire du triomphateur des milices rebelles, les honneurs du couronnement solennel accordé par Pie IX.

« Par ce grand acte, soyez-en bénis, Messeigneurs, vous allez placer sous la protection de saint Michel, et la France, et vos diocèses, et nos âmes. Votre présence sur ce rocher où tant de fois vinrent prier les foules, va faire tressaillir dans la poussière de leurs tombeaux les saints qui l'ont habité avant nous. Elle va réjouir et consoler tous ces diocèses dont les nombreux enfants se donnent la main, et vos bénédictions sous lesquelles vont s'incliner tant de pieux pèlerins dans un amoureux respect, leur feront oublier les peines des mauvais jours et seront pour tous un gage de confiance et de salut !... »

Son Eminence le Cardinal de Bonnechose répondit en quelques mots simples et gracieux qui rappelaient

la gravité sobre du magistrat, et l'élévation du docteur de l'Eglise.

Quelques heures après, le Mont s'enflamme ; un
réflecteur puissant inonde l'abbaye de lumière électrique. A travers cette éblouissante clarté, les oriflammes et les banderolles qui, de toutes parts, flottent
au vent, ont l'air d'épées et de langues flamboyantes,
et, dominant cette scène, la statue de l'Archange
ressemble à une blanche apparition. Puis, un inter-
minable cordon de lanternes vénitiennes portées
par chaque pèlerin, descendait des plates-formes,
envahissait les grèves et semblait mettre le rocher
lui-même en mouvement, tandis que des chants
enthousiastes répercutés dans le silence de la nuit,
retentissaient au loin sur les côtes de Normandie et
de Bretagne, et semblaient un sublime dialogue entre
le ciel et la terre. La mer, accourant en ce moment
sur les pas des pèlerins, ajoutait à leurs chants sa
grande voix, et ses vagues phosphorescentes dérou-
laient leurs longs plis enflammés, et donnaient à ce
spectacle unique au monde un aspect féérique. Cette
nuit-là put paraître comme la veillée lumineuse des
pèlerins de saint Michel...

La procession terminée, les messes commencèrent
aux nombreux autels de la basilique qui étaient pris
d'assaut par mille prêtres désireux de célébrer, en un
tel jour, le saint Sacrifice dans le sanctuaire de l'Archange. Dès la pointe du jour, le canon se faisait
entendre, et la musique militaire lui répondait par ses
joyeux accords. Elle sonnait la diane des pèlerins et

préludait aux magnificences de cette grande journée.
C'était le réveil complet des anciens jours; moines et
chevaliers étaient-là!..,

La fête fut splendide et répondit à ces débuts;
la multitude couvrait la montagne sans que le moindre
désordre se soit produit. Les deux orateurs du matin
et du soir, Mᵍʳ de Bonnechose et Mᵍʳ Germain répondirent par l'enthousiasme de leur éloquence à l'enthousiasme de la foule. Le saint Sacrifice fut célébré
à la fois à l'intérieur de la basilique et en plein
air, sur les fortifications, pour l'assistancee venue de
tous les points de la France, et répandue sur les rem-
parts et sur les grèves. Au chant liturgique exécuté
par des centaines de prêtres se mêlait la voix du canon
tonnant dans l'immensité, et la foule s'agenouillait
dans le sable pour adorer le Dieu anéanti dans
l'hostie.

Mais l'heure attendue, et l'heure vraiment enivrante
de la journée, fut l'heure du couronnement. Monseigneur a cessé de parler, et la foule frémissante se
range par diocèses, par paroisses, par associations,
sous les bannières flottantes. Voici l'épée du général
Lamoricière, portée par un blessé de Castelfidardo;
voici, autour de la bannière du Sacré-Cœur, les héros
de Mentana, de Patay et de Loigny; puis, la bannière
de l'Alsace-Lorraine, cravatée de deuil, qui veut mêler
ses larmes aux joies de ce triomphe. Les deux couronnes paraissent, portées par deux diacres. La bannière de saint Michel vient ensuite, arborée par un
officier supérieur en grand uniforme, et les évêques

ferment la procession, qui s'avance, régulière et
majestueuse au milieu des chants et de l'accord har-
monieux des fanfares. Au sommet, dominant les
foules, brille l'immense statue de l'Archange, les
ailes déployées, qui plane comme pour couvrir de sa
protection l'Eglise et la France. Les pontifes, les
prêtres, les dignitaires, prennent place sur l'estrade
préparée, et, en face de la statue, sur les grèves, se
pressent plus de quinze mille pèlerins.

C'est alors que, du haut de la tour, à cinq cents
pieds au-dessus des grèves, auprès de la statue de
saint Michel, apparaît Mgr Germain, crosse en main
et mitre en tête. Les chants cessent, les bannières
s'inclinent, le canon gronde, les tambours battent aux
champs, et les pèlerins, comme des épis, courbent la
tête sous une triple bénédiction qui semble descendre en cascade, des plates-formes aux estrades et
aux grèves. Ce fut un moment d'indicible grandeur ;
tous suivaient des yeux le prélat qui posait la couronne
sur le front de saint Michel, au sommet de la basilique, pendant que Son Eminence Mgr de Bonnechose
couronnait à l'intérieur la statue du sanctuaire. Les
larmes coulaient, et l'enthousiasme, un instant com-
primé, éclatait en cris d'allégresse et de triomphe pour
l'Eglise et la France.

C'était fini pour la bénédiction, mais, deux heures
plus tard, le Mont s'illuminait de mille feux (1).

De telles fêtes ont un lendemain ; ce lendemain fut

---

(1) Annales du Mont-Saint-Michel (passim).

une octave. Le R. P. Boyer s'éloigna, le cœur débordant de consolation et d'action de grâces. Le culte de saint Michel avait atteint l'apogée de sa gloire ; il continuera ses progrès dans les âmes ; mais à ces jours de gloire succèderont des jours de deuil. Le R. Père verra ses fils expulsés du sanctuaire qu'ils avaient si magnifiquement purifié et où la prière était incessante. Plus il éprouvait de joie à penser que le Mont-Saint-Michel devait aux siens sa glorieuse résurrection et sa nouvelle splendeur, plus son cœur se serra de douleur en les voyant un jour descendre de l'abbaye, obligés d'en emporter les dépouilles sacrées et la statue même de l'Archange, dans l'humble église du village, trop étroite pour recevoir désormais les pèlerins. Le Mont fut réellement pour le P. Boyer le fils de sa joie et le fils de sa douleur. On ne peut dire combien l'expulsion des Pères, de l'abbaye, lui coûta de gémissements et de sollicitudes ! Des hommes d'auorité, l'Archevêque de Sens, lui conseillèrent plus d'une fois d'abandonner le sanctuaire de l'Archange : « Jamais, s'écria-t-il, jamais ! Tant que le rocher sera debout sur ses bases de granit ; tant que l'autorité si bienveillante et si héroïquement généreuse de Monseigneur de Coutances nous soutiendra comme elle nous a toujours soutenus, jamais nous ne déserterons notre poste et nous ne renoncerons à l'honneur d'être les chevaliers de saint Michel. Nous avons fait alliance avec lui ; c'est lui qui nous a défendus et nous défendra dans le combat ; c'est lui que nous ouvrira les portes du Ciel ! »

Le couronnement de l'Archange était le couronnement de l'œuvre du Mont-Saint-Michel ; les populations avaient repris avec enthousiasme le chemin de son sanctuaire et son culte s'était ranimé par toute la France. C'est alors que la Providence ouvrit au zèle du R. P. Boyer une voie nouvelle par la fondation du collège de l'Immaculée-Conception de Laval.

Cette institution est aujourd'hui un magnifique établissement d'éducation chrétienne, recherché et apprécié des familles désireuses d'assurer à leurs enfants, avec une instruction solide et variée, cette formation morale et religieuse que l'on chercherait vainement dans les lycées de l'Etat. Ils sont deja légion ces *anciens* que le collège catholique a formés et munis de toutes pièces, hommes de foi et de devoir, capables de tenir leur place dans tous les rangs de la hiérarchie sociale, dans l'armée, la magistrature, le sacerdoce. Ce sont des croyants, des savants, des vaillants, qui sauront défendre et faire respecter le drapeau de leurs convictions. C'est la France en fleur, la France de demain.

L'œuvre fut modeste à son début. C'était en 1879 ; Laval ne possédait pour toute institution religieuse de jeunes gens qu'un pensionnat, dont le digne et zélé fondateur, M. l'abbé Blu, épuisé de fatigues et mis hors de combat par la maladie, ne pouvait plus garder le gouvernement. L'évêque du diocèse, récemment érigé, Mᵍʳ le Hardy du Marais, conçut alors le projet de confier la direction d'un collège catholique dans sa ville épiscopale aux Pères du Mont-Saint-Michel. Ces vaillants missionnaires n'étaient pas des inconnus pour ses diocésains, qui étaient allés quatre fois, au nombre de plus de sept cents, invoquer saint Michel sur la sainte Montagne. L'Archange devait une réponse aux prières de ses fidèles Lavallois ; il la donna par la création de ce beau collège, que nous pouvons appeler le fils glorieux de saint Michel. Le Dieu que nous invoquons ne sait-il pas mieux que nous-mêmes les dons qui nous conviennent?

La proposition faite par le prélat au R. P. Boyer entrait trop bien dans les vues de celui-ci pour qu'il hésitât à l'agréer. Il désirait depuis longtemps joindre au ministère des missions celui de l'enseignement. Ce désir s'était encore accru, lorsqu'il sut que c'était le vœu même du Souverain Pontife, qui, en approuvant les congrégations nouvelles, leur conseillait d'unir à leurs autres œuvres, celle par excellence de l'éducation.

En outre, le R. Père sentait, avec tous les esprits judicieux, que le salut est là et que, pour refaire la société, il faut la reprendre par la base. N'avait-il pas assisté année par année, jour par jour, et pris sa part aux luttes acharnées soutenues par les champions catholiques, pour arracher aux ennemis de la religion l'âme des enfants, qui sont l'espérance de l'Eglise et de la France ? Tous, amis et ennemis, comprennent que c'est l'intérêt suprême, la question de vie ou de mort.

Et puis, la marche des événements ne laissait que trop pressentir les épreuves nouvelles qui menaçaient

l'Eglise. Le vent tournait à la persécution, les sectaires avouaient leurs complots, ourdis dans les ar-
rières-loges ; les fameux *Décrets* n'allaient pas tarder
à violer les asiles religieux et à expulser de leurs
collèges florissants les Congrégations enseignantes.
La proposition de l'évêque de Laval parut donc au
R. P. Boyer l'expression manifeste de la volonté divine.

Il délégua deux de ses Pères, le P. Robert et le
P. Hamelin, pour aller, sans retard, visiter la
maison proposée ; il s'y rendit ensuite lui-même pour
l'examiner de ses yeux. L'emplacement parut exigu ;
mais la position dans un des plus beaux quartiers de
la ville, la possibilité de s'étendre plus tard, le bienveillant accueil des représentants du clergé, et la perspective d'un grand bien à réaliser, inclinèrent à l'acceptation ; le R. P. Supérieur et son conseil donnèrent leur acquiescement.

Le Mont-Saint-Michel dut se dépouiller pour enrichir son fils de Laval. Il lui envoya quelques-uns
des missionnaires qui avaient si puissamment secondé
le R. P. Robert pour relever le pèlerinage. Ils
firent bravement le sacrifice de leur apostolat, marqué
par de brillants succès, et ils se mirent à l'œuvre avec
un dévouement que Dieu devait bénir. Ils avaient à
leur tête, comme supérieur, le R. P. Hamelin,
homme d'un talent et d'une activité remarquables, qui
ne reculait devant aucun effort, et dont nul obstacle
ne devait ralentir l'énergique initiative. La prise de
possession eut lieu le 3 mars 1879.

Les épreuves qui se dressent à la frontière de toutes les grandes œuvres, surtout des œuvres de Dieu, ne manquèrent pas à la nouvelle fondation. Elle prenait trop hardiment sa place dans un milieu enseignant, jusque-là fermé à toute sérieuse émulation, pour ne pas exciter de mesquines jalousies et soulever de sourdes oppositions. Calomnies colportées par une presse servile, persécutions officielles, tout fut tenté pour étouffer l'œuvre en son berceau.

La première rentrée fut un succès ; l'enceinte scolaire, même agrandie, pourrait-elle contenir le nombre d'étudiants fixé par la loi ?... L'envie murmurait assez haut pour être entendue, que le collège, regorgeant d'élèves, avait dû demander pour quelques-uns d'entre eux, à une maison voisine et amie, l'hospitalité de la nuit. Aussitôt, dénonciation au ministre, qui, par dépêche, met en mouvement inspecteurs, agents de police, et ordonne une enquête nocturne, qui tourna à la honte des dénonciateurs et à la glorification du collège.

Ce n'était là que le faible prélude de plus dures tribulations qui devaient assaillir plus tard la florissante institution. Le R. P. Boyer, qui suivait des yeux et du cœur ses fils dans leurs luttes et leurs triomphes, savait trouver dans son âme de père des paroles réconfortantes ; il leur rappelait sans cesse que les épreuves sont le cachet des œuvres de Dieu, leur condiment nécessaire, qu'elles se succèdent comme les flots succèdent aux flots ; l'une finit, l'autre commence.

Aucun expédient n'ayant pu arrêter le progrès toujours croissant de cette école, l'Université résolut de tenter un suprême effort contre ce rival envahissant. Elle bâtit presque à ses portes et à grands frais, une succursale du lycée, qu'elle appela *petit lycée*. Il était là, jeune et pimpant, et tendant gracieusement les bras à tous les enfants du voisinage. Inutiles efforts! Les honnêtes gens tinrent bon, et les parents chrétiens comprirent que l'enseignement officiel, de quelque nom qu'il se pare, n'offre pas de garanties sérieuses pour la foi et les mœurs de leurs enfants.

Tandis que le petit lycée restait vide, le collège catholique, agrandi chaque année, devenait chaque année trop étroit pour abriter la jeunesse studieuse qui affluait, toujours plus nombreuse, dans son sein. C'est alors que les Pères se décidèrent à frapper un grand coup et à faire d'immenses acquisitions qui allaient tripler l'enceinte de leur école. Mais ils n'avaient pas à leur service le budget de la ville et de l'Etat : ils durent recourir à leur trésorière habituelle, la divine Providence, qui ne leur avait jamais manqué. De vastes corps de bâtiments, qui limitaient le collège, furent acquis, reliés ensemble par un long et beau cloître, et merveilleusement adaptés à leur nouvelle destination. Au centre, de larges cours, plantées d'arbres, et de gracieux jardins offrent aux ébats des élèves un air pur, de l'espace, et en été de frais ombrages. La splendide institution, qui donne aujourd'hui sur quatre rues, contient à l'aise trois cent-

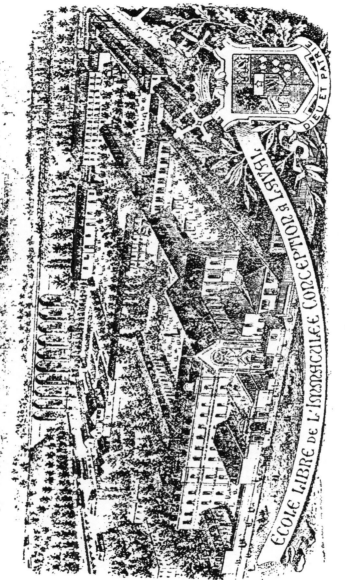

ECOLE LIBRE DE L'IMMACULÉE CONCEPTION § THABT

DIEU ET PATRIE

COLLÈGE DE LAVAL.

cinquante élèves, et ouvre largement ses portes aux nouvelles recrues.

Cette grande école de science et de vertu, si chère aux vrais chrétiens, les princes de l'Eglise ne négligent aucune occasion de l'honorer de leur visite et de l'encourager de leur parole. Le nonce du Saint-Père, à Paris, Mgr di Rende, vint lui apporter la bénédiction de Léon XIII; le cardinal Meignan, Mgr Sébaux, et le vaillant évêque de Coutances, le chantre éloquent de saint Michel, aimaient à donner, en de paternelles allocutions, les conseils de leur haute sagesse, à ces adolescents qui seraient les hommes de demain et les champions de la cause catholique.

Mais la visite la plus fréquente, la plus fructueuse, la plus désirée, était celle du Révérend Père Boyer, qui mettait en fête et les maîtres et les élèves. Chaque année, il passait, au milieu de cette famille aimée, plusieurs de ces journées qu'il appelait heureuses. En venant là, il venait chez lui, et, si sa présence était une joie pour tous, elle était pour lui-même une consolation, et il la prolongeait aussi long-temps que le permettaient ses nombreuses occupations. Il semblait se rajeunir au contact de cette joyeuse jeunesse ; on le voyait, au milieu des cours, se mêler à leurs récréations, sourire à leurs jeux, et les encourager du geste et de la voix. Il saisissait toutes les occasions de leur adresser à la chapelle une parole affectueuse et édifiante, et sa voix ardente et communicative captivait vite son mobile mais sympathique auditoire. Il aimait les enfants et il en était aimé. Au jour

de ses noces d'or, les poésies fraîches et gracieuses de
la gent écolière lui furent particulièrement agréables.
L'un d'eux, alors excellent élève, aujourd'hui excellent professeur, nous écrit : « Le souvenir du Révérend Père Boyer est demeuré vivant parmi nos jeunes
gens, et, quoique peu d'entre eux l'aient connu, son
nom reste ici entouré d'une auréole de vénération.
Pour moi, je ne puis me rappeler sans émotion ce
vieillard qui gardait sous ses cheveux blancs une allure
si vive, une parole chaude et entraînante qui nous
saisissait comme malgré nous, tout cet ensemble de
modestie et de vertu qui reluisait dans sa personne et
nous semblait le plus vif reflet de la sainteté. »

Le Révérend Père rapportait de ces visites des souvenirs gracieux qu'il se plaisait à raconter. Il revenait
un jour de la distribution des prix, cérémonie d'ordinaire assez fastidieuse, et il en paraissait ravi. La
veille, à la messe du départ, il avait distribué de ses
mains la sainte communion à ces pieux adolescents,
comme le viatique de leurs vacances, et il l'avait
accompagnée de ses derniers avis. Il assistait, le lendemain, à la solennité des prix, qui, au milieu d'une
assemblée aussi nombreuse que distinguée, revêtait
un éclat incomparable. Le soir, il croyait la fête terminée, lorsqu'une charmante surprise vint achever
sa paternelle satisfaction. Il vit, à l'heure du départ,
tous ces radieux enfants, se réunir autour d'une belle
statue de la Vierge Immaculée qui, placée au centre
de la cour, préside toute l'année, comme une mère,
aux récréations de ses enfants. Ils l'entourent et lui

forment une couronne vivante ; puis, au son de la
fanfare et des chants à Marie, les lauréats se déta-
chent des rangs, viennent déposer leurs couronnes aux
pieds de leur auguste Mère, et lui consacrer leurs
succès, leurs vacances, toute leur carrière.

Si le R. P. Boyer eût pu lire dans l'avenir, quelle
n'eût pas été sa joie en voyant, moins de deux ans
après sa mort, sortir de cet arbre puissant de Laval, les
deux vigoureux rameaux qui s'appellent le collège
Saint-Michel à Château-Gontier, l'école Saint-Edme à
Sens ? Nés d'hier, ils promettent déjà des fruits abondants.

Il eut, du moins, la consolation de se convaincre
par lui-même que ses fils étaient entourés, à Laval,
de la confiance universelle, et avaient conquis ce que
les anciens appelaient le droit de cité. Ce droit sacré,
les Pères viennent d'affirmer leur volonté de le conserver à jamais, en acquérant, dans le champ du repos
où tous doivent arriver, un caveau funéraire pour y
dormir, après leur mort, au milieu de leurs disciples
et de leurs amis. Déjà l'un d'eux, et des plus braves,
le R. P. Lamirault, vient d'en prendre possession.
L'un des premiers fondateurs de l'École apostolique et
du Collège de l'Immaculée-Conception, il a été le premier appelé au repos. Il est tombé les armes à la
main et encore dans sa maturité, sur le sillon qu'il
avait si bien cultivé, sur le champ de bataille où il
avait vaillamment combattu.

Les Pères ont voulu que la patronne de leur collège, la Vierge Immaculée, qui les avait protégés

contre tant de périls pendant leur vie, les gardât
jusque dans la mort. Sa statue bénie domine leur
tombeau avec cet exergue bien choisi : *Posuerunt me*
custodem : « Ils m'ont établie gardienne ! »

CHAPITRE XIII

Après le récit des nombreux emplois imposés au zèle du P. Boyer, il semble que cette vie est pleine jusqu'au bord, et qu'il n'y reste plus de place que pour quelques labeurs isolés et accessoires. Ce serait une grande erreur de le croire ; tout ce que nous avons raconté jusqu'ici n'a tenu que la moindre place dans sa carrière essentiellement apostolique. Contemplée du haut de ses cinquante ans, cette belle carrière ne nous apparaît pas comme le lac tranquille qui repose entre ses rives et se contente de refléter les splendeurs du Ciel dans ses eaux limpides. C'est le fleuve puissant qui, lui aussi, ne manque pas de refléter le Ciel, mais qui a besoin de couler, de courir vers son océan, en fécondant ses bords et en emportant sur ses flots sa barque chargée d'âmes pour la vie éternelle. L'activité était le besoin de ce cœur ardent, comme elle est le besoin de la flamme. La vie active et la vie contemplative s'unissaient merveilleusement en lui, elles se soutenaient l'une l'autre ; la contemplation devenait l'âme, la force, la lumière de l'action ; l'action,

de son côté, outre le service qu'elle rendait à Dieu et
aux âmes, devenait l'effusion et l'aliment de la vie
intérieure. Il était né contemplatif et actif, et, par
une rare faveur, ces deux riches dotations, qui
semblent s'exclure, s'unissaient en lui ; il n'était
jamais plus fervent et plus recueilli que dans ses ministères et dans ses courses apostoliques. Il a souvent
avoué qu'il n'y perdait pas un instant la présence
affectueuse de Dieu. Il y trouvait un aliment pour sa
piété, parce que, dans l'action, il demeurait maître de
lui et jamais précipité, prompt aux œuvres de zèle,
mais jamais dissipé. Il était de ces hommes rares qui
sont tellement unis à Dieu qu'ils le portent partout
avec eux, et, loin de craindre le contact du monde,
savent y trouver un profit spirituel. Il pouvait dire,
par une heureuse exception : « Toutes les fois que
j'ai été parmi les hommes, j'en suis revenu plus
homme et plus prêtre ! »

L'administration de ses Communautés répondait
sans doute à ses goûts, parce qu'elle venait du surnaturel et y menait ; mais elle n'aurait pas suffi à son
zèle. Il n'y voyait pas les âmes et la grâce de Dieu
d'assez près. Il regardait la prédication et la confession comme l'*opus ministerii;* le reste était l'acces-
soire. Il trouvait, dans le ministère direct des âmes,
une force, une nourriture, une consolation, une paix,
qui reluisaient sur son visage ; c'était pour lui la manne
cachée : *Manna absconditum !*

Pendant les premières années de sa vie religieuse,
il put se livrer, sans entraves et avec de constants suc-

cès, à sa sainte passion de l'apostolat. Même après qu'il fut chargé du gouvernement de ses deux Communautés, il faisait marcher de front, avec cette administration, le travail presque incessant des retraites et des missions. Il ne se donnait aucun repos entre chaque ministère, et, lorsqu'il rentrait à la maison, souvent à une heure avancée de la nuit, il paraissait, le lendemain matin, le premier à la chapelle pour la visite de 4 heures et demie, qui précède la méditation. Il ne se permettait aucun des soulagements que la Règle accordait aux autres.

Cependant, ses fils, admirateurs de son zèle, lui exprimaient parfois leur regret de ses absences trop multipliées. Plus ils appréciaient son esprit d'ordre, de discipline, de ferveur, de régularité, plus ils éprouvaient le désir de le voir renoncer aux missions pour se donner plus entièrement à la direction de la Communauté. Lui parti, il semblait que l'âme de la maison s'en était allée, et on soupirait après le retour.

Ces vœux, presque unanimes, se déclarèrent surtout après une des bonnes retraites du R. P. Labonde. Ce fut un véritable jour d'angoisse pour le P. Boyer, que le jour où il se sentit mis en demeure de renoncer à la conquête directe de ses chères âmes. Toujours prêt à obéir, coûte que coûte, à la volonté de Dieu exprimée par ses directeurs, il se recueillit, pria longuement, se livra à des macérations propres à toucher le cœur de Dieu, et, selon sa méthode habituelle dans les grandes occasions, empruntée à saint Ignace, il procéda à l'élection de la voie qui lui était proposée. Apôtre par-dessus tout, il sentait bien, quelque fussent ses aptitudes administratives, qu'il lui serait difficile de s'y confiner ; il se montrait pourtant prêt à l'immolation de son Isaac. Il manifestait d'autant plus librement ce besoin d'expansion vers les âmes, qu'il se rendait le sincère témoignage de n'aimer rien sur la terre plus que sa chère famille religieuse. Il en faisait son affaire principale, il ne vivait que pour elle. Dans ses courses apostoliques, il ne la perdait jamais de vue ; c'est pour elle qu'il travaillait, pour elle qu'il moissonnait l'estime et la popularité, ne gardant pour lui que le poids de la fatigue et la sollicitude du pain à trouver pour ses enfants.

Voici l'*élection* que nous avons reçue de sa main, et qui nous reste comme le vivant témoignage de cette haute vertu qui s'appelle la sainteté.

OBJET DE LA DÉLIBÉRATION

Ferai-je le sacrifice du ministère des missions et retraites? — Inconvénients.

1° Quitter le ministère des missions, c'est le plus grand sacrifice que je puisse faire, celui qui me coûtera le plus, car je n'ai tout quitté que pour être missionnaire. Prêcher, confesser, pour sauver des âmes, ç'a toujours été toute l'ambition de ma vie.

2° C'est m'ôter un moyen bien puissant et bien efficace pour ma sanctification. Je prêche rarement les autres, sans m'appliquer d'abord à moi-même la vérité que j'enseigne. Je n'ai senti le besoin d'entrer en religion et je ne me suis déterminé à le faire que pour avoir prêché une profession religieuse. En mission, il y a moins de fautes, et je reste plus facilement uni à Dieu. Les âmes fidèles, comme les pécheurs qui s'adressent à moi, me font également du bien. Mon zèle s'anime par la pensée de ceux qui se convertissent, comme de ceux qui ne se convertissent pas. Je reviens rarement d'une retraite ou d'une mission donnée, sans une nouvelle bonne volonté.

3° J'ai la conception lente et le travail de composition plus difficile encore. Une demi-heure de réflexion quand je suis en mission ou dans l'activité des œuvres me fait trouver plus de pensées qu'une semaine de travail à mon bureau.

4° Quand je suis en mission ou employé à des ministères, mes forces morales et physiques se trouvent considérablement augmentées. Toutes les affaires qui peuvent s'expédier par lettres se font plus facilement et plus promptement. A la maison, soit défaut d'énergie, soit à raison des détails multipliés qui s'y rencontrent, je ne fais guère en ma journée que ce que je fais en mission, quoique j'aie alors en plus toutes les occupations du ministère. Je trouve même, ici, moins de temps pour plusieurs exercices. Ajoutez que je manque souvent, à la maison, de la douceur, de la bonté, de l'aménité que je pratique plus aisément ailleurs, ce qui me fait souffrir en mon âme, et qui fait plus encore souffrir les autres.

5° En renonçant aux missions pour rester à la maison, je ne puis m'empêcher de le dire, je me regarderai encore obligé, en conscience, à bien des absences, par la nécessité des œuvres qui me sont confiées. Si le bien de la Communauté ne peut s'accorder avec ces absences; si les Pères retenus à la maison par leur santé ou leurs occupations ne peuvent pas, comme je l'avais toujours pensé, me suppléer dans l'occasion et user de l'autorité qui leur est déléguée, n'est-ce pas vraiment pour moi, devant Dieu, une obligation de demander à être déchargé ?

6° J'ai à craindre, en quittant les ministères pour rester à la maison, de me laisser absorber par le matériel auquel j'ai été grandement livré à une autre époque. Il y aura détriment pour mon âme, et le bien spirituel de la Communauté ne serait pas procuré comme il le serait par un autre, parce que je me trouverai pris par trop de soins divers.

7° Une autre raison, non moins sérieuse, est celle de tomber dans un accablement qui me deviendrait funeste. J'aime beaucoup Pontigny et ma chère Communauté ; mais l'état de la paroisse et le souvenir de ces pauvres âmes toujours présent, l'impossibilité où je me trouve d'y remédier, me jettent dans une sorte de tristesse dont je sortirai difficilement, si je n'ai pas le ministère des missions pour me tirer quelquefois de ces angoisses.

Avantages

1° Je satisferai aux désirs et aux plaintes que m'expriment les Pères. La douceur avec laquelle ils me donnent leur avis, n'est-elle pas le fruit de leur charité ? L'importance qu'ils y attachent n'est-elle pas la preuve de la volonté divine, et ne serais-je pas plus agréable à Dieu en la suivant?

2° Je trouverai le moyen de faire mourir mon activité naturelle pour les œuvres extérieures qui ont toujours pour moi un très grand attrait. La vanité, l'amour-propre spirituel seront plus aisés à détruire.

3° Ce sera une occasion favorable de mettre une bonne fois en pratique l'*Ama nesciri et pro nihilo reputari,* auquel le Seigneur rappelle souvent ma pensée, et que je perds d'autant moins de vue, que les charges qui pourraient me le faire oublier se multiplient.

4° Je suis dans la vie religieuse pour aspirer à ce qui répugne à la nature. Toutes les difficultés, les craintes et les peines ne doivent-elles pas céder au désir de faire mourir dans mon âme les affections humaines?

5° N'aurais-je pas plus de consolation et de mérite même à travailler au salut des âmes, uniquement par des prières, par ma fidélité à la Règle, et par une vie cachée à la maison?

6° Si le sacrifice est difficile, je dois espérer que Dieu l'aura pour agréable et qu'il m'aidera à l'accomplir. Il verra bien que je l'aimerai, Lui, ou, du moins, que je désirerai l'aimer, si je quitte pour son bon plaisir le bonheur même de lui gagner des âmes, si je renonce à la joie de contempler le spectacle qui me plaît le plus, les merveilles que sa miséricorde opère dans les âmes!...

Conclusion

Maintenant, un mot du Père de mon âme et tout sera fini. Il me semble que je suis disposé, avec la grâce de Dieu, à faire ce que vous déciderez et à le faire avec paix et contentement.

Je quitterai les missions et les retraites, si vous pensez que c'est la volonté de Dieu.

Si je reste chargé d'œuvres qui nécessitent des absences, je vous demanderai en grâce de fixer ces absences.

Si les retraites et missions ne sont plus pour moi dans l'ordre de la Providence, il y a, en ce moment, deux retraites que j'ai promises personnellement, l'une, d'une manière certaine, à la fin du mois d'août ; l'autre, moins positivement, au milieu d'octobre. Vous aurez la bonté de m'indiquer ce qu'il faudra faire.

Je demande au Seigneur le repos de l'obéissance, même avec les agitations de l'autorité, s'il la faut garder.

A un tel langage, on reconnaît le cœur d'un saint qui sait le prix et la beauté des âmes. « Quiconque ici-bas, sous l'enveloppe douloureuse qui nous presse et nous obscurcit, reconnaît l'image immortelle de Dieu, quiconque y découvre, malgré la ruine et la désolation du péché, un tel et si cher objet d'amour qu'il en voudrait mourir, celui-là est du sang qui se verse pour le salut ; il entend quelque part, plus haut que toutes choses, une voix qui lui dit : « Sauve-moi des

âmes (1) ! » Le R. P. Boyer était de ce sang et il avait
entendu cette voix, et comprimer ses élans eût été le
faire mourir. En présence d'une pareille élection,
quel est donc le directeur qui aurait imposé au
P. Boyer le sacrifice des missions, surtout après la
certitude qu'un pareil Supérieur, même au milieu des
agitations de l'apostolat, ne perdrait jamais de vue sa
chère Communauté, et qu'elle en tirerait même plus
de profit que de détriment ? Quel est donc l'homme
qui voudrait, le pût-il, retenir le Rhône dans le lac
de Genève ? Oserait-il empêcher ce roi des fleuves de
s'échapper à flots pressés pour porter au loin, dans
son cours providentiel, la richesse et la fécondité ? Le
directeur pensa qu'il devait laisser couler ce fleuve de
zèle qui prenait sa source non dans le besoin de se
remuer, mais dans cette haute montagne de l'amour
et du sacrifice qui s'appelle le Calvaire.

Il nous reste à mesurer rapidement l'espace parcouru et les travaux accomplis. On croirait à peine
que, pendant quarante ans, sans négliger ses Communautés qui, loin de souffrir entre ses mains, ont
vu toutes leurs œuvres prospérer, cet infatigable
apôtre ait pu prêcher près de quatre cents retraites,
missions et stations, dont plusieurs de longue haleine.
Il faut ajouter à cela le nombre incalculable de discours, allocutions, exhortations, qu'à tout propos il
était appelé à prononcer, car, comme saint François
de Sales, à une demande de parler de Dieu, il n'a ja-

----

(1) Lacordaire.

mais opposé un refus. Comme il n'avait aucune prétention au renom d'orateur, son cœur était toujours
prêt à se répandre en saintes paroles : *Eructavit cor
meum verbum bonum*. Les occasions d'évangéliser
lui semblaient une bonne fortune qu'un homme apostolique ne doit pas manquer. Quelle que fût la circonstance, qu'il s'agît de parler dans une cathédrale ou
dans un village, dans un couvent ou dans un pensionnat, tout lui était bon, il était prêt à tout, et, dans
sa longue carrière, nous pouvons suivre ses voyages à
la trace de ses sermons.

Toutes les villes de notre diocèse et des diocèses
voisins ont entendu sa voix. Auxerre, Sens, Joigny,
Avallon, Tonnerre, Meaux, Fontainebleau, Nemours,
Melun, Provins, Montereau, Nevers, Clamecy, Cor-
bigny, Troyes, Genève même, ont été souvent et à
plusieurs reprises le théâtre de son zèle. Quant aux
villages qu'il a évangélisés, nous ne les comptons
pas, ils sont *légion*. Dans plusieurs de ces villes, surtout secondaires, où il pouvait organiser la station en
forme de mission, il a obtenu des succès, non seulement de parole, mais de conversion, les plus consolants. Ainsi, à Clamecy, l'église se remplissait plusieurs heures avant le sermon, et il comptait, pour la
clôture, près de quatorze cents communions : résultat
qu'aucun prédicateur avant lui n'avait obtenu. Il eut
le même succès à Joigny, où, sans parler des autres
retours, cinquante hommes de la société revinrent de
l'indifférence à la pratique de tous leurs devoirs religieux. A Montereau, il compta les conversions par

centaines. Il fit mentir le proverbe, qui prétend que personne n'est prophète dans son pays ; il prêcha, en 1865, une mission à Noyers, sa ville natale ; il y mit en mouvement la population tout entière et y recueillit cent cinquante conversions. Pendant le carême qu'il prêcha à Tonnerre, en 1867, un pieux vicaire nous écrivait : « Votre vénéré Supérieur est tellement occupé, qu'il lui est impossible de saisir un moment pour vous donner de ses nouvelles ; il me confie ce soin. Les Tonnerrois trouvent ses instructions admirables ; Pontigny est maintenant en odeur d'éloquence et de sainteté auprès des lettrés et des dames à la mode qui font l'opinion !... Il y a des conversions... Malgré son excessif travail et la peine extrême qu'il se donne, votre Père reste vaillant. Oh ! comme sa foi, son zèle, son dévouement nous édifient tous ! Quel cœur et quelle âme ! Je n'ai pas connu le P. Muard ; mais, depuis que je vois tous les jours à l'œuvre son ami, je m'écrie : Ah ! qu'il fait bon vivre avec les saints ! »

Le R. P. Boyer laissa à Genève le même parfum de sainteté émanant de sa parole et plus encore de sa vie. Il ne restait au presbytère que le temps réclamé par les repas, le sommeil et ses plus pressantes correspondances ; il passait le reste du jour à prier, à confesser, à diriger les âmes, et il fit un bien que Dieu seul connaît. Mgr Broquet, grand-vicaire de Genève, chez lequel il habitait, nous écrivait : « La première fois que je l'ai vu, j'ai été saisi de l'odeur de sainteté qui se dégageait de toute sa personne ; depuis que je l'ai connu davantage, je suis demeuré comme sous l'impression d'un charme fascinateur !... » Mais nous devons le redire : c'est moins à l'éclat de sa parole toujours simple qu'au feu sacré qui l'enflammait qu'il dut son triomphe sur les âmes. Nous n'en citerons qu'un exemple.

Après la béatification de la bienheureuse Marguerite-Marie, des fêtes magnifiques furent célébrées, en son honneur, dans les monastères de la Visitation de nos principales villes de France. Dijon, encore rempli du souvenir de saint François de Sales et de sainte Chantal, ne pouvait manquer de s'associer à ce grand mouvement religieux. Mˢʳ Rivet annonça, dans son diocèse, un triduum solennel pour les 7, 8 et 9 février 1862. Grâce au concours des chrétiens les plus distingués, le monastère se revêtit d'une ornementation éblouissante, on l'appelait un *avant-ciel*. L'élite de la population dijonnaise s'y précipita avec un pieux élan. Trois prédicateurs furent invités : l'éloquent P. Trouche, des Dominicains, pour porter la parole le premier ; le P. Boyer, pour le second jour ; et, enfin, le célèbre apôtre du Sacré-Cœur, le P. Ramière, de la Compagnie de Jésus, pour couronner la fête. Il ne nous coûte pas d'avouer que ces deux grands religieux étaient supérieurs au Révérend P. Boyer par l'éloquence. Devant cet auditoire de choix, le R. P. Trouche parla magnifiquement ; le R. P. Boyer, qui lui succéda, parla en missionnaire, comme il le recommandait toujours à ses Pères, et, en parlant avec toute son âme, il sut trouver le che-

min des cœurs. Voici ce qu'en disent les *Annales de
la Visitation :* « Après un exorde brûlant, appelant
tous les cœurs à l'amour de Jésus-Christ, à l'exemple
de la bienheureuse Marguerite-Marie, le R. P. Boyer
développa les caractères du saint amour, et les montra
élevés au plus sublime degré dans le cœur de l'humble
vierge. 1° Elle a *cherché* Dieu avec ardeur dans son
enfance, dans sa jeunesse, et jusqu'à son dernier
soupir. Elle l'a cherché partout, dans le monde, dans
le cloître, dans la prière, dans la souffrance, dans l'humiliation. — 2° Elle a tout *sacrifié* pour Dieu, les
affections de famille les plus légitimes, toutes les espérances de l'avenir ; elle a sacrifié son corps par les
austérités, son cœur par une inviolable pureté, sa
volonté par l'obéissance, tout son être par l'amour du
mépris et des souffrances. — 3° Elle *a accompli de
grandes choses pour Dieu.* Et là se présentait natu-
rellement le récit saisissant de la grande et belle
mission qu'elle a remplie au milieu des travaux les
plus étranges et au prix de tous les sacrifices !... »

« Le 9 février, l'assistance à la sainte table fut immense, le matin, pour la clôture du triduum, et promettait pour le soir un auditoire plus compact encore
pour entendre le R. P. Ramière. Grande fut la déception, quand une missive, arrivée le matin, annonça
que le prédicateur attendu avec impatience, retenu
par une raison majeure et imprévue, ne pourrait, à
son grand regret, tenir sa promesse. Mᵍʳ Rivet n'hésita pas à demander au prédicateur de la veille de
vouloir bien remplacer l'apôtre du Sacré-Cœur si

vivement désiré. Le R. P. Boyer accepta sans façon et de la meilleure grâce du monde, le service qui lui était demandé. Dans une allocution ardente et très pathétique, il nous indiqua à tous le fruit pratique que nous devions tirer de cette belle fête : *le zèle pour travailler à la gloire de Dieu.* chacun dans la mesure qui nous est donnée et dans l'esprit de notre vocation. Ce zèle est le partage spécial des ministres du Seigneur ; mais la religieuse dans son cloître, le chrétien dans la société, le père et la mère dans la famille, l'enfant même autour de lui, tous, dans leur sphère, doivent en faire sentir les salutaires influences. »

Les professeurs du Petit Séminaire de Plombières, comme beaucoup de prêtres du diocèse et de lettrés de la ville, étaient accourus pour entendre le Père Ramière. Si leur attente fut trompée, leur cœur fut satisfait. L'un d'eux des plus distingués nous disait : « Après trente ans, je me rappelle encore l'impression de grâce que me fit la parole simple et pénétrante de votre P. Boyer. Il nous montra la bienheureuse Marguerite-Marie en action ; les plus beaux discours ne m'auraient pas autant touché. »

L'humilité du R. P. Boyer édifia vivement Mgr Rivet qui ne pouvait s'en taire, et qui vint, plus tard, à Pontigny faire une retraite sous sa direction.

Toutefois, les ministères de villes ne furent, pour le P. Boyer, que des ministères exceptionnels et non préférés. Il avait expérimenté que les stations de cathédrale, toujours utiles sans doute, et les sermons d'apparat attirent parfois les foules, mais opèrent peu de conversions. Aussi, le champ ordinaire de sa prédilection, où il a plus largement moissonné, a-t-il été les campagnes ; et, en parcourant le mémorial de sa vie d'apôtre, nous reconnaissons qu'il ne passait pas de mois sans une œuvre de zèle, et pas d'année sans plusieurs missions de villages. On le voyait partir allègrement à pied, sa légère valise à la main, toujours munie de l'inséparable réveil-matin. En entrant dans le village où il était attendu, il visitait d'abord le Maître du lieu, et récitait le *Veni Creator* à genoux au pied du tabernacle. Il sonnait ensuite à la porte du presbytère, où sa bonne grâce avait le don de charmer les habitants. Une fois la mission commencée, il donnait un libre essor aux industries de son zèle, il catéchisait d'abord et absolvait les petits enfants, dont il se faisait des apôtres auprès des parents. Dès le matin, et avant le jour, par les froids les plus rigoureux, il se rendait à l'église, aussitôt que le son de l'*Angelus,* toujours matinal dans les villages, annonçait l'ouverture du saint lieu. Il se choisissait une place entre les deux trônes de Jésus : le tribunal de la pénitence, qui est le trône de sa miséricorde, et le saint tabernacle, qui est le trône de son amour. Là, il prolongeait son oraison, en attendant que quelques âmes touchées vinssent, à la faveur des ombres, faire l'humble aveu de leurs fautes et recevoir leur pardon. Le soir, il restait à l'église jusqu'à une heure avancée de la nuit, aussi longtemps qu'il espérait voir arriver quelque pécheur attardé. C'était l'heure où les pauvres ouvriers, épuisés de la fatigue du jour,

étaient libres pour se confesser. Le P. Boyer passa
parfois au saint tribunal une partie des nuits ; il l
arriva d'être vaincu par le sommeil, et de dire à so
pénitent, somnolent comme lui : « Le premier éveil
éveillera l'autre. » On ne saurait redire les scèn
naïves ou touchantes qu'il nous racontait avec gaiet

Dans les gloses familières qui précédaient le se
mon, le P. Boyer ne dédaignait pas d'assaisonner se
avis du mot pour rire. Une femme veuve, libre-pen
seuse, lui écrivit pour lui répéter les inepties mise
alors en vogue par le protestantisme contre *la rel
gion d'argent :* « Mon pauvre mari a travaillé tou
sa vie et souvent le dimanche ; il est mort ; ma fo
tune ne me permet pas de lui faire dire des messe
Notre voisin vient de mourir aussi, après une existen
opulente et heureuse ; sa femme, riche, lui fait di
des messes toutes les semaines ; il va être déliv
avant mon pauvre homme des peines du purgatoir
C'est ainsi que, tout, dans la religion, est pour l
riches !... »

Le Révérend Père aurait pu expliquer devant ce
braves gens la réversibilité des mérites, la commu
nion des saints, le trésor de mérites non appliqués o
Dieu puise en faveur des pauvres déshérités et de
oubliés ; mais il sentit que son humble auditoire n
saisirait pas bien ces raisons théologiques, et il sava
que le Français qui rit est vaincu et convaincu. Il s
contenta de répondre : « Ma brave femme, soye
moins inquiète sur le sort de votre mari ; un homm
qui a passé trente ans de sa vie avec une femm

comme vous, a déjà fait son purgatoire sur la terre,
et il n'aura pas à le faire dans l'autre vie!... » Une
hilarité générale répondit au prédicateur et lui prouva
qu'il avait touché juste.

Comment redire les innombrables retraites que le
P. Boyer a prêchées dans les communautés religieuses,
celles que, pendant tant d'années, il a données aux
Dames de Sens et aux Enfants de Marie d'Auxerre?
Il a recueilli là une moisson d'âmes qui déjà ont
peuplé le Ciel.

Il y avait pourtant un genre de ministère pour lequel le P. Boyer ne se sentait pas assez préparé, et
qu'il n'avait pas encore affronté jusqu'au déclin de sa
carrière, c'étaient les retraites ecclésiastiques qui ten-
taient vivement son zèle. Rien ne lui était plus cher
qu'un saint prêtre; il ne connaissait pas de tâche plus
belle et il n'avait pas d'ambition plus grande que de
travailler à la sanctification du sacerdoce. La modestie
de l'humble apôtre, qui l'a seule retenu, se laissa
vaincre par l'invitation des évêques qui l'honoraient
de leur affection. Il débuta par la retraite pastorale
de Meaux, en 1875, et là, comme dans les retraites
ecclésiastiques de Troyes, de Laval et autres, il produisit, par son langage animé, le feu de son zèle et
son aimable sainteté, les fruits de sanctification qu'il
opérait constamment dans les familles religieuses. Il
y laissa le souvenir d'un saint.

Rien ne pouvait l'arrêter, ni les fatigues, ni l'âge,
ni les fléaux, ni les soucis de l'administration. Afin
que sa chère famille spirituelle souffrît moins de ses

absences, il se réservait d'évangéliser lui-même les
paroisses voisines de Pontigny ; il pouvait, par ce
moyen, revenir plusieurs fois la semaine au milieu
des siens. C'est ainsi qu'il avait promis pour le carême
qui suivit de quelques jours sa mort, d'aller au Mont-
Saint-Sulpice, distant de trois lieues, afin de se partager entre cette mission et sa Communauté ; et il
avait quatre-vingts ans, et il n'interrompit jamais son
jeûne quadragésimal.

Quelques semaines avant sa mort, il prêchait,
comme nous le dirons en son lieu, avec une ardeur
juvénile la neuvaine de Saint-Martin d'Avallon. Le
pasteur de la paroisse nous disait de lui : « Votre
Père est le prédicateur de la sainteté facile, mais il
n'en est pas le modèle ; la sienne est héroïque et ne
saurait être accessible à tous. »

Si les fatigues, les sollicitudes et les années n'en-
travèrent pas le zèle du R. P. Boyer, on peut dire de
plus que les obstacles même lui devenaient des
moyens. Il savait par expérience que les difficultés et
même que les prétendues impossibilités sont les
pierres de grand appareil avec lesquelles on bâtit
l'édifice de la perfection. Nous avons dit comment le
terrible fléau du choléra sévit trois fois dans nos
contrées, et comment les missionnaires de Pontigny
allèrent tous se placer au foyer le plus ardent de la
contagion pour soigner les malades et administrer les
mourants. Le P. Boyer, en envoyant les siens sur ce
champ de bataille de la charité, où ils avaient la
chance de cueillir la palme du martyre, n'avait garde

de se priver lui-même d'un bonheur qu'il avait toujours envié. Il alla installer des missions dans les villages les plus ravagés, et il se fit du fléau un auxiliaire pour ramener les pécheurs à Dieu et à la vertu. Il visitait et soignait les malades jour et nuit, et, tous les soirs, il réunissait à l'église la population terrorisée pour la rassurer, la consoler, l'exciter à prier et à revenir à Dieu. La grâce trouvait bien plus vite le chemin de ces âmes désolées, et les conversions étaient plus nombreuses et plus faciles. La terreur qui glaçait les cœurs et les prédisposait à la contagion, s'apaisait à la parole et en présence de l'homme de Dieu. Le calme et la sérénité de son visage rassuraient les plus effrayés. Non seulement il affrontait sans crainte tous les périls, mais encore il se serait senti heureux de mourir victime de la charité.

Le R. P. Boyer voulut prêcher, dans l'église de Pontigny, le carême de 1891, qui fut le dernier de sa vie, et clore ainsi sa carrière apostolique. On sait que, pendant de longues années, il eut le titre officiel de curé de cette paroisse de Pontigny et en porta la responsabilité, qui lui parut toujours bien lourde et lui coûta bien des prières et des larmes. Il l'administra lui-même quelque temps ; mais, accablé par ses nombreuses occupations, il dut la confier à l'un de ses Pères qui faisait, en son nom, l'office de pasteur. Néanmoins, il regardait toujours comme sienne cette chère paroisse qui eut, toute sa vie, la plus grande part à ses sollicitudes ; et c'est pour elle qu'en mourant il offrit à Dieu le sacrifice de sa vie. Il y prési-

dait toutes les solennités, et, aux plus grandes fêtes,
il y portait la parole et officiait. Il aimait ce peuple
sympathique et bon, il s'intéressait à son bien-être, il
soulageait ses pauvres, restaurait son cimetière qu'il
ornait d'une croix monumentale. Depuis la fondation
de l'école des filles, c'est-à-dire pendant plus de
trente-cinq ans, il fournit gratuitement à la commune
les édifices scolaires qu'il entretenait à ses frais.
Lorsqu'une loi nouvelle réclama des classes plus
vastes et plus élevées, il fit bâtir lui-même une nouvelle et grande maison, sans réclamer jamais pour la
location, ni pour l'entretien, le moindre subside à la
municipalité. Il épuisa tous les moyens pour conserver dans la jeunesse la vertu et la piété. Il ne fut
pas seulement le pasteur par lui ou par les siens,
mais sans cesse l'apôtre, par des retraites et des missions, de ce bon peuple qu'il aimait tant, et dont
l'indifférence religieuse l'a désolé jusqu'à sa mort.

Enfin, au carême de 1891, le dernier de sa vie, il
résolut de tenter un suprême effort et de prêcher lui-
même la station. C'était un sacrifice qu'il faisait au
devoir, car il prévoyait bien que sa parole entendue
cent fois, n'ayant ni la magie de la rareté ni le prestige de la nouveauté, échouerait en partie devant l'in-
souciance générale. Pour lui, c'était plus que le
devoir : c'était un dévouement ; il remplit sa tâche
sans défaillance et non sans quelque fruit. Il put se
rendre le témoignage qu'il consacra à son troupeau
les dernières ardeurs d'un zèle que la vieillesse ne
glaça jamais et que la mort seule put éteindre.

Parmi les innombrables éloges rendus à ce vrai missionnaire, nous nous contenterons de citer celui d'un de nos prêtres les plus distingués, qui, de vicaire général de Chambéry, est devenu curé de Saint-Louis de Moscou :

« Le R. P. Boyer était un de ces hommes apostoliques qui semblent si indispensables au mouvement religieux d'un diocèse que l'on ne conçoit, ni un grand pèlerinage, ni une mission, ni une solennelle sépulture apostolique, ni une retraite diocésaine, sans leur présence et leur concours ; et son concours à lui était toujours si opportun, si édifiant, si entraînant, qu'on a lieu de se demander : qui remplacera un homme de cette activité et de cette puissance ?...

« Il était, à mes yeux, le type de l'homme de Dieu, *Ad omne opus bonum paratus;* d'un oubli complet de soi-même et d'un dévouement que rien n'effrayait. Indifférent à tout ce qui ne se rapporte pas à la gloire de Dieu et à l'édification de son Eglise, il se trouvait tout de suite prêt à crier et à agir, dès qu'il s'agissait d'émouvoir une assemblée et de susciter la pensée de Dieu dans des âmes. J'ai bien souvent pensé à lui en rappelant le saint Précurseur : *Vox clamantis... parate vias Domini !...*

« Le très digne Père a eu le bonheur de soutenir infatigablement ce ministère durant plus de cinquante ans, et de ramener à Dieu des milliers d'âmes, dont les unes l'ont précédé dans le Ciel, dont les autres lui survivent ici-bas pour le louer dignement et pour

l'aider de leurs prières reconnaissantes, s'il en a besoin. Il a honoré le diocèse de Sens, et puissamment
contribué à le faire honorer par ceux qui ont dû à
son exemple d'aller porter la parole de Dieu dans les
diocèses étrangers, comme tous ces zélés Pères de
Saint-Edme, qui sont si justement appréciés et recher-
chés. — Il laisse à sa Communauté et à tout le clergé
le souvenir d'un ouvrier évangélique dégagé de tout
autre souci, exempt de toute manie et de toute habitude encombrante, infatigable au travail, exclusivement prêtre et n'ayant rien de séculier.

« Que Dieu donne à la France un clergé composé
d'hommes semblables au R. P. Boyer, et le cours des
choses publiques changera, les questions politiques
rentreront dans le silence ; la voix du Seigneur, qui
retentira dans toutes les âmes, montera aussi à toutes
les lèvres, et couvrira tous les mots d'ordre de la
franc-maçonnerie. Car tel sera le clergé, tel sera le
peuple. C'est nous, prêtres, qui sommes les premières
causes de la bonne et de la mauvaise politique, selon
que nous sommes des ouvriers suffisants ou insuffi-
sants dans le champ du Seigneur.

« Daignez, mon Révérend Père, recevoir, pour
votre chère Congrégation, l'hommage de la vénération
profonde que j'ai toujours professée envers l'apostolique P. Boyer, de mon sincère respect pour tous vos
Pères, et me croire

« Votre tout dévoué serviteur en N.-S. Jésus-Christ,

« L. VIVIEN,

« *curé de Saint-Louis des Français, à Moscou.* »

Ces sentiments exprimés avec tant de cœur et tant de foi, tous les prêtres du diocèse de Sens les ont partagés ; tous s'accordent à dire que le Supérieur des Pères de Saint-Edme, des Sœurs de la Providence, le vicaire général, le fondateur du Mont-Saint-Michel et du collège de l'Immaculée-Conception de Laval, a été par-dessus tout : *le Missionnaire !*

CHAPITRE XIV

AMOUR TENDRE DE DIEU — INNOCENCE DE VIE, CONDITION DE L'AMOUR — VIE EN DIEU — AVEC DIEU — POUR DIEU — DÉVOTION A LA SAINTE EUCHARISTIE — A LA SAINTE VIERGE — AUX SAINTS — A L'ÉGLISE — AU SOUVERAIN-PONTIFE — PÈLERINAGE A ROME — RETRAITES POUR RETREMPER SON AMOUR

Il est temps de pénétrer plus avant dans une vie dont nous avons raconté surtout les œuvres extérieures. Ouvrons donc le cœur de notre Père avec autant de respect et d'amour qu'on ouvre la porte d'un sanctuaire, et cherchons-y d'abord le mobile qui a imprimé le mouvement à toute son existence, l'a tenue toujours *en haut* et lui a donné une fécondité divine. C'est le cœur qui rend éloquent, et le ressort du cœur c'est le double amour de Dieu et des hommes. Cet amour, quand il arrive à un certain degré de force et de tendresse, s'appelle *la piété*. Lamartine, en racontant la vie de Christophe Colomb, disait : « C'est la piété qui perfectionna son génie. » Lacordaire disait mieux encore : « C'est l'amour qui achève l'homme comme il achève Dieu ! » Le R. P. Boyer

revenait souvent, dans ses exhortations, sur cette
divine charité, et nous trouvons tracés de sa main les
privilèges de cette vertu première, qu'il appelle, avec
les saints docteurs, la mère et la gardienne de toutes
les autres vertus, la mesure de la justice et le terme
de la perfection. Il était sans doute l'homme du
devoir le plus intègre et le plus irréprochable ; jamais
il ne transigea avec la conscience ; mais il y a au
monde quelque chose de plus beau que le devoir, c'est
l'amour, qui va plus haut et plus loin, et le R. P. Boyer
était l'homme du saint amour, qui a été l'inspirateur
de toute sa vie.

Cette piété avait sa racine dans une foi sans ombre
qui était à peine une vertu, tant elle lui était naturelle et semblait identifiée avec lui. Ce n'était pas
un croyant, c'était un voyant, non dans le sens mystique du mot, qui exprime des vues merveilleuses sur
l'autre monde ; il n'eut jamais de ces visions ; mais
il percevait les choses invisibles comme les voyant.
Son esprit et sa foi ne faisaient qu'un, et il était avec
Jésus-Christ comme avec une partie de lui-même
qui ne le quittait jamais. Cette foi *voyante* suscitait
toutes ses entreprises, éclatait dans toutes ses œuvres,
le soutenait dans ses luttes, le préservait des défaillances, et lui communiquait l'ardeur de la parole :
Credidi propter quod locutus sum.

La première condition de l'amour, comme de la
foi, c'est la pureté du cœur : « Bienheureux les cœurs
purs, ils verront Dieu ! » — « Délivrez-moi, Seigneur, dit l'auteur de l'*Imitation*, des passions mau-

vaises et des affections désordonnées, afin que je devienne propre à aimer !... » Or, le premier signe qui distingue le R. P. Boyer et qui lui donne la caractéristique des saints, c'est l'innocence de la vie, et il nous est doux d'affirmer qu'il a conservé l'innocence de son baptême et la pureté virginale de son cœur.

Il était difficile, sans doute, qu'une vie active comme la sienne ne soulevât pas quelque grain de cette poussière du monde, dont parle saint Léon le Grand, qui s'attache aux pas du voyageur et que le vent emporte jusque sur les lis. Aussi, le bain de la pénitence lui était-il familier, et il ne passait pas une semaine sans venir chercher, dans l'absolution, une pureté et une fraîcheur nouvelles. Dans ses premières années religieuses, où la nécessité de reprendre et de commander, et la vivacité de son caractère l'emportaient et l'exposaient à quelques premiers mouvements, il recourait à la confession, même plusieurs fois la semaine, pour dompter la verdeur de sa nature. Celle-ci mûrit tellement sous les rayons de la grâce qu'elle perdit bientôt de son âpreté native, et on peut dire vraiment du P. Boyer que, si sa jeunesse a été la plus pure des fleurs, sa vieillesse a été le plus savoureux des fruits.

Mais l'exemption du mal n'est que le négatif de l'amour ; le positif consiste à vivre de Dieu, en Dieu, avec Dieu, pour Dieu. Vous pouviez suivre le R. P. Boyer, du matin au soir, vous le trouviez toujours dans l'attitude d'un homme qui vit en Dieu et avec Dieu. La présence de Dieu était son ciel portatif, et il en était investi. Un évêque, ami de saint François de Sales, raconte qu'il eut l'indiscrétion de considérer, par la fente de la porte, son saint ami, seul dans sa chambre. Il le vit, avec grande édification, dans une tenue aussi digne, aussi religieuse, que s'il eût officié dans sa cathédrale, devant tout son peuple. Vous pouviez entrer à toute heure dans la chambre du P. Boyer; qu'il fût au travail ou à la prière, assis ou à genoux, vous le trouviez toujours devant son crucifix et une image du Sacré-Cœur, dans l'attitude religieuse d'un homme qui se sent en la présence de Dieu.

La prière, sous une forme ou sous une autre, lui était habituelle. Il ne manquait jamais sa méditation d'une heure le matin; et, quelque fatigué, qu'il fût, il était le premier présent à tous les exercices communs. En toute saison, il était levé à quatre heures, et, à quatre heures et demie, on le trouvait exactement agenouillé à la chapelle. Un matin, pourtant, il ne parut point; le Père Préfet de santé trouva le fait tellement extraordinaire qu'il soupçonna une grave indisposition. Il ne se trompait pas. Il alla frapper à la porte, et il trouva le pauvre Supérieur immobile, étendu sur les deux planches qui lui servaient de couche. Il avait été frappé, pendant la nuit, d'une congestion qui lui avait ôté l'usage de la langue et des jambes. Il nous disait, dans la journée : « J'avais fait à Dieu le sacrifice de ma vie; je ne pouvais ni appeler ni marcher, et j'ai bien cru mourir sans secours. »

Le R. P. Boyer avait une spéciale et profonde dévotion pour Jésus-Christ dans l'Eucharistie. Dans les visites et les oraisons prolongées qu'il faisait devant le saint Sacrement exposé, dans l'action de grâces après la sainte messe, on le voyait agenouillé et immobile comme un ange adorateur ; il ne s'asseyait jamais et ne se permettait aucun des soulagements qu'accordait la Règle, et qu'eût bien autorisé son âge avancé. Il recommandait toujours qu'on fléchît le genou jusqu'à terre devant le saint Tabernacle, et qu'on ne profitât point du degré qui précède le sanctuaire pour faire une génuflexion plus facile et moins profonde. Il en donnait toujours l'exemple, et il se souvenait que saint Vincent de Paul, vieux et infirme, se prosternait ainsi devant l'autel où reposait le saint Sacrement, dût-il se faire aider par ses Frères, lorsqu'il ne pouvait plus se relever.

Le R. Père aimait les saintes solennités ; il assistait toujours à la grand'messe et aux autres offices publics de l'Eglise. Quelles que fussent ses occupations, il avait soin de réciter son bréviaire auparavant, et il chantait au chœur, même jusqu'à l'extrême vieillesse. Il ne manquait pas d'offrir le saint sacrifice, quelque matinal que fût son départ pour un voyage, et, s'il était empêché par la maladie, il communiait tous les jours. Il portait au saint autel une modestie angélique et un profond recueillement. Il n'y avait rien de négligé dans la manière de célébrer, rien de précipité dans le ton de la voix, mais une gravité simple et exempte de routine, un air aussi pénétré qu'au jour de sa première messe.

20

Il vit avec bonheur s'organiser les Congrès Eucharistiques. « Hé quoi ! pensait-il, nous sommes dans le siècle des congrès, congrès agricoles, congrès archéologiques, congrès des différentes branches de la science, il n'y aura donc que pour les intérêts et l'amour de Jésus-Christ que les vrais chrétiens ne sauront pas grouper leurs pieuses industries et leurs adorations ?... » Il assista à ces très édifiantes assemblées toutes les fois que ses travaux le lui permirent, et, notamment, aux congrès de Lille et de Paris. Pendant ce dernier il reçut l'hospitalité chez son vieil et saint ami, le vénérable curé de Saint-Roch, et lui, qui avait coutume d'assister à tous les exercices, regrettait seulement que la grande distance l'empêchât de se trouver aux séances du matin. Il y donna des exemples de ferveur qui furent remarqués. Il passait ses journées à entendre parler de toutes les œuvres eucharistiques et à adorer. Il en rapportait une fatigue extrême, mais surtout une grande édification dont il ne pouvait se taire et qu'il redisait avec enthousiasme, dans ses entretiens intimes ou publics.

Cette tendresse filiale pour Dieu, le R. P. Boyer l'étendait à toute la famille de Jésus-Christ, à la sainte Vierge, sa mère, aux saints, ses amis du Ciel et de la terre, à l'Eglise son épouse, et au Souverain Pontife, son Vicaire et son représentant.

Il aima la sainte Vierge dès l'enfance, avec une affection qui a grandi jusqu'à son dernier jour. Enfant, lorsqu'il allait avec son père et sa sœur se livrer à sa distraction favorite : la pêche sur les bords

du Serein, il disait à sa sœur : « Surtout, n'oublie pas
l'office de la sainte Vierge ! » Ils le récitaient ensemble,
au milieu de leurs récréations. Séminariste, il fut un
des premiers à revêtir les livrées de Marie. Dans sa
première paroisse, il établit une confrérie en l'honneur
de la sainte Vierge, et en rédigea de sa main les règle-
ments. Il constitua de même, dans l'abbatiale de Pontigny, la Confrérie du Rosaire. Les jours où ses
devoirs d'état l'avaient empêché de payer à sa Mère
le tribut de ses trois chapelets, il prolongeait sa veille
le soir pour y suppléer. Il avait fait vœu, au commencement de sa vie apostolique, de ne donner ni
retraites, ni missions, sans prêcher sur la sainte
Vierge. Il lui arriva plus d'une fois, notamment à
Vézelay, de s'attendrir jusqu'aux larmes en parlant de
Marie, comme un fils en parlant de sa Mère, et d'é-
mouvoir tout son auditoire. Lorsque, touché d'une
grâce spéciale, il se résolut à faire le vœu du *plus
parfait,* il attribua cette faveur à Notre-Dame-sur-
Vire, et il fit ce vœu aux pieds de sa statue miraculeuse. Il peupla la Communauté de statues de la sainte
Vierge et y établit des neuvaines préparatoires à ses
principales fêtes. Lorsqu'il conduisit cent cinquante
pèlerins à Paray-le-Monial, il réclama le départ pour
le 1er juillet, afin qu'on pût, le lendemain, célébrer la
fête de la Mère dans le sanctuaire où s'était révélé
si tendrement le Cœur du Fils. Quand, par une
sorte de pressentiment divin, il voulut, six mois avant
de quitter la terre, se préparer à la mort par une
retraite suprême, ce fut dans le sanctuaire de Notre-

Dame de Lourdes. Pendant ses deux jours d'agonie,
il faisait signe, par intervalle, à ceux qui l'assistaient,
de réciter le rosaire, et on l'entendait redire de sa voix
embarrassée et mourante, ce qu'il avait redit des milliers de fois : *Priez pour nous, pauvres pécheurs,
maintenant et à l'heure de notre mort!*...Lorsqu'un de
ses fils demanda à reproduire, par la photographie,
ses traits vénérés, il voulut être représenté en dévot
client de Marie, le Rosaire à la main. S'il est vrai,
comme l'affirment les Docteurs, que la dévotion à la
très sainte Vierge est un signe de prédestination, ce
signe a brillé avec beaucoup d'autres sur la vie que
nous racontons.

L'un des plus signalés effets de l'amour divin,
après la piété filiale envers Marie, c'est un lien de
grâce et de piété fraternelle avec les amis de Dieu,
les saints du Ciel et de la terre. L'amour des saints
est tout un monde de clartés. O belles âmes des saints
encore voyageurs sur cette terre, vous êtes un grand
don de Dieu ! Il se sert de vous comme d'une main
qu'il étend vers nous, pour nous saisir parmi nos
ombres ! L'heure où l'on vous rencontre est bénie
parmi toutes les heures de la vie. Lorsque le R. Père
Boyer trouvait, sur les chemins de son apostolat, des
hommes qui portaient au front le signe sensible de la
sainteté, ils venaient à lui, il allait à eux, comme par
une attraction divine. Combien nous en avons connus
que la discrétion ne nous permet pas de nommer ! *Il
est bon de ne pas révéler le secret du Roi;* laissons ce
soin à l'éternité.

Mais le P. Boyer aimait surtout à prier et à invoquer les saints que l'Eglise a inscrits dans ses Annales et qui sont les protecteurs de la terre : nous avons dit avec quel amour il a restauré leur culte et leur sanctuaire ! Parmi ceux qui lui furent particulièrement chers, plusieurs, nos saints Savinien et Potentien, nos saints Thomas et Edme de Cantorbéry, les grands exilés de Pontigny, saint Alphonse de Liguori et saint Jean François-Régis, les grands missionnaires des campagnes, n'ont pas leurs noms dans les litanies approuvées par l'Eglise ; il les fit inscrire à la suite, après les invocations au Sacré-Cœur de Jésus et au Cœur Immaculé de Marie, afin qu'ils fussent priés tous les jours par la Communauté.

L'Eglise est l'épouse mystique de Jésus-Christ. Le R. P. Boyer l'aimait d'une filiale tendresse, émanant du profond amour qu'il avait pour Dieu même. Il avait pour elle, non cette affection étroite qui se renferme dans les horizons de son clocher, ni cette sympathie spéculative qui se désintéresse de ses pertes et de ses douleurs ; mais ce large et pratique dévouement qui s'identifie à ses épreuves et se traduit en sacrifices. La vie totale de l'Eglise était sa vie, il était humilié de ses humiliations, il tressaillait de ses victoires, il souffrait de ses tristesses ; son triomphe était son invariable pensée. Il se regardait comme le soldat de sa sainte cause, toujours prêt à la servir de la tête, du cœur et de la main. Il ne lui a manqué qu'un grand théâtre pour faire éclater son absolu dévouement, et on peut assurer qu'il était prêt à donner son sang pour elle.

Pendant sa longue carrière, le P. Boyer vit cette barque de Pierre, qui porte le salut du monde, battue par les plus étranges tempêtes, tantôt brillant sur la cime des vagues d'une fugitive lumière et cinglant vers le port, tantôt couverte de menaçantes ténèbres et rejetée vers les profondeurs de l'abime. Surtout pendant les quinze dernières années de sa vie, son âme fut abreuvée d'amères tristesses dont l'ombre montait parfois jusqu'à son front et en obscurcissait la sérénité. Lorsque le matin ses deux amis, l'*Univers* et la *Croix*, lui apportaient de mauvaises nouvelles, les persécutions sans cesse renaissantes contre l'Eglise, l'expulsion violente des religieux, chassés de leurs propres demeures, les écoles laïcisées, les chapelles fermées, les lois militaires, les lois scolaires, les spoliations des prêtres et des séminaires, son cœur s'emplissait d'inexprimables angoisses. Quand on l'abordait ou le quittait dans l'intimité, on l'entendait soupirer : « Ah ! mon Dieu ! mon Dieu ! » Parfois il ajoutait : « Ah ! qu'il ferait bon mourir pour n'être pas témoin de tant d'iniquités qui couvrent la terre ! » Ce fut l'un de ses derniers gémissements avant d'expirer.

L'Eglise se personnifie dans son chef visible. Qui aime l'Eglise, aime le Pape. Le R. P. Boyer avait la dévotion au Pape, et, en toute occasion, il défendait les privilèges de la chaire de saint Pierre. Il ne parlait jamais des grands pontifes sous lesquels il vécut, Pie IX et Léon XIII, qu'avec une pieuse admiration. Chaque année, il prélevait sur sa pauvreté un large tribut pour le denier de Saint-Pierre. Il prêchait un

jour des Enfants de Marie, sur la piété filiale qu'elles
devaient toujours avoir dans le cœur, et montrer dans
leur famille et dans la société, pour le Souverain-
Pontife. Il parlait avec tant d'animation qu'il fut
bientôt ruisselant de sueur. Une des enfants se leva
pour fermer une fenêtre dont l'ouverture pouvait établir un courant d'air : « Laissez, laissez, s'écria-t-il, je
n'en mourrai pas, et, dussé-je en mourir, je ne saurais
le faire en défendant une meilleure cause ! »

Il n'eut de repos et de contentement qu'après avoir
soumis les Constitutions de son humble famille religieuse à l'approbation du Saint-Père. Ce fut sous
l'empire de ce sentiment qu'il fit deux fois le pèlerinage de Rome ; la seconde fois, en 1876, ce fut
pour présenter lui-même les Constitutions de sa Communauté ; mais la première fois, ce fut uniquement
pour porter au Pape l'hommage de son amour filial, au
milieu des tribulations qui l'assiégeaient, comme l'at-
testent les lignes suivantes, tracées par son compagnon de voyage, interprète de ses sentiments :

« Pourquoi suis-je allé à Rome?... C'est la Ville Éternelle, la ville des vieux et chers souvenirs; c'est le
théâtre où l'ancien monde a accompli ses destinées,
étalé ses gloires et ses hontes ; c'est aussi l'arène où
tant de saints ont combattu et triomphé pour Dieu ;
c'est le berceau du catholicisme, et encore aujourd'hui
le siège et le centre de la foi. Ah! que de pèlerins ont
visité ces lieux vénérés pour se mettre en contact avec
les martyrs et leurs précieuses reliques ! Eh bien ! je

dois le dire, ce ne sont ni les souvenirs païens, ni
même les souvenirs chrétiens, qui m'ont conduit à
Rome. Pourquoi donc y suis-je allé? Le Souverain-
Pontife va vous le dire. C'était le 6 juin; nous étions, à
5 heures du soir, réunis à la chapelle Sixtine. Elle re-
gorgeait de prêtres de toutes les nations, dont les
derniers rangs devaient déborder jusque dans la salle
Royale. A 5 heures et demie, le Pape paraît; monté sur
son trône, il lit d'une voix émue et pénétrante une
allocution, qui restera dans les archives de tout prêtre
catholique comme l'immortel monument du dévouement du sacerdoce au Saint-Siège, et de la confiance
du Pape dans le sacerdoce. Voici les premières paroles:
« Votre affluence extraordinaire présente à Nos regards
un spectacle admirable et bien doux à contempler, en
ces jours bénis où vous êtes venus avec vos vénérables
Evêques, de tous les bouts du monde vous ranger
autour de Nous et de cette chaire de Saint-Pierre.
Nous sentons encore Nos inquiétudes et Nos craintes;
mais, en vous voyant, Nous les oublions presque, tant
votre présence les adoucit!... » Ces paroles si solennelles et si consolantes pour nos cœurs disent le principal but de notre pèlerinage. Nous sommes allés réconforter notre Père et remplir auprès de Lui le
ministère consolateur de l'ange au jardin de l'Agonie,
et nous sommes heureux de l'avoir entendu dire à
notre bien-aimé Pontife. Il a bien voulu ajouter que
ce pèlerinage serait utile à nous et aux troupeaux qui
nous sont confiés. Paroles bien encourageantes pour
les âmes fidèles qui étaient de cœur et d'esprit avec

nous aux pieds du Pontife. et qui, par leurs prières et
leurs œuvres, composaient le breuvage fortifiant pré-
senté par nous au Vicaire de Jésus-Christ. »

La piété filiale pour le Saint-Père fut donc le but
principal qui conduisit à Rome le R. P. Boyer, en ce
dix-huitième centenaire de saint Pierre, son patron,
dont il ne pouvait se lasser de vénérer les reliques.
Une faveur de choix lui était réservée ; il lui fut donné
de porter la parole au lieu même de la Confession.
Nous le voyons d'ici baisant d'abord le pied du pontife
de bronze dans sa chaire de marbre ; puis, à genoux et
le front doucement appuyé sur la balustrade de la
Confession, prier et se relever ensuite les yeux humides de larmes pour descendre les degrès et adresser
la parole à un auditoire d'élite : ce fut une des plus
douces consolations et l'un des meilleurs souvenirs
de sa vie.

Il consacra les jours rapides qu'il devait passer
dans la Ville Eternelle à vénérer les reliques de la
Passion, à prier sur la cendre des martyrs aux Catacombes, à visiter les plus touchants sanctuaires, les
chambres de saint Ignace et de saint Louis de
Gonzague. Il portait dans tous ces lieux bénis le
souvenir de ses deux Communautés, de ses Enfants
de Marie et des âmes nombreuses qu'il dirigeait.
Après la contemplation de ces saintes splendeurs, il
lui semblait n'avoir plus qu'à fermer les yeux pour
ne plus voir les misérables spectacles de la terre. Il
rapporta de Rome un surcroît de dévouement à l'Eglise

et au Pape, qu'il aimait à répandre autour de lui.

Le R. Père, pour raviver au fond de son cœur et exciter toujours plus cette piété divine, ne se contentait pas de ses exercices quotidiens ; il recourait souvent à des moyens plus puissants, chers aux âmes avides de perfection, à ces haltes dans la vie qu'on appelle les retraites. Ce messager pressé de la bonne nouvelle, ce voyageur toujours en mouvement avait besoin, comme les Hébreux en marche vers la Terre Promise, de se reposer et de se refaire souvent à l'ombre des soixante-dix palmiers. Sans doute, toutes les retraites qu'il prêchait, il les faisait siennes, et il s'appliquait à lui-même les grandes vérités et les conseils de perfection qu'il adressait aux autres ; mais pour lui ce n'était pas assez ; il faisait en outre chaque année plusieurs retraites qui lui étaient personnelles ; d'abord la retraite annuelle de la Communauté et le *triduum* qu'il avait établi pour ouvrir chaque nouvel an et qu'il présidait toujours. Il assistait, de plus, à la retraite ecclésiastique de Sens, et il s'y montrait le modèle des prêtres par le recueillement et l'assiduité à tous les exercices.

Il se plaignait néanmoins de ne pouvoir se livrer assez entièrement à l'attrait de la grâce, obligé qu'il était de se désoccuper continuellement de lui-même pour s'occuper des autres. Aussi saisissait-il avidement les quelques jours libres qui se présentaient pour faire une retraite personnelle dans une absolue solitude, où il pouvait se baigner à son aise dans le silence, la prière et la méditation. Une vénérable famille possédait un antique manoir au milieu de la campagne et des bois. Elle estimait une faveur de lui offrir là une hospitalité conforme à ses desseins et à ses goûts. Par grâce spéciale, le château renfermait une chapelle où l'on pouvait conserver le saint Sacrement. Aucun bruit du dedans ni du dehors ne venait le troubler : « Grande douceur, disait-il, de me trouver seul dans ce profond silence, seul avec Dieu et avec moi-même !... Puis, temps frais et pur, nature ravissante, horizons champêtres... Près de moi le saint Sacrement, dont je suis habituellement le seul adorateur. C'est le lieu le plus reposant de la terre et le plus propice pour tout repasser dans ma vie intérieure et extérieure. »

Avec les retraites de chaque année, les recollections de chaque mois, les pieux exercices de chaque jour, il nourrissait son amour et put marcher d'un pied ferme et toujours en avant dans la carrière qu'il a si généreusement parcourue.

CHAPITRE XV

La piété divine produisit, chez le R. P. Boyer, la charité et le dévouement au prochain, inséparables de la charité pour Dieu : ce sont deux fruits qui mûrissent sur la même tige. Il embrassait dans cet amour surnaturel tous ceux que la religion appelle le *prochain,* selon le degré de proximité et selon l'ordre établi par Dieu. Le plus cher prochain, c'est la famille naturelle, à laquelle nous sommes liés par le sang ; c'est, ensuite, la famille religieuse à laquelle nous sommes liés par la grâce et une fraternité divine ; c'est, de plus, la famille sacerdotale ; puis la famille des âmes choisies que nous dirigeons vers la perfection ; c'est, enfin, la vaste famille humaine, dont aucun membre ne saurait être étranger à un cœur chrétien et surtout au cœur du prêtre.

Pour lui comme pour les vrais religieux, l'amour des parents était entièrement dégagé de la chair et du sang. Les nôtres, c'est encore nous, et si la charité bien ordonnée doit commencer par nous, elle doit se continuer par les nôtres. Nous devons nous aimer avec abnégation, en mettant les intérêts de Dieu et de notre âme au-dessus de tout ; nous devons, nous religieux, aimer nos parents avec détachement et changer l'affection naturelle en une charité surnaturelle, qui est plus solide et plus élevée. Cette charité du P. Boyer se révéla dans tous les événements heureux ou malheureux de la vie des siens, auxquels il ne manquait pas de prendre une grande part, soit pour les sanctifier, soit pour les consoler. Il accourait dans les deuils comme dans les joies de sa famille, et il ne se refusa jamais à bénir leur mariage et à baptiser leurs enfants. Il leur adressait, dans ces joyeuses fêtes, une allocution qu'ils gardent encore comme le précieux souvenir d'un parent et d'un saint. Mais il ne s'attardait pas dans sa famille pour en goûter les douceurs ; il répondait à leurs tendres instances pour le retenir : « Ne savez-vous pas que je me dois tout entier aux intérêts sacrés qui regardent mon Père ? » — Il était trop pressé par la sollicitude des choses divines pour s'arrêter aux joies même légitimes de la terre. Nous avons vu qu'il n'hésita pas à quitter ses vieux parents pour répondre à l'appel de Dieu ; mais, dans la suite, pour leur adoucir ce sacrifice qu'ils avaient généreusement accepté, il ne négligea aucune occasion de leur porter les encouragements et les consolations de sa piété filiale. Il passait rarement dans le voisinage sans faire au foyer paternel une plus ou moins courte apparition, toujours marquée par l'édification que sa parole et ses exemples donnaient à sa famille et à sa paroisse natale. S'il y passait un dimanche, il prêchait toujours et faisait souvent couler des larmes. Il n'eut pas la consolation de fermer les yeux à son père tant aimé ; ce fut un des sacrifices de sa vie apostolique ; arrivé à la hâte, il ne put étreindre dans ses bras et couvrir de ses pleurs qu'un corps inanimé. Ce vrai chrétien était mort, entouré de tous les secours de la religion ; mais ce n'était pas moins une grande peine pour son fils de n'avoir pu lui donner le viatique et l'onction des mourants. Dieu lui demanda un moindre mais encore bien grand sacrifice à la mort de sa sainte mère. Pendant sa dernière maladie qui se prolongea, il l'entoura de la plus tendre affection, mais il n'eut pas non plus la consolation de lui fermer les yeux ; lorsqu'il fut mandé, il accourut ; elle venait d'expirer. Le P. Boyer embrassa sa mère au milieu de ses larmes, puis s'agenouilla pour prier, et, appuyé sur le bord de cette couche funèbre, il pleura longtemps celle à qui il devait après Dieu les plus grandes bénédictions de sa vie. Les plus affectueuses condoléances lui arrivèrent de toutes parts, et à l'une d'elles il répondit : « J'ai ressenti vivement la perte de ma bonne mère, et, tout en remerciant Dieu de me l'avoir gardée si longtemps et de lui avoir prodigué de si douces consolations dans sa maladie, j'ai eu à offrir un grand sacrifice dans la séparation. Vous l'avez adouci par les prières que vous avez adressées à Dieu en faveur de celle qui a été pour moi l'instrument de tant de miséricordes... »

La famille du P. Boyer ne reçut de lui aucun secours humain, puisqu'il était religieux : mais quelle abondance de bénédictions il attira sur elle ! Aussi le paya-t-elle toujours d'une reconnaissance et d'une affection que nous avons vu éclater dans toutes les grandes circonstances, surtout à son jubilé sacerdotal, et autour de son lit de mort. Tous les siens le regardent, avec raison, comme leur honneur sur la terre et leur protecteur au Ciel.

Avec sa famille naturelle, le R. P. Boyer n'aima rien plus, après Dieu, que sa famille religieuse. Son premier office de charité fut de l'établir sur des bases solides qui s'étendaient à mesure qu'elle-même se développait, et de lui conserver à tout prix le trésor de l'union et de la paix qui l'avaient toujours distinguée. Nous avons dit en son lieu qu'à peine investi de la supériorité, il avait donné à sa Communauté sa forme religieuse. Le sommaire des Constitutions de saint Ignace, adaptées à son but, lui avait procuré vingt-cinq ans de paix, de ferveur et de prospérité ; mais la famille avait grandi, et la forme qui suffisait à son adolescence, ne suffisait plus à sa maturité. Des maisons de dépendance s'étaient fondées ; des devoirs, des besoins et des droits nouveaux s'étaient affirmés ; il y avait des incertitudes à fixer et des lacunes à combler ; de plus, les règles suivies n'avaient pas été soumises à Rome, et n'étaient pas entièrement conformes au Droit canonique.

Le R. Père, qui aimait les situations régulières et la plénitude du droit, résolut de recourir au Saint-Siège. En cela, il suivait son attrait et le courant qui entraînait vers Rome séculiers et réguliers. Le clergé, éclairé par de nouvelles études, sentait l'impérieux besoin de se rattacher plus étroitement au centre de la catholicité. Les évêques recouraient à Rome et en adoptaient la liturgie ; les Congrégations, écloses de nécessités nouvelles, allaient y chercher l'approbation de leurs règles. Le P. Boyer, qui connaissait le dévouement absolu de ses Pères au Saint-Siège, conçut le dessein, qu'il mûrit longtemps dans sa pensée, de soumettre sa Communauté avec ses Constitutions à la Congrégation des Evêques et Réguliers, et d'en obtenir du Saint-Père la pleine approbation. Il fit préparer le sommaire des règles jusque-là pratiquées, et sollicita de son Archevêque d'abord, et ensuite des Evêques de Troyes, de Nevers, de Meaux, de Coutances, de Chambéry, des lettres de recommandation, qu'il joignit à sa lettre de postulation. Ces pontifes, qui avaient vu à l'œuvre dans leurs diocèses les Missionnaires de Pontigny, qui avaient été témoins des fruits de salut qu'ils y avaient produits, leur portaient le plus affectueux intérêt, et étaient heureux de leur en donner le témoignage dans cette grave circonstance.

Muni de toutes ces pièces, il partit pour Rome, et fut reçu en audience privée par le Souverain Pontife, le lundi de la Pentecôte, 17 mai 1875 Il put remettre au Pape lui-même sa postulation,.

21

et il obtenait pour toutes ses œuvres une très paternelle bénédiction. Trois mois après, il recevait de la Sacrée-Congrégation un décret de louange, *decretum laudis,* qui lui apporta une grande consolation. On lui adressait en même temps des remarques, *animadversiones,* sur certaines réformes à introduire dans la teneur des Constitutions. Le 7 janvier suivant, il convoqua tous les Pères, leur mit sous les yeux les observations venues de Rome, et soumit à leur discussion les grandes lignes de nos Constitutions à compléter, selon la demande de la Sacrée-Congrégation. Il présida la réunion avec une modestie, une douceur et une patience qui édifièrent toute l'assemblée. Une seule fois, il éleva la voix, et ce fut pour répondre à une opinion isolée qui demandait qu'on atténuât les engagements déjà contractés au lieu de les rendre plus étroits. Il répondit : « Nous sommes réunis non pour reculer, mais pour avancer ; et, pour mon compte, je ne consentirai jamais à ce qu'on affaiblisse les seuls liens solides qui nous unissent entre nous et nous rattachent plus étroitement à l'Eglise !... » — L'assemblée se sépara sans avoir rien déterminé et en priant le R. P. Supérieur de rédiger lui-même les Constitutions nouvelles sous une forme précise, qui répondît aux *Remarques* envoyées par la Sacrée-Congrégation, et lui permît de nous accorder l'approbation désirée.

Le P. Boyer se mit à l'œuvre demandée, lui consacra tous ses loisirs pendant trois ans, et il la terminait lorsqu'éclatèrent les premiers bruits des violentes persécutions contre les ordres religieux. Les expulsions pressenties se réalisèrent bientôt, et, sur les conseils venus de haut, on dut remettre à plus tard l'envoi à Rome et la mise en pratique des nouvelles Constitutions. Nous nous trouvions en présence de violences révolutionnaires qui pouvaient ébranler même les élus. De plus, le R. P. Supérieur avait remarqué des dissentiments inévitables dans la discussion des Règles, et il craignait les moindres germes de division dans une famille qui avait toujours été si étroitement unie. C'est alors qu'il adressa à chacun de ses membres la lettre suivante, toute imprégnée de la foi et de la charité de son cœur vraiment paternel :

« Mes Révérends et bien chers Pères,

« J'ai besoin de vous ouvrir mon cœur et de vous confier des pensées qui me préoccupent et que vous accueillerez avec la charité qui me les a dictées. Vous le savez, nous traversons des jours difficiles ; de toutes parts, des attaques multipliées sont dirigées contre la sainte Eglise, et les Communautés ont eu à soutenir les premiers chocs et à supporter les coups jusqu'à présent les plus terribles. Avons-nous à craindre la guerre déclarée déjà à tant d'autres, ou mieux, serons-nous du nombre des heureux qui souffriront persécution pour la justice ? La condition humble et modeste de notre petite Communauté pourrait nous incliner à croire que notre sort sera différent du sort des autres familles religieuses ; mais

nous avons été fondés par un saint, et, au jour de
notre naissance, nous avons été voués au Sacré-Cœur
de Jésus et au Cœur-Immaculé de Marie, sous les
auspices de saint Michel et de saint Edme. Depuis
que nous vivons, nous avons eu providentiellement la
faveur de ranimer dans bien des âmes le culte du
glorieux archange, vainqueur de Satan. A ces quelques titres qui nous unissent plus intimement à la
cause de Notre-Seigneur, je m'expliquerais difficilement que nous n'eussions pas notre part dans les
épreuves de la sainte Eglise.

« En face de ces appréhensions ou de ces espérances, que devons-nous faire ? Agir de telle sorte
que, quoiqu'il advienne, tout puisse tourner à bien
pour nous tous, comme il arrive toujours, nous dit
l'Apôtre, pour ceux qui aiment Dieu. Et il en sera
ainsi, n'en doutez pas, si nous travaillons à réaliser en
nous la prière que Notre-Seigneur adressait à son
Père en faveur de ses disciples : « Qu'ils soient un,
« comme Vous, mon Père, et moi, nous sommes un,
« Vous en moi et moi en Vous ! »

« Les efforts de nos ennemis n'aboutiront pas ; ils
n'auront pas la puissance de nous nuire ; ils contribueront, sans le vouloir, à notre bien ; ils ajouteront
à l'œuvre de notre sanctification, si, selon la pensée
de l'Apôtre, « nous mettons tous nos soins à conserver
« l'unité de l'esprit dans le lien de la paix. » La con-
formité de nos pensées et de nos sentiments aux pensées et aux sentiments du divin Maître, l'union de
nos cœurs au sien, l'union de tous nos cœurs ensemble

par son Cœur et en son Cœur, en un mot, la charité
fraternelle nous rendra invincibles.

« Le démon le sait bien, et, comme il voudrait
détruire ou diminuer au milieu de nous le règne de
Jésus-Christ et nous rendre impuissants à l'établir
dans les autres, il pourrait chercher à diviser une
Communauté où l'union et la paix, la charité et la
joie se sont toujours rencontrées ; il essaierait de pro-
fiter du désir même que nous avons de donner à cette
chère Communauté une situation plus régulière, et de
lui communiquer une vie d'autant plus forte et plus
efficace que nos œuvres s'étendent et que nos membres se multiplient, pour susciter, s'il se peut, des
divisions. Des démarches faites pour nous avancer
dans la voie de la vie religieuse, il se servirait pour
nous en éloigner. Voilà pourquoi je m'adresse aujour-
d'hui à vous tous, pour vous conjurer de conserver,
avec la paix et la charité, la fidélité aux devoirs de
notre sainte vocation.

« Je ne rappellerai pas les tentatives faites à Rome
pour obtenir l'approbation, les lettres envoyées, les
réponses reçues, les projets de Règle présentés, discu-
tés, ajournés ; je me contenterai de vous dire que
c'est moi seul qui ai tout provoqué et que j'ai seul à
en porter la responsabilité ! Et, je dois vous l'avouer,
je n'ai point la pensée de regarder comme non avenus
les conseils que nous a adressés la Sacrée-Congrégation. Il me manquerait certainement une très grande
consolation, en quittant la terre, si je n'avais pu les
suivre et les pratiquer dans toute leur étendue. Mais

je connais assez combien vous êtes tous attachés du fond du cœur aux doctrines de la sainte Église romaine, pour être bien sûr que, sous ce rapport, vous partagez toutes mes pensées. Ici, comme dans tout le reste, nous ne nous séparerons pas, nous marcherons unis et d'un même accord !... J'ai préparé, selon vos désirs, un projet de Règle qui vous sera bientôt soumis, que vous examinerez à loisir devant Dieu, en attendant qu'il soit soumis à vos délibérations.

« Mais, pendant cette attente qui peut se prolonger, que faire ? Nous en tenir à tout ce qui a été pratiqué dans le passé. J'ai soumis cette manière d'agir à la Sacrée-Congregation et averti que nous la suivrions jusqu'à ce que les circonstances nous aient permis de déterminer complètement nos Règles. La condition où nous sommes placés, les événements qui nous menacent, nous font un devoir de prudence d'en agir ainsi ; c'est le conseil qui nous a été donné en haut lieu.

« Et, d'ailleurs, quel inconvénient y a-t-il à suivre provisoirement la Règle pratiquée jusqu'ici ? Est-ce que ce n'est pas avec cette Règle que se sont formés, dans cette société, je ne dirai pas les apôtres, mais les missionnaires qui ont contribué à la sanctification de beaucoup d'autres communautés, et qui ont été, dans le monde, l'instrument de salut pour un grand nombre d'âmes ? Ah ! cette Communauté, notre Mère bien-aimée, est-ce qu'elle n'a pas conquis, dans le passé, l'estime et l'affection des chrétiens qui aiment l'Eglise ? Est-ce que Notre Saint-Père le Pape Pie IX n'a pas béni toutes ses œuvres ? Est-ce que les étrangers qui la visitent n'en ont pas bien souvent remporté un souvenir d'édification qui les a soutenus dans la piété ? Est-ce qu'elle n'a pas vu mourir, avec les signes les plus consolants d'une bienheureuse prédestination, quatre Pères et cinq Frères qui s'y étaient sanctifiés ?

« Sans doute, elle a besoin de croître en sainteté, et laissez-moi, en terminant, vous demander d'y contribuer par une plus grande charité, un plus énergique esprit de sacrifice et cette mortification continuelle en toutes choses tant recommandée par notre Règle. Ainsi, nous aurons le bonheur de ne former, entre nous, qu'un cœur et qu'une âme, et nous verrons les Sacrés-Cœurs de Jésus et de Marie se dilater par saint Michel et saint Edme sur cette petite famille religieuse qui leur est consacrée !... »

Sous chacun des mots de cette longue épître, on sent battre le cœur d'un Père tentant les derniers efforts pour conserver la paix et l'union parmi les siens, et leur assurer, dans une approbation canonique, la sécurité de l'avenir avec toutes les bénédictions du Ciel.

Mais, le 17 mars suivant, les expulsions commencèrent, et les Constitutions si laborieusement préparées durent dormir dans les archives. Dieu réservait au R. P. Boyer la consolation, avant de mourir, de les voir complétées selon le Droit canonique et acceptées, à l'unanimité, par le Chapitre de la Communauté.

Cette tendresse dévouée, que le R. P. Boyer professait pour sa famille religieuse en général, il la portait à chacun de ses membres en particulier. Il avait pour tous les Pères et Frères une charité plus que paternelle. Elle n'eut qu'un défaut qu'on pardonne, qu'on aime même dans un père, un peu de faiblesse. On dit que dans le cœur de Dieu il y a un côté faible : la bonté. Nous n'avons connu que ce côté faible dans le cœur de notre Père, la bonté, qui a paru parfois excessive et a pu nuire au nerf du gouvernement. Il faut reconnaître, d'autre part, qu'elle a conservé à sa Communauté plusieurs membres que plus de rigueur aurait repoussés. Il ne brisait pas le roseau ployé par une tentation ou à demi rompu ; il savait relever, fortifier, pardonner, bénir. Indulgent pour les faiblesses spirituelles et corporelles, il ne refusait aucun soulagement. Il choisissait pour lui ce qu'il y avait de plus pénible ; il essayait de procurer à ses Pères les ministères ou les offices qu'il savait leur être le plus agréables, et il gardait pour lui les plus difficiles et les plus répugnants à la nature. Il était heureux du succès des autres ; il les publiait partout et aimait à les en féliciter. Ces témoignages de condescendante charité, il les prodiguait à tous, même aux plus humbles des Frères coadjuteurs. L'un d'eux, chargé de la garde du bétail, vint l'avertir qu'il ne pourrait, dans la soirée, s'acquitter de sa fonction et préserver le potager de l'incursion de ses vaches. Le bon Père se rappela aussitôt la B. Marguerite-Marie gardant son ânesse et son ânon dans

l'enclos du monastère, et il répondit : « Soyez tranquille, mon Frère, c'est moi-même qui me charge de
vous remplacer et de garder vos vaches dans le verger, et ce sera, ajouta-t-il en souriant, plus facile
que de garder des hommes. » Il prit aussitôt son Bréviaire et partit calme et content.

Les défections et les tribulations ne pouvaient manquer au R. P. Boyer pendant un si long gouvernement, et il en sentait vivement l'amertume. Il connut
les joies et les douleurs de la paternité spirituelle, et
les unes et les autres contribuaient à sa sanctification.
Nous devons pourtant à la vérité de dire que sa Communauté, fervente et régulière, n'eut jamais pour lui
qu'une déférence absolue et une très affectueuse vénération ; mais les misères humaines se retrouvent
partout. Les défauts de caractère, les manies, les sus-
ceptibilités, les illusions de l'amour-propre ne sont
jamais absentes d'une réunion d'hommes même les
meilleurs. Plus d'une fois, le pauvre Supérieur eut à
subir des reproches respectueux mais immérités, des
récriminations injustes, des plaintes mal fondées ; il
les accueillait avec la patience et l'aimable longanimité qui avaient remplacé sa vivacité d'autrefois.
Lorsque la journée avait été chargée de mauvaises
nouvelles, on le voyait, le soir, soucieux, préoccupé,
silencieux ; il se reprochait cette inégalité de visage,
et allait, avant son sommeil, en chercher l'absolution.

Il reçut un jour la nouvelle qu'un Frère découragé
voulait partir, sans même prendre congé de son Supé-

rieur, ni conseil de son Directeur ; il répondit avec
cet accent de mélancolie : « Les peines ne manquent
pas sur la terre, chaque jour apporte les siennes.
Aujourd'hui plusieurs m'arrivent à la fois, et celle que
vous m'annoncez n'est pas la moins amère !... » Il
exprimait ensuite son regret d'une résolution aussi
téméraire et qui serait bientôt regrettée, et il indiquait les moyens de prévenir cette défection, et de
rendre au bon Frère courage et confiance.

Il vit souvent mourir. Hélas ! quelle est la demeure humaine où la mort n'entre pas ?... On ne
saurait dire quel chagrin lui apportait la nouvelle
de la mort ou seulement de la maladie d'un des
siens ; il accourait alors, quelqu'éloigné qu'il fût, pour
assister ses Fils dans leur dernier combat et leur
administrer lui-même les derniers Sacrements. Il ne
manquait pas, à la cérémonie funèbre, de leur adresser une suprême louange et un suprême adieu, avec
une douleur qui se trahissait par les larmes et par
la pâleur de son visage. Il perdit plusieurs Pères et
Frères, moissonnés dans leur fleur ou dans leur maturité ; ces premiers partis avaient été inhumés dans
le cimetière commun. Il souffrait de voir ainsi dispersés au milieu d'étrangers ou d'inconnus les membres de sa Famille qu'il estimait des saints ; il espérait même, — illusion de l'amour paternel ! — tant
leur vie avait été pure, retrouver les corps sans
corruption. Il fit construire une chapelle, élever un
autel et une statue à Notre-Dame des Sept-Douleurs,
et creuser au-dessous un caveau, où ses Fils réunis

dorment autour de lui leur sommeil, *en attendant,* dit
l'inscription qui domine, *la bienheureuse résurrection!* Nous ne citerons pas ici les noms de ces chers
défunts, inconnus des hommes, mais écrits, nous
l'espérons, dans le livre de l'éternelle vie. Le caveau
funéraire n'était pas construit quand mourut le cher
Frère Sivanne, jeune novice, dont le souvenir se
conserve précieusement parmi nous. Lorsque le Révérend P. Boyer, après les obsèques, vit le corps de
son cher Fils emporté par un corbillard, dans une
sépulture de famille, il en fut attristé : « Désormais,
nous dit-il, nous ne laisserons plus partir ainsi nos
morts bien-aimés ; nous ne nous séparerons plus ;
nous reposerons ensemble et nous recevrons ici les
prières et les visites de nos Frères survivants. »

Le R. P. Boyer s'était fait de tous les prêtres de
son diocèse natal, et même des autres diocèses qui lui
étaient connus, comme une troisième famille : une
famille sacerdotale. Il les aimait et vénérait comme
des frères, et il ne les abordait guère sans les embrasser. Ceux chez qui il avait exercé un ministère,
ne fût-ce que de quelques jours, ne perdaient plus
son souvenir et restaient ses meilleurs amis.

Parmi les prélats qui l'ont honoré d'une particulière affection, nous tenons à citer Mgr Cortet, évêque
de Troyes. Lorsque le vénéré et très aimé pontife
célébra ses noces d'or, il y invita le R. Père comme un
vieil ami. Celui-ci, quoiqu'il n'appartînt pas au clergé
diocésain, porta à Monseigneur de Troyes, un toast
plein de cœur qui fut chaleureusement applaudi.

Il assistait Mᵍʳ Bernadou comme vicaire général en
tournée de confirmation, lorsque le Pontife reçut, à
Annoux, la note officielle de son élévation au cardinalat; au dîner suivant, il adressa au nouveau prince
de l'Eglise, avec un tact parfait, un toast de félicitation. Plus tard, Son Eminence lui disait en riant :
« Est-il heureux ce Père Boyer ! Il dort comme un jeune
homme et il s'éveille le matin sur l'oreille où il s'est
couché le soir !... » « Que voulez-vous, Eminence ?
il faut en ce monde des compensations ; l'attente du
cardinalat ne pouvait m'empêcher de dormir. » Et
l'archevêque recevait avec hilarité la saillie de son
grand-vicaire.

Ce témoignage de cordiale vénération que le
R. P. Boyer rendait aux éminents prélats, il les offrait
avec le même empressement aux prêtres les plus
humbles. Il saisissait toutes les occasions de les visiter pendant leur vie, et il ne manquait guère de les
assister à la mort, ou de venir à leurs funérailles. Il
se faisait un devoir de les ensevelir de ses mains,
avec une piété toute fraternelle. L'habitude de le voir
aux convois des prêtres et des chrétiens qui, par leur
dévouement, avaient honoré l'Eglise, faisait dire de
lui, en riant, par ses familiers « qu'il était abonné
aux pompes funèbres. » La vérité est qu'il avait la
dévotion de la douleur et de la mort, et qu'il aimait
mieux aller à la maison du deuil qu'à la maison du
festin. Il était, le plus souvent, invité à porter la parole, et il ne refusait jamais de payer à ses confrères
le tribut de louange et de reconnaissance dû à leur

mémoire. Ce culte, dont il honorait tous ses chers morts, il le rendit surtout à deux de ses amis, les premiers fondateurs de Pontigny : le R. P. Muard et Mgr Bravard. Lorsqu'il reçut la nouvelle si inattendue de la mort du P. Muard, qui expirait à quarante-cinq ans, il y eut chez lui et dans ses Pères une explosion de douleur. Il accourut aussitôt, avec l'un des siens, à la Pierre-Qui-Vire, pour assister aux obsèques ; il ne put que prier sur la tombe fermée de la veille et consoler ses Frères désolés. Il se réservait de donner à son saint ami le plus éclatant témoignage de gratitude et d'amour qu'il eût jamais reçu sur la terre.

Il fut annoncé, par toutes les voies de la publicité, qu'un service religieux serait célébré avec la plus imposante solennité, et qu'un éloge funèbre y serait prononcé dans l'église de Pontigny. De tous les points du diocèse arrivèrent en foule des représentants de toutes les classes de la société et de tous les rangs de la hiérarchie sacerdotale. A l'aspect du cœur du vénéré P. Muard apporté par ses Fils et rayonnant dans une pyramide de lumière, à l'accent de cet éloge funèbre prononcé par le premier de ses enfants, et qui ressemblait au panégyrique d'un saint, des larmes d'admiration et d'amour coulaient de tous les yeux, et on eût cru assister à une apothéose ; mais, hélas ! les voiles funèbres, les chants de douleur ne rappelaient que trop, par leurs cris suppliants et leur lugubre appareil, que l'Eglise militante perdait un de ses plus héroïques défenseurs.

A la mort de Mgr Bravard, son successeur sur le

siège de Coutances invita le R. P. Boyer à prononcer
l'éloge funèbre de son vénérable ami. La tâche était
difficile. Dans un premier service, célébré à Avran-
ches, où était mort le regretté prélat, Mgr Germain
avait lu en chaire, après l'absoute, un splendide mande-
ment, qui était une éloquente oraison funèbre. Le
R. Père n'avait donc pas à la refaire le lendemain,
à la cathédrale de Coutances. Il se tira de ce pas difficile en homme de foi, de cœur et de talent.
Il raconta les premières années dont il avait été
le témoin. Il commenta les noms de saint Pierre
et de saint Jean, les deux patrons du défunt, et la
devise qu'il avait adoptée : *Discipulus quem diligebat
Jesus.* « Le disciple que Jésus aimait. » « L'orateur,
dit le *Monde,* fit admirablement ressortir l'amour que
Notre-Seigneur avait pour son pieux pontife, et l'a-
mour que celui-ci avait pour Jésus-Christ, pour l'Eglise
et pour les âmes, et il produisit une vive impression
sur la nombreuse et brillante assistance. »

Le R. P. Boyer avait une autre famille plus étendue : la famille de ces âmes qui, tout en restant dans
la vie commune, se distinguent au milieu du monde
par une particulière fidélité aux devoirs religieux, et
une piété qui va même au delà du devoir et qui tend à
la perfection. Quelle fut son influence comme directeur sur ces âmes d'élite? C'est le secret de Dieu.
Cependant nous en avons assez souvent constaté les
fruits, pour affirmer qu'il fut pour elles un Ananie
divinement inspiré et choisi. Sans doute, il n'eut pas
cette existence sédentaire et de séjour prolongé qui

semble nécessaire pour la connaissance suivie des consciences; mais ses courses apostoliques, qui le ramenaient souvent dans nos villes et dans nos bourgs, lui permettaient d'imprimer un mouvement de zèle et de progrès au petit troupeau qui avait le courage de se mettre sous sa houlette.

Pendant de longues années, à Sens, chez les Sœurs de la Providence, il réunissait un certain nombre d'âmes choisies qui, dans le silence de la solitude, vaquaient, sous l'action de sa parole toujours la même, mais toujours préférée, aux pieux exercices de la retraite. Il avait de même fondé à Auxerre, dans le pensionnat des Sœurs de la Providence, une association d'Enfants de Marie, qu'il dirigea longtemps, et d'où sortirent et des religieuses et d'excellentes mères de famille. Celles qui restaient dispersées dans le monde revenaient fidèlement se retremper chaque année dans le recueillement d'une retraite, sous la direction de celui qui les avait initiées à la vie sérieusement chrétienne. Plusieurs s'effrayaient de la voie étroite et de l'austérité du directeur, et il ne voyait revenir que les âmes généreuses et animées du désir sincère de se sanctifier dans leurs devoirs d'état. Celles-là, il les suivait de ses paternels encouragements; il s'intéressait à leurs progrès, à leurs épreuves et surtout à la conversion de leurs familles.

A une âme éprouvée par la maladie et par des peines de cœur, plus grandes encore que celles du corps, il écrivait :

« Comme Dieu vous veut confiante et abandonnée
aux dispositions de sa miséricordieuse tendresse ! Il
éloigne tout secours spirituel, il retranche les joies
de la communion, il retire les consolations de la piété
filiale en vous séparant des plus chers vôtres, et il
semble vous dire : « C'est à ce prix que je mets
« mon amour. » Vous répondrez : « Mon Jésus, ce
« prix fût-il mille fois plus élevé, je veux votre amour
« et ma confiance reste entière. » Demeurez tranquille ; le Seigneur fait son œuvre au milieu des
tribulations. Par l'exercice de douceur et de suavité
qu'il vous impose, il travaille à votre sanctification et
à la conversion des vôtres que vous désirez si vivement.

« Peut-être vous paraît-il qu'en vous parlant ainsi,
je me désintéresse de vos peines et n'y prends aucune
part. Il en est bien autrement ; mais la compassion la
plus affectueuse arriverait-t-elle à guérir toutes vos
souffrances ? Ne vaut-il pas mieux vous diriger vers le
cœur de Notre-Seigneur, qui peut seul adoucir vos
peines, non seulement en les diminuant, mais bien
plus encore en vous y faisant trouver la grâce de salut
et de sanctification pour vous-même et pour les âmes
qui vous sont si chères. »

Le R. Père avait le respect des âmes ; autant il
stimulait l'indifférence de ceux qui restaient insen-
sibles au péril et à la perte de leurs proches, autant
il tempérait le zèle indiscret qui voulait à tout prix
brusquer une conversion. Il répondait à une de ces

âmes tourmentées par la crainte de voir périr ceux qu'elle aimait le plus au monde : « J'ai différé la lettre et la démarche que vous sollicitez pour ne point retarder l'œuvre qui nous préoccupe, en voulant aller trop vite. Je me rappelle la parole de l'Ecriture : *O vous qui êtes le Maître des vertus, vous nous jugez avec tranquillité et vous disposez de nous avec un grand respect!* Il faut tant d'industrie et de prudence dans les ménagements, quand il s'agit de lutter avec la liberté humaine de manière à remporter la victoire, que je crois sage d'aller aussi lentement que le permettra la maladie! » Il s'agissait de deux pauvres pécheurs, rebelles à la grâce, qu'il amena par une patiente suavité à mourir avec les signes les plus consolants de prédestination.

A raison des distances, il devait parfois ajouter la direction par lettres; mais il écrivait rarement et toujours par nécessité, soit à des âmes découragées, soit à des âmes de bonne volonté, mais incertaines de leur voie, soit enfin aux tièdes qui s'attardaient dans le chemin de la perfection où elles étaient entrées. Il traçait à chacune une règle de conduite, en rapport avec son rang et son emploi. A celles qu'il trouvait maîtresses de leur temps et de leur vie, après avoir fixé les heures inviolables qui doivent être consacrées aux devoirs de piété, aux devoirs d'état et de société, il les mettait à la visite des pauvres, au service des malades, au catéchisme des enfants, chacune aux œuvres de miséricorde conformes à ses aptitudes et à ses attraits. Ainsi il élevait les âmes au-dessus d'elles-mêmes et

du monde, et il les menait doucement à la perfection.
Ses lettres étaient brèves, simples et cordiales comme
ses entretiens. Il écrivait comme il agissait, avec charité, sans oublier jamais cette gravité douce et ferme
qu'il avait toujours dans ses rapports avec les
femmes. Il répondait à quelques reproches de trop de
froideur et de réserve : « J'écris comme j'agis, et je
tiens à ce que mes lettres puissent être publiées et
mises en pleine lumière sans qu'on y trouve un mot
à relever... »

Nous avons parcouru ces nombreuses et courtes
épîtres, écrites au courant de la plume par un homme
toujours pressé, et nous avons ressenti une profonde
édification qui nous amenait les larmes aux yeux. Il
n'a pas laissé tomber un mot de sa plume qui ne se
ressentît du cours habituel de son cœur, toujours
tourné vers Dieu. Un grand nombre des âmes qu'il a
dirigées ainsi vers la perfection, l'ont précédé au Ciel,
et l'y ont accueilli ; d'autres lui ont survécu et ne se
consolent pas de son départ. Il était un de ces
hommes qu'on ne rencontre pas deux fois sur la
terre, et dont on porte à jamais le deuil dans son
cœur.

On s'étonnera peut-être que nous ne citions aucune
de ses lettres spirituelles et que dans notre récit
nous soyons sobres de noms propres ; nous ne
pouvions agir autrement sans péril d'indiscrétion ;
sa mort est trop récente et le milieu où a rayonné son
zèle est trop connu. Du reste, ses principes de spiritualité peuvent se résumer en quelques maximes assez

connues, mais peu pratiquées : Vie en Dieu, avec
Dieu, pour Dieu ; vouloir ce que Dieu veut, quand Il
le veut, comme Il le veut, autant qu'Il le veut ; union
habituelle avec Jésus-Christ, abnégation continuelle
de soi-même, détachement des créatures, confiance,
espérer contre l'espérance... ne jamais se décourager,
support mutuel, douceur et patience, paix et joie dans
le Seigneur, charité pour tous, calme dans l'humiliation, consentir volontiers à souffrir et à être méprisé
pour Dieu : « Si je te voulais sourd, muet et aveugle
ne m'aimerais-tu pas assez pour y consentir?... Une
cellule pour demeure, la croix de Jésus pour lit de
repos, son Cœur pour refuge et le sein d'une mère
pour lieu de retraite. » Tel est le thème invariable et
toujours varié de ses entretiens écrits et parlés.

Avons-nous besoin d'ajouter que la charité d'un
tel apôtre, prenant sa source dans le Cœur de
Jésus-Christ, n'avait d'autres bornes que la charité
même de Dieu. Un païen a dit cette belle parole :
« Je suis un homme, et rien d'humain ne saurait me rester étranger ! » Le R. P. Boyer avait mieux
dit avec saint Paul, en inaugurant son ministère
sacerdotal : « Je vous chéris tous, mes Frères, dans
les entrailles de Jésus-Christ, et il n'y a pas un
homme sur la terre pour le salut duquel je ne sois
prêt à donner ma vie ! »

Toute la carrière de cet homme de Dieu redit en
échos prolongés cette héroïque parole. Quand il s'agit
du salut d'une âme, rien ne l'arrête, ni les distances,
ni la fatigue, ni la souffrance. A sa descente du train,

on lui annonce qu'à dix lieues de là, un malade, très
oublieux de Dieu, mais qui a quelque confiance en
lui, risque de mourir sans sacrements, et que lui seul
a des chances de pouvoir le réconcilier avec Dieu. Il
part, prie tout le long du chemin, rend une visite
discrète, est bien accueilli, absout son malade, et revient le matin à son poste, dispos et joyeux. — Il se
trouvait à Sens, encore convalescent, lorsqu'il est
informé qu'à Auxerre une âme en péril réclame son
ministère ; il y court avec intrépidité, mais paie d'une
rechute son acte de charité. Le médecin l'avertit de
n'avoir pas à renouveler une pareille témérité qu'il
pourrait payer de sa vie. « Docteur, répondit-il, je
mourrai quand Dieu voudra ; mais la crainte de la
mort ne m'empêchera jamais de porter le salut à une
âme en danger. »

La charité du R. P. Boyer pour toutes ces chères
âmes qu'il avait tant assistées de sa parole et de ses
prières, ne se bornait pas aux horizons de la vie présente ; il les suivait de ses suffrages jusqu'au delà du
tombeau. Il s'oubliait lui-même pour elles : par le
vœu héroïque, il avait fait aux âmes souffrantes du
Purgatoire l'abandon et la donation entière de ses
œuvres satisfactoires, et, en leur faveur, il se dépouillait de toutes les indulgences qu'il aurait pu
gagner pour lui-même, réalisant ainsi jusqu'au bout
la belle définition du Sacerdoce : « Il est l'immolation
de l'homme ajoutée à celle de Dieu. »

CHAPITRE XVI

VERTUS DU P. BOYER. — VOEU DU *PLUS PARFAIT*
DOUCEUR ET BONTÉ
PARDON DES INJURES — MENACES D'EXPULSION
SIMPLICITÉ AVEC DIEU ET LES HOMMES — HUMILITÉ
MORTIFICATION, RÉGULARITÉ
VOEU DE NE PAS PERDRE DE TEMPS

La charité est la mère de toutes les vertus ; elles en découlent comme de leur source, et souvent éclatent en héroïsmes qui étonnent notre faiblesse et humilient notre lâcheté : c'est le spectacle que nous allons admirer dans l'homme de Dieu. Lorsqu'il voulait « disposer de nouvelles ascensions dans son cœur : » *ascensiones in corde suo disposuit* (1), il s'armait d'une puissance qui effraie les faibles et charme les forts : le vœu, qui, en rattachant l'âme plus étroitement à Dieu, la dispose à toutes les grandes choses, et la porte parfois d'un coup d'aile jusqu'aux plus hauts sommets, comme nous allons le voir.

Le R. P. Boyer avait cinquante ans, lorsque Dieu

_____

(1) Ps. LXXXIII, 6.

lui inspira, par l'entremise de la sainte Vierge, le
désir de *disposer* dans sa vie une suprême *ascension*,
par le vœu *du plus parfait*. Il prêchait une retraite
de trente jours aux prêtres de l'Union apostolique de
Notre-Dame-sur-Vire, et, comme toujours, il s'eni-
vrait lui-même des saintes doctrines dont il abreu-
vait les autres, lorsqu'une lumière soudaine se révéla
à son âme altérée de Dieu. Il était placé entre deux
foyers puissants qui chauffaient fortement son cœur :
d'un côté, cette réunion d'hommes apostoliques dans
un cénacle prolongé dont il attisait le feu ; de l'autre,
la chapelle et la statue miraculeuse de Notre-Dame-
sur-Vire, objet d'un très édifiant pèlerinage. Enten-
dons-le exposer lui-même ses pensées dans la lettre
qu'il joignit à la formule de son élection en l'adressant
à son directeur :

« Mon bien cher Père,

« Ma retraite se fait avec calme et sans vive émotion... Je vous envoie l'élection que je désire faire
pour m'engager à ce qu'il y a *de plus parfait,* si vous
l'approuvez. Depuis que je l'ai préparée, j'éprouve
une douleur telle que je n'en ai jamais ressenti de
semblable : c'est un *lumbago* très violent. Il m'a
semblé que le bon Dieu m'avertissait par là de ce qui
m'attendait après mon vœu... Hier, dans la soirée, je
suis allé dire à la sainte Vierge, aux pieds de son autel
vénéré : Ma bonne Mère, je veux agir d'avance
selon mon vœu *du plus parfait*. Je ne dirai donc rien
à personne des rudes souffrances que j'endure, mais,

pour cela, il faut que vous me guérissiez ou que vous m'aidiez à souffrir! A partir de ce moment, j'ai souffert mieux que de coutume, et j'ai bien dissimulé mes douleurs, pour que les Pères ne s'aperçussent de rien... En fait de pénitence, je n'ai pas voulu prendre la discipline de peur d'éveiller l'attention. Je me suis servi à peu près chaque jour du cilice et de la chaîne de fer. Aujourd'hui, je m'en suis dispensé, puisque j'ai une ceinture invisible qui se fait sentir !...

« Adieu, mon cher Père, je prie pour vous. Vous me direz *oui* ou *non*, au sujet de mon *élection*. Si *oui,* je prononcerai mon vœu le jour de saint Pierre, mon patron, ou mieux encore, en la fête de la Visitation.

« Tout vôtre en Notre-Seigneur. »

Voici, écrite de sa main, la formule de *son élection* :

« Ferai-je toujours ce qui me semblera *le plus parfait,* les actions que je croirai devoir donner plus de gloire à Dieu, malgré ce qui humiliera et fera souffrir la nature ?

« Oui. — Il y a longtemps que j'ai éprouvé, pour la première fois, le désir de faire ce vœu, et ce désir m'est revenu toutes les fois que je me trouvais plus fidèle et plus uni au bon Dieu. J'ai lieu de craindre et je crains en effet d'avoir refusé à la grâce ce qu'elle me demandait. L'amour-propre et l'amour de mes aises se trouvent toujours dans mon cœur à l'état de tendances très fortes. J'espère trouver en ce vœu un moyen plus efficace de résistance. J'ai senti pendant la retraite que j'étais en retard avec Dieu, que j'avais beaucoup de fautes et de négligences à expier, et la fidélité à mon vœu m'aidera à tout réparer.

— « Les résolutions que j'ai prises de temps en temps dans le sens du vœu, de faire toujours ce qui me paraîtrait *le plus parfait,* n'ont point abouti ou n'ont eu qu'un résultat médiocre. Un vœu précis et déterminé me réussirait mieux.

— « Les humiliations me déconcertent, celles que je pressens dans l'avenir me troublent et m'inquiètent. Mon vœu m'aidera à conserver le calme et à me débarrasser des préoccupations qui nuisent à mon avancement. J'y trouverai aussi, je l'espère, plus de courage pour souffrir.

— « Les années s'en vont, les forces diminuent, la mort peut survenir et je sens que je ne serais pas tranquille au moment de la mort, si je n'avais fait quelque chose de plus que ce que j'ai fait jusqu'ici et mis plus de générosité dans le service de Dieu.

— « N'est-ce pas dans un dessein de miséricorde que Dieu, malgré tant d'obstacles, m'a envoyé près de ce sanctuaire et dans cette pieuse retraite ? N'est-ce pas une grâce qui demande de ma part une reconnaissance, et puis-je moins faire, pour l'amour que m'a témoigné Notre-Seigneur, au moment où j'y pensais le moins ?

— « Je renouvellerai ce vœu d'une fête à l'autre de la sainte Vierge ; je me rappellerai ainsi le sanctuaire

où je l'aurai prononcé ; et la protection de cette divine
Mère et le souvenir de l'édification dont j'ai été ici
témoin m'aideront à rester fidèle. »

A cette affirmation généreuse, à ce *oui* répondu
fortement à Dieu, un *non* tentait de répliquer ; quelques objections contre le vœu se présentèrent. Les
voici avec les solutions qui leur furent données :

— « *Ce vœu n'embarrassera-t-il pas ma conscience,
sans profit pour mon âme ? Je suis si souvent inquiet
pour les autres, comment ferai-je pour moi-même ?*

— « Mes vœux précédents m'ont rarement embarrassé. Dieu, je l'espère, me donnera la lumière, et je
n'aurai pas plus de perplexité pour celui-ci que pour
les autres.

— « *Je suis si lâche ! je ne pourrai jamais le
remplir. Il multipliera mes péchés ; il éloignera Dieu
au lieu de le rapprocher, et ne produira que des
remords.*

— « Non, toute ma confiance est dans le Seigneur
et dans sa grâce : *Auxilium meum a Domino !...* —
Gratia mea sufficit tibi. »

L'appréciation de ces motifs *pour* et *contre* était
soumise à son directeur, en qui le P. Boyer voyait
Jésus-Christ, et sans lequel il ne prenait aucune grave
décision. Un mot de lui eût suffi pour comprimer cet
élan ; mais qui eût osé l'entraver ? Le directeur, connaissant les ressorts puissants d'une âme si forte-

ment trempée, ne s'effrayait pas de ces saintes au-
daces ; il la contemplait avec admiration comme on
regarde un aigle planant dans les cieux.

En la fête de la Visitation 1864, le R. P. Boyer s'engagea donc par un vœu, aux pieds de la statue miraculeuse de Notre-Dame-sur-Vire, à faire, tous les
jours, et à toutes les heures de sa vie, ce qui lui paraîtrait *le plus parfait,* quoiqu'il en coûtât à la nature ;
et il y est resté fidèle jusqu'à la mort.

Qu'avons-nous à ajouter ? Notre héros ne vient-il
pas de mettre sur sa vie le sceau infrangible, qui est
le cachet des saints ? Oui, et nous l'avons placé ici à
dessein, afin qu'il soit à la fois le témoin de ce que
nous avons raconté et la garantie des vertus qu'il
nous reste à retracer, et dont nous avons été le spectateur intime et le confident pendant un demi-siècle.
Ah ! c'était un beau et doux spectacle que celui d'une
telle âme, lorsqu'elle s'ouvrait devant vous comme un
de ces *Evangéliaires* ou l'une de ces *Vies de saints,*
illustrés par le génie chrétien du moyen âge, et qu'on
y pouvait lire le secret de ces héroïsmes quotidiens
inconnus des hommes ! Nous nous retirions alors, la
tête basse, les yeux humides, sous le poids de l'humiliation qu'amenait forcément la comparaison d'une
telle vie avec notre pauvre vie. C'était chaque semaine
une leçon de choses et une éloquente exhortation.
Ah ! si les détracteurs aveugles et haineux de l'Eglise
eussent pu regarder une heure seulement au fond de
cette âme sacerdotale, ils auraient senti la haine et le
préjugé céder à l'admiration, et, comprenant la vitalité

divine de l'Eglise, ils auraient reconnu qu'une institution qui compte par milliers de tels apôtres ne saurait périr. Les seules causes qui meurent, on l'a
dit, sont les causes pour lesquelles on ne veut pas
mourir.

Nous commencerons le récit des vertus du Révérend Père Boyer par la qualité qui brille la première
dans le *Bon* Dieu et se révèle dans le Cœur de Jésus :
il fut bon et doux ; bon d'une bonté native achevée
par la grâce, doux d'une douceur acquise par la victoire sur lui-même ; par nature, il eût été vif et raide,
lui, devenu si calme et si patient. Il posséda l'empire
promis à la douceur et à la bonté, l'empire des cœurs ;
il ne connut pas d'ennemis personnels, il n'en eut
d'autres que ceux de Dieu et de l'Eglise. Encore ne
les connut-il point, il ne les voyait même pas ; ces
ennemis-là sont en bas, et il regardait toujours en
haut ; il avait besoin d'avoir du ciel dans les yeux.

Il était clément jusqu'à s'attirer le reproche de faiblesse ; aussi était-il universellement aimé et vénéré.
Cependant Dieu ne voulut pas le priver de la béatitude promise à ceux qui souffrent persécution pour la
justice. Il eut à subir deux procès iniques qui ne
furent pas le moindre souci de ce grand ami de la paix.
S'il se fût agi d'intérêts personnels, il les aurait sa-
crifiés de bon cœur ; mais il s'agissait des intérêts des
âmes et des œuvres de miséricorde ; il ne pouvait les
abandonner sans forfaire à sa conscience. Justice lui
fut rendue et il gagna ces deux procès. Loin de conserver du ressentiment contre ses agresseurs inté-

ressés, il se montra bienveillant et même libéral
envers eux autant que le devoir le lui permit. Ces
incidents lui furent pourtant très douloureux, moins
à cause des outrages qu'ils attirèrent sur sa personne, qu'à raison des insultes et des injures que des
feuilles immondes répandirent à cette occasion sur
l'Eglise et les Communautés religieuses.

Notre-Seigneur permit aussi que le P. Boyer ren-
contrât, comme lui-même, un Judas, un homme auquel il n'avait jamais témoigné que de la bonté, et
qui se constitua son ennemi implacable. Il jura à lui
et aux siens une haine éternelle, et il tint parole.
Non content de couvrir d'injures ce vieillard vénérable, il dénonça ses deux Communautés d'abord à
l'autorité ecclésiastique, qui, le connaissant, ne tint
aucun compte de ses grossières calomnies. Il s'adressa
ensuite au gouvernement, au ministère des cultes et
à la préfecture, dont il espérait un meilleur accueil ;
il voulait, dans sa haine impie, détruire ces deux familles religieuses qui avaient déjà produit un bien
immense dans le diocèse de Sens et les diocèses voisins. Eh bien ! la charité et la douceur du R. P. Boyer
recherchaient cet homme ; il lui tendait la main ; il
lui ouvrit même ses bras, et il en fut toujours repoussé.
Mais la justice des hommes et la justice de Dieu se
chargèrent de venger celui qui ne voulait qu'aimer et
pardonner, et le calomniateur dut s'éloigner de son
pays, submergé sous le mépris public.

Les expulsions de 1880 apportèrent au R. Père
un nouveau genre d'épreuves plus poignantes encore,

parce qu'elles atteignaient toutes les Communautés religieuses et menaçaient l'existence même de la sienne. En ce généreux pays de France, on vit des sectaires haineux, arrivés au pouvoir, arracher à leur religieuse demeure des hommes blanchis dans le travail de l'apostolat, l'étude et la prière, tandis qu'ils rouvraient les portes de la patrie aux assassins et aux incendiaires de la Commune. Et ce spectacle lamentable était donné au monde, non par une populace ameutée, mais par un gouvernement qui avait écrit sur tous les murs : *Liberté, Egalité, Fraternité.* Les armes que la Constitution donne au pouvoir pour le maintien de l'ordre et la défense des justes lois, pendant des heures qui compteront parmi les plus lamentables de notre histoire, furent mises au service d'une secte impie. Les portes des monastères étaient brisées à coups de hache, les cellules crochetées et envahies, les chapelles fermées et mises sous les scellés, les Religieux vénérables violemment expulsés des asiles de la science et de la piété qui étaient leur propriété sacrée. Nous nous rappelons la stupeur et la consternation des honnêtes gens, l'indignation des catholiques militants qui assistaient à ces actes de brigandage, qui se sentaient en droit de légitime défense et qu'arrêtait, seule, la charité des victimes.

Les feuilles publiques, qui nous apportaient chaque jour ces récits navrants, nous annoncèrent tout à coup, le 6 novembre, que nos Frères de la Pierre-Qui-Vire avaient été expulsés la veille, à main armée.

Le préfet Maulmont était parti d'Auxerre le 4 pour
Avallon, afin de préparer, pendant la nuit, comme
font les bourreaux, l'exécution du lendemain. Il
manda pour le seconder M. Bazire, procureur, et
M. Moreau, son substitut. L'un et l'autre lui refusè-
rent noblement leur concours pour cet acte de brigandage, et inscrivirent, ce jour-là, leurs noms au livre
d'or de la magistrature. Le lendemain, à 7 heures du
matin, les portes du monastère étaient brisées, et
elles conservent encore aujourd'hui leurs glorieuses
cicatrices ; les cellules étaient crochetées une à une,
et les Religieux, jeunes, vieillards, infirmes, étaient
arrachés de force et jetés dans la rue. Ces désastres
semblaient présager les nôtres, et la rumeur publique
annonçait que l'expédition armée, qui venait de dé-
vaster la Pierre-Qui-Vire, se dirigeait sur Pontigny ;
une voiture, arrivée le matin et qu'on avait prise pour
celle du commissaire central, semblait confirmer ce
bruit. C'était une fausse alarme.

La condition du R. P. Boyer et de ses Missionnaires n'était, ni aux yeux de l'Eglise, ni aux yeux
de l'Etat, la même que celle des Bénédictins de la
Pierre-Qui-Vire. Ceux-ci avaient embrassé la Règle
de saint Benoît et étaient reconnus par l'Eglise comme
Ordre religieux. Les Pères de Pontigny n'avaient pas
le même honneur et ne jouissaient pas des mêmes
privilèges. Ils s'étaient associés sous une Règle commune, avec des engagements de conscience qui ne
regardent que le for intérieur et qui n'étaient pas
approuvés à Rome. Ils exerçaient leur ministère sous

la juridiction de l'Ordinaire et avec le modeste titre
de prêtres auxiliaires. Cet humble nom exprime leur
humble rôle, qui consiste, soit à venir en aide au
clergé des paroisses, en cas de maladie, soit à seconder son zèle par les retraites et les missions. C'est à
ce titre que l'Archevêque de Sens les réclame comme
siens, habitant chez lui, dans une maison qui est la
propriété de la mense épiscopale.

Le ministre reconnut le bien fondé de ces raisons,
et donna au prélat l'assurance que ses missionnaires
ne seraient pas inquiétés.

Mais ces paroles ne suffisaient pas à rassurer les
amis de Pontigny. « Que vaut, disaient-ils, la promesse d'hommes qui n'ont d'autre loi que les intérêts
de leur ambition et ce qu'ils appellent les nécessités
politiques ? Le ministre ne céderait-il pas sous une
poussée de passions démagogiques, et devant les menaces des exaltés ? » Le R. P. Boyer le craignit jusqu'au bout ; aussi, a-t-il subi dans son cœur toutes
les agonies de l'expulsion. Ses amis le craignaient
autant que lui, et les vaillants chrétiens du voisinage arrivèrent avec des hommes de loi, et firent
bonne garde aux portes de l'abbaye. Ces craintes ne
se justifièrent pas ; les ordres venus d'en haut furent
respectés, et l'accalmie des jours suivants fit disparaître toutes les inquiétudes.

Ce fut une déception pour les affamés de persécution. L'ignoble feuille, l'*Yonne,* poussa des cris
d'hyène, comme le fauve à qui on arrache sa proie.
Le magnanime Paul Bert s'indigna. Il écrivit à

M. Constans, alors ministre de l'Intérieur et des
Cultes, pour signaler à son impartialité cet oubli scan-
daleux. Qui doutera à lire cette haineuse délation que
s'il eût vécu sous le régime de la Terreur, il ne se fût
élevé à la hauteur de *ses pères* qu'il a glorifiés dans
ses *Manuels,* et ne se fût fait avec eux dénonciateur
des *suspects* et pourvoyeur de l'échafaud ? Mais ces
temps héroïques n'étaient plus ; il dut se rabaisser
aux petitesses de son époque, et se contenter, faute
de mieux, du rôle de pourvoyeur des expulsions.
« L'antique serpent de l'erreur et de la persécution
ne meurt pas, il change seulement de couleur au soleil de chaque siècle. » La guillotine n'étant plus de
mode, il fallait bien se contenter de briser les portes
et de violer les domiciles. N'y avait-il pas, dans la
région représentée par ce grand homme, une dou-
zaine de prêtres qui habitaient sous le même toit,
étudiaient et priaient en commun ? Et ils n'avaient
pas été chassés de leur demeure !... Alors, à quoi
sert-il de publier de glorieux décrets pour remplacer
les lois ?

Voici cette lettre par laquelle ce Marat au petit
pied dénonça au ministère de l'Intérieur les Religieux de Pontigny et réclama leur expulsion. Aussi
misérable par la forme qu'ignoble par le fond, elle
souleva alors le dégoût de tous les honnêtes gens.
Elle est aujourd'hui bien oubliée ; mais il importe de
la conserver à notre histoire locale, et nous deman-
dons qu'elle soit attachée, comme un carcan, au cou
de la statue du pont d'Auxerre :

« Paris, 17 novembre 1880.

« Monsieur le Ministre,

« Il existe dans le département de l'Yonne deux couvents habités par des hommes : celui de la Pierre-Qui-Vire et celui de Pontigny.

« La population, qui s'attendait à ce qu'on leur appliquât simultanément les décrets du 29 mars, est fort surprise de voir que les Bénédictins de la Pierre-Qui-Vire ont été expulsés le 5 novembre, tandis qu'aucune mesure n'a encore été prise contre les moines de Pontigny.

« L'étonnement a augmenté lorsque le journal l'*Yonne* eut publié un extrait de l'*Ordo* du diocèse de Sens pour 1876, dans lequel on lit :

« Congrégations et Communautés religieuses du diocèse de Sens : 1° Rel. Bénéd. du S. C. de J. et du C. I. de M., à la Pierre-Qui-Vire ; 2° PP. de la maison de Pontigny : *Pontigny* (maison-mère), *Saint-Savinien*. »

« Je reçois presque chaque jour des lettres à ce sujet et suis fort embarrassé pour y répondre.

« Je viens donc vous prier, Monsieur le Ministre, de me faire connaître les raisons pour lesquelles les « Pères de la maison-mère de Pontigny » n'ont pas été soumis à l'application des décrets du 29 mars 1880. Je communiquerai à la presse locale la réponse que vous avez bien voulu me promettre de me faire.

« Agréez, etc.

« Paul BERT,
« *député de l'Yonne.* »

23

Voici la réponse du Ministre de l'Intérieur :

« Monsieur le député et cher collègue,

« Vous avez appelé mon attention sur les prêtres de Saint-Edme, établis dans l'Yonne, à Pontigny.

« La situation légale de ces religieux a été l'objet d'un examen approfondi. Cet examen nous a amenés à reconnaître qu'ils ne sont pas liés par des vœux, qu'ils sont placés sous la juridiction exclusive de l'Ordinaire, qui en dispose, suivant les circonstances, pour remplacer les curés ou desservants malades et absents, et qu'enfin la maison qu'ils occupent n'est pas leur propriété, mais celle de la mense archiépiscopale de Sens.

« Dans cette situation, ils ne constituent pas une congrégation religieuse, au sens légal du mot, et ils ne tombent pas, en conséquence, sous le coup des lois qui autorisent la dissolution par voie administrative.

« Telles sont les raisons qui nous ont déterminés à ne pas procéder à l'égard des religieux de Saint-Edme comme nous l'avons fait à l'égard des bénédictins de la Pierre-Qui-Vire.

« Agréez, etc.

« *Le Ministre de l'Intérieur et des Cultes,*

« CONSTANS.

« Paris, le 23 novembre 1880. »

La cause était finie. Le R. P. Boyer, avec sa prudence calme et sa longanimité inébranlable avait su

triompher de toutes les attaques, et arracher sa famille religieuse aux périls et aux douleurs de l'expulsion. Ici, encore, il ne fut pas à l'abri de reproches
de faiblesse et de pusillanimité. Plusieurs des plus ardents, parmi les catholiques et même parmi ses fils,
que les lauriers des expulsés empêchaient de dormir,
blâmaient son attitude. Pourquoi ne bravait-il pas la
persécution et ne déclarait-il pas sa famille congrégation religieuse, au même titre que les autres Communautés. Il eût ainsi partagé avec elles le sort magnanime qui leur donnait, aux yeux de l'univers chrétien,
une véritable et juste glorification. Sans aucun doute,
le P. Boyer était prêt à subir l'expulsion, l'exil et la
mort, plutôt que de trahir, par une faiblesse, la cause
de Dieu et de l'Eglise ; mais il avait des droits incon-
testables, même aux yeux de ses ennemis ; il devait
les faire valoir. Saint Paul disait : *Civis romanus
sum*. Il disait, lui : « Je suis citoyen français ! » Quand
même nous serions des religieux approuvés à Rome,
vous n'auriez pas le droit de nous expulser d'une
maison qui est la nôtre et dont nous payons le loyer.
Mais même les prétextes odieux et injustes que vous
alléguez contre les autres, vous manquent contre
nous ; et vous déclarez vous-mêmes que vous ne sau-
riez les faire valoir. »

C'est dans cette situation de droit commun, inat-
taquable devant la constitution et même devant les
décrets, que Pontigny subsiste sous la garde de Dieu.

Le R. P. Boyer, aux paroles ou aux lettres aggres-
sives, comme aux mesures violentes, ne répondait que

par la douceur. Il disait encore en sa dernière maladie : « Je ne puis souffrir une ombre entre une âme et moi. » Il craignait qu'un peu de froissement eût empêché un vrai chrétien, de ses amis, de lui envoyer comme toujours ses vœux de nouvel an. Il le prévint, et, par quelques lignes affectueuses tracées de son lit de souffrance, il provoqua une réponse qui soulagea son cœur. Il allait toujours au-devant de ceux qui paraissaient lui montrer quelque froideur, et il pouvait dire avec l'aimable François de Sales : « J'ai le cœur fait comme les arbres qui donnent le baume : plus on les déchire, plus ils donnent leur parfum... Plus on me peinait, plus j'aimais... Je me faisais petit pour conduire les petits, et, comme le bon Pasteur, je mesurais mes pas aux pas de mes petits agneaux. Sans doute je les conduisais, mais je ne les pressais pas trop, de peur de les fatiguer... Je recevais chacun avec un visage gracieux, sans en éconduire aucun de quelque condition qu'il fût. J'écoutais tout le monde paisiblement et aussi longtemps que chacun voulait, tout comme si je n'avais eu que cela à faire. Est-ce que le bon ange de chacun n'était pas là pour me regarder ?... Je me faisais bien pliable au vouloir des autres, cherchant, non à faire aller les autres à moi, mais à aller moi-même aux autres. Oh ! que c'est une grande paix et un grand bien d'être ainsi pliable et facile à être tourné en toutes mains... Je regardais cette vie comme un voyage que nous avons à faire unis à ceux que Dieu met près de nous sur le même chemin. Ces compagnons de route, je les supportais, et je les aidais, et je les aimais. Ne fallait-il pas qu'arrivés au terme du voyage ils pussent dire que j'avais été bon pour eux ?... »

Pour s'élever au-dessus des poussières du monde, pour se soutenir au-dessus de nos basses régions et vivre dans un air plus divin, le Révérend Père avait les deux ailes dont parle l'*Imitation,* la pureté d'affection que nous venons d'admirer, et la simplicité d'intention dans ses rapports avec Dieu et avec les hommes. La simplicité et la droiture étaient un des traits aimables et saillants du caractère du P. Boyer. Il était simple avec Dieu et allait droit à lui comme un rayon de soleil. Il était simple dans ses vêtements, dans sa démarche, dans sa parole, dans sa tenue correcte et irréprochable : on sentait en tout l'homme de Dieu, dédaigneux des recherches et des applaudissements des hommes. Il ne voyait, ne voulait, ne cherchait que Dieu dans l'ensemble comme dans les moindres détails de sa vie.

Il en était de même dans ses relations avec les hommes. Il n'était pas *habile* en affaires, et les finesses lui étaient absolument étrangères. « Je ne sais pas être rusé, disait-il en souriant, et, si je voulais être astucieux, je me prendrais moi-même et m'embarrasserais dans les filets de mes propres ruses! » Il fut plus d'une fois victime de sa simplicité. Un de ces lunetiers ambulants, qui vivent sur la crédulité publique, le fait appeler nommément et lui propose, pour l'un de ses Pères dont la vue était très défectueuse, des verres qui remédieraient infailliblement à ce défaut visuel. Nous laissâmes le P. Boyer aux prises avec le charlatan, bien persuadés qu'il allait le congédier lestement. Pas du tout, il parlemente comme Eve avec le serpent, et nous le voyons revenir avec une paire de lunettes qu'il avait payées vingt francs et qui valaient vingt sous. Sur le reproche que nous lui adressâmes en riant : « Pourquoi, répondit-il, n'êtes-vous pas restés à mon secours, et m'avez-vous abandonné à moi-même? Vous savez bien que je suis incapable de résister à une tromperie! » Cette droiture naïve et cette sincérité sans ombre donnaient un grand charme à son commerce et lui faisaient des amis de toutes ses connaissances.

La simplicité dans le R. P. Boyer était accompagnée d'une véritable humilité d'autant plus sincère qu'il en affectait moins les dehors. Il aimait à exalter ses Pères et ses confrères ; il faisait valoir leurs vertus et leurs talents, qu'il mettait bien au-dessus des siens. Il les félicitait de leurs succès qui lui causaient plus de joie que les siens propres, et il s'en servait pour les encourager dans leurs ministères ingrats ou difficiles. Il était aussi heureux de voir le bien fait par les autres que par lui-même. Il ne se présentait aux pasteurs que comme le plus humble de leurs vicaires, et il essayait, en toute occasion et sans rien affecter, de prendre place après ces derniers. Il recevait partout des témoignages et des marques de déférence dont il ne se défendait pas, mais dont il ne se prévalait jamais : il les renvoyait à sa Communauté. Il nous écrivait de Toulouse : « J'ai été accueilli à la Communauté des Pères Jésuites de l'*Apostolat* avec une sympathie vraiment touchante et qui m'a beaucoup édifié... Je renvoie à notre chère famille religieuse tout ce qu'on me témoigne d'honneur et de gracieusetés de toutes sortes. Les PP. Regnault et Candeloup m'ont fait visiter toutes les merveilles de Toulouse ; ils m'ont conduit en voiture et accompagné partout. » Ces témoignages de déférence et d'honneur, il était toujours disposé à les rendre surabondamment, même à ses inférieurs. Un jour qu'excédé de fatigue il faisait une conférence aux novices, il fut vaincu par le sommeil et perdit un instant connaissance. En s'éveillant, il se leva, se mit à genoux devant les Frères et leur baisa les pieds comme réparation de sa défaillance involontaire.

Il resta quarante-cinq ans Supérieur, toujours réélu à chaque triennat presque à l'unanimité des voix. Il ne manifesta jamais le désir qui ne le quitait pas, surtout dans ses dernières années, d'être déchargé d'un fardeau qui lui causait tant de fatigues, d'inquiétudes et de soucis. Il exprimait souvent dans ses confidences intimes le bonheur qu'il aurait d'être délivré et de rentrer dans l'obéissance, qui avait tant de charmes pour lui. Au milieu de difficultés sans cesse renaissantes, il n'était pas l'homme au découragement facile et menaçant à tout propos de sa démission, qu'il n'offrit même jamais à la Communauté ; il eût craint d'aller contre la volonté de Dieu. Il la méditait et la préparait en secret, devant Dieu ; c'était une

affaire à traiter mûrement entre son directeur et lui.
Pour être sûr de ne pas errer dans une si grave détermination, à la fin de la retraite et à l'expiration de
son triennat de 1881, il recourut à cette forme d'*élection* qui lui avait si bien réussi dans le passé. Voici
cette élection, telle qu'il la rédigea en mettant en
balance les raisons de refuser et les raisons de conserver sa charge :

Refuserai-je la Supériorité ?

« Oui. — Saint Jean de la Croix demandait tous
les jours à Dieu la grâce de ne pas mourir Supérieur.
Dans ma soixante-dixième année, il est temps de
prendre ma retraite, et de me ménager des jours de
préparation à la mort... Les années que le Seigneur
voudrait bien me donner encore ne seront plus que
des années de grâce, qu'il sera utile et nécessaire de
mettre à profit pour moi-même.

« J'ai reconnu, comme on l'a constaté, que je n'ai
pas eu l'énergie nécessaire pour le gouvernement de
la Maison... Pères et Frères peuvent souffrir de ce
manque de direction, et je souffre moi-même de l'impuissance où je suis... Il n'y a pas lieu de modifier cet
état de choses qui tient à des causes différentes, dont
plusieurs sont indépendantes de ma volonté... Cette
souffrance ne me serait rien si ce n'était l'offense de
Dieu qui peut s'y rencontrer... N'est-ce pas l'indica-
tion de la volonté divine ?

« J'éprouve une très grande gêne pour donner les
emplois... Mon changement de charge amènera né-

cessairement des combinaisons auxquelles il faudra que tous se prêtent et qui, je l'espère, contribueront au bien général.

« La Supériorité amène très souvent des troubles qui nuisent à ma sanctification. Je porte la responsabilité des misères qui me préoccupent ; je n'ai pas la fermeté nécessaire pour les faire cesser...

« J'ai toujours pratiqué avec une grande joie l'obéissance ; je la reprendrai aujourd'hui avec bonheur... Quelques emplois pourront, sans doute, plus que d'autres, répugner à ma nature ; mais je me sens disposé, Dieu aidant, à remplir de mon mieux ceux que l'obéissance m'imposera.

« En me sanctifiant moi-même plus aisément dans cette voie de l'obéissance, je me rendrai utile à toute la Communauté par le bon exemple que j'espère lui donner, avec la grâce de Dieu. »

Le R. P. expose ensuite les motifs contre le refus, et y répond aussitôt.

« 1° Ne rien demander, ne rien refuser, ne serait-ce pas une disposition plus parfaite ? *Il est toujours permis de demander des emplois plus humbles.*

« 2° Les épreuves que nous traversons ne s'augmenteraient-elles pas par suite de ce refus ? *Un peu peu plus tôt, un peu plus tard, la circonstance d'un changement aura lieu. Elle s'amoindrira par la disposition de cœur et par la conduite que j'espère garder.*

« 3° Ne serait-ce pas une lâcheté condamnée par
la loi divine que de déserter le travail quand il peut
être plus difficile, et que Dieu réclame plus de bonne
volonté ? *Je ne refuse pas le travail ; j'accepterai
volontiers celui de l'obéissance ; je redoute, par charité pour les autres, le travail de l'autorité que je ne
sais pas exercer.*

« 4° En face des événements qui se préparent, que
nous pouvons raisonnablement craindre, et qui ne se
font déjà que trop sentir, n'est-il pas utile d'avoir un
Supérieur qui soit, par expérience, au courant de tout
ce qui regarde la Communauté, et Monseigneur de
Sens ne témoignera-t-il pas quelque mécontentement
de mon refus ? *Peut-être dans le premier moment ;
mais, la Communauté ayant fait un choix, Monseigneur l'acceptera, maintenant surtout qu'il connaît
mieux toute la Maison, et qu'il a pour elle une affection vraiment paternelle.* »

Il était facile de rassurer la conscience du Révérend
P. Boyer, en lui remettant sous les yeux l'idéal du
vrai Supérieur tracé par saint Ignace, le maître spirituel en qui il avait tant de confiance. Certes, il pouvait gémir de ne posséder point toutes les qualités du
Supérieur parfait ; mais tous ceux qui l'ont connu
savent qu'il eut dans un degré éminent le plus grand
nombre des vertus réclamées par l'illustre fondateur
de la Compagnie de Jésus.

Saint Ignace demande : qu'un supérieur ait une
sainte familiarité avec Dieu dans la prière et dans

toutes ses actions, afin que, puisant à la source de tout bien, il verse avec abondance dans ses inférieurs les dons célestes ; — qu'il soit un homme assez accompli pour que son exemple aide les autres dans l'exercice de toutes les vertus, et que sa charité et les charmes de son humilité le rendent aimable à Dieu et aux hommes ; — qu'il soit affranchi de toutes les passions désordonnées, et que son extérieur et son langage surtout soient tellement réglés qu'on ne puisse rien remarquer en lui, pas même une parole qui ne serve à l'édification ; — qu'il sache joindre la mansuétude à la fermeté, la grandeur d'âme à la force de caractère pour soutenir l'infirmité de plusieurs et ne pas se laisser abattre par l'adversité ou les contradictions ; — qu'il excelle par l'intelligence et par le jugement, afin que ces dons du ciel ne lui fassent défaut ni dans les choses spéculatives ni dans les choses pratiques ; — enfin, qu'il soit vigilant pour la conduite des affaires et courageux pour les mener à leur fin.

Lorsque le P. Boyer s'estimait incapable de porter utilement la Supériorité, il obéissait à une défiance de lui-même, à une délicatesse de conscience, et à une humilité que justifiaient à ses yeux quelques ombres à ce tableau. Mais le directeur, mieux éclairé parce qu'il n'était pas juge dans sa propre cause, et qui reconnaissait en lui la réunion rare des qualités d'un Supérieur selon Dieu, lui répondit avec tranquillité : « Offrez à Dieu votre sacrifice, et restez attaché à votre charge comme votre divin Maître est resté attaché à la Croix, et mourez-y, s'il le faut, comme Jésus-Christ lui-même est mort sur la Croix. »

L'ensemble de ces vertus, cette parfaite domination de lui-même, le R. P. Boyer sut les mettre sous la garde de la mortification et de la modestie devenues comme ses deux austères et inséparables compagnes.

Dans cette humble vie, comme dans celle de tous les saints, le chapitre le plus effroyable est celui des macérations. Chaque semaine, le cilice, les chaînes, les disciplines, avaient leur jour marqué. Le Père voulait que son sommeil lui-même fût mortifié, et, pendant quarante ans, il coucha sur la dure. Il avait dans sa chambre un pauvre lit dont il ne se servait jamais et qui était là pour laisser croire qu'il y dormait. Chaque soir, il étendait par terre deux planches sur lesquelles il se reposait de ses journées accablantes.

Ces austérités qui étonnent ne sont pourtant pas ce que nous trouvons de plus héroïque dans l'homme de Dieu. On peut, d'une certaine manière, dire de lui ce qui a été dit de Dieu : qu'il était grand dans les grandes choses et très grand dans les petites : *Magnus in magnis, maximus in minimis.* Ce qui paraît plus admirable en lui, c'est la mortification continuelle qu'il portait en toutes choses. Il ne se servait jamais de ses sens ni des créatures pour l'agrément, mais pour le besoin et le devoir. Sa journée était une série de continuels sacrifices ; ils se succédaient du matin au soir, jusqu'à l'heure où le sommeil lui fermait les yeux. A la chapelle, l'attitude adoratrice dont nous avons parlé le tenait dans la gêne ; dans sa chambre, à la récréation, son maintien, sa parole, sa démarche étaient mesurés par une habituelle modestie qui matait la nature. Il prêchait sans cesse la modération dans l'usage des choses, et il en donnait l'exemple. A table, il mortifiait ses goûts et se privait pour les autres ; dans sa chambre, l'hiver, vous le trouviez auprès d'un feu très modeste qui lui donnait à peine la facilité d'écrire, lorsque ses doigts raidis par le froid lui refusaient leur service.

La régularité était encore dans le P. Boyer une forme d'austérité incessante ; elle était absolue chez lui, et on le trouvait toujours le premier aux exercices communs. On sait que la Règle est un lit de Procuste qui retranche tout ce qui dépasse la ligne, et qui exige qu'on s'étende et s'efforce pour aller jusqu'au bout de soi-même : il en faisait le cadre de ses journées. Il gémissait souvent de voir s'accumuler sur sa table des lettres auxquelles il ne pouvait répondre que tardivement : au son de la cloche, il laissait une phrase commencée, et arrivait là où la Règle l'appelait.

Le travail qui était continuel chez lui, et souvent accablant, était devenu sa meilleure mortification. A la maison, en voyage, dans les retraites ou missions, on ne le trouvait jamais inoccupé. Il avait pourtant remarqué que les visites, la gaieté et l'entretien de la conversation, la surveillance trop prolongée des ouvriers l'avaient entraîné à quelque perte de temps.

C'était une fissure par laquelle se glissait la nature ; il y mit ordre à la manière des saints, et fit *vœu,* comme saint Alphonse de Liguori, de ne pas perdre la moindre parcelle de son temps ; et il y fut fidèle jusqu'à la fin. N'est-ce pas le suprême et le sublime témoignage de l'héroïcité de ses vertus et de la plénitude de sa vie ?

ABBAYE DE PONTIGNY

CHAPITRE XVII

Tandis que le R. P. Boyer multipliait les œuvres, les vertus et les mérites, le temps, lui aussi, faisait son œuvre et multiplait les années. Il amenait au vénéré Père, dans son cours, hélas! trop rapide, le cinquantième anniversaire de son ordination sacerdotale, et il éveillait dans son âme un immense besoin de reconnaissance. Ce vétéran de l'Eglise militante évoqua alors sa vie tout entière, et il vit se lever à tous les horizons, les plus doux et les plus touchants souvenirs. Ils lui venaient de son pays natal et de son enfance; ils lui venaient de ses études profanes et sacrées et de sa formation sacerdotale; ils lui venaient de sa première paroisse et de ses familles religieuses, des villes et des villages qu'il avait évangélisés. Chers souvenirs, ils étaient légion, et ils lui criaient : « Te souviens-tu?... Te souviens-tu de ta première communion, de tant de grâces reçues depuis, de tant de bienfaits signalés, de tant d'âmes que tu as converties, consolées, sanctifiées?... » Oui, il se souvenait! Mais, au-

dessus de ces suaves images du passé, rayonnait une
date sacrée, la date de sa consécration sacerdotale, qui
avait été le principe de la puissance, de la fécondité et
des plus précieuses bénédictions de sa vie. Le souvenir
de ces premières noces avec l'Eglise appelait, après
cinquante ans écoulés, la célébration de noces d'or,
un jubilé. Il s'adressa à sa famille naturelle tant
aimée, à sa double famille religieuse, à ses frères
dans le sacerdoce, à toutes les âmes qu'il avait édi-
fiées, et il leur cria, avec les accents de l'Esprit-
Saint : *Venite, exultemus Domino ! Jubilemus Deo
salutari nostro !* « Venez, joignez-vous à moi ; tressaillons d'allégresse dans le Seigneur ; jubilons en
Dieu notre salut ! »

Ce jubilé, le R. P. Boyer voulut le célébrer dans
ces lieux qui avaient été les témoins et le théâtre des
principales faveurs de sa vie : à Noyers, à Pontigny,
à Sens, à Pourrain, lieux aimés, où il voulait faire
éclater sa reconnaissance.

« Les noces d'or d'un prêtre ! C'est toujours une
grande fête pour le peuple chrétien. Il acclame dans
ce vétéran du Sacerdoce cinquante années de labeur,
employées à la plus belle, à la plus haute de toutes les
œuvres : la gloire de Dieu et le salut des âmes. Mais
quand ce prêtre est un de ces hommes apostoliques qui
ont jeté à pleines mains, chaque jour de leur longue
carrière, dans le champ du père de famille, les célestes
semailles ; quand c'est un de ces prêtres éminents que
leur mérite a portés au sommet des dignités ecclésiastiques ; quand c'est un de ces saints qui ont répandu

partout le parfum des vertus chrétiennes, la joie gagne de proche en proche et s'étend au loin. C'est ainsi que tout le diocèse de Sens a pris part aux fêtes successives dont le R. P. Boyer a été le héros. Tous, s'associant aux acclamations enthousiastes de ses compatriotes, de ses fils, de ses paroissiens, ont suivi de la pensée et du cœur, de leurs prières et de leurs vœux, le pèlerin jubilaire dans ses joyeuses étapes : à Noyers, où il célébrait l'anniversaire de son baptême ; à Pontigny, où il célébrait celui de son ordination : à Sens, au monastère des Sœurs de la Providence, où il célébrait l'anniversaire de sa première messe ; à Pourrain, où il célébrait celui de son installation curiale dans cette paroisse (1). »

Les prémices, que j'appellerais volontiers les premières vêpres de cette grande fête, furent pour Noyers, pays natal du P. Boyer, et il les fit coïncider avec l'anniversaire de son baptême (13 février). La population était en fête comme au jour où il avait célébré, cinquante ans auparavant, sa première messe ; l'église était parée comme en ses plus pompeuses solennités ; la foule sympathique était accourue pour entendre la parole éloquente d'un compatriote toujours aimé. Les survivants de ces jours lointains étaient devenus rares, mais pourtant assez nombreux pour conserver dans les familles la mémoire d'honneur et d'édification attachée au nom du R. P. Boyer.

(1) *Semaine religieuse de Sens*. 7 mars 1886.

24

Aussi l'émotion fut-elle profonde, lorsqu'on l'entendit, de sa voix restée jeune et sonore, rappeler les souvenirs de sa pieuse enfance, les aspirations de son adolescence, et enfin le jour mémorable où il reçut l'onction sainte qui le fit prêtre pour l'éternité. Il y eut un moment où les larmes coulèrent de tous les yeux, celui où, montrant à l'assemblée la lettre jaunie par le temps, que lui écrivit son père, le vieil instituteur de Noyers, la veille de ses engagements irrévocables, il la lut au milieu de ses pleurs, mémorial sacré qui nous reste comme un monument de la sainte tendresse du père et de la fidélité du fils.

Mais, hâtons-nous de le dire, ce n'était-là que le faible prélude des fêtes magnifiques qui se célébrèrent dans sa famille religieuse de Pontigny, le 27 février. Ce jour anniversaire de son Ordination fut pour le R. Père, le jour vraiment triomphal. Ses Fils heureux, venus de Sens, du Mont-Saint-Michel et de Laval, les benjamins de la famille, les jeunes novices, l'entouraient comme les rejetons de l'olivier, et célébraient par les chants, l'éloquence et la poésie, les innombrables bénédictions que Dieu avait répandues sur la longue vie de leur Père. Dès le matin, on vit arriver, à l'Abbaye en fête, les nombreux amis de Pontigny; humbles et nobles, prêtres et laïcs, confondaient leurs rangs et escortaient en procession le vénérable jubilaire, rajeuni par la reconnaissance et la joie. Tandis qu'il montait à l'autel qui avait réjoui sa jeunesse, les plus beaux chants de la liturgie sacrée, admirablement exécutés par ses Fils, se mêlaient à sa

voix suppliante. Après l'Évangile, il monta en chaire,
et, dans une émouvante allocution, il laissa déborder
les sentiments de son âme. C'était le *Nunc dimittis* du
vieillard Siméon, rassasié de jours et prêt à mourir. Il
prit pour texte les paroles que l'Eglise remet sur les
lèvres du prêtre, toutes les fois qu'il renouvelle ses
promesses cléricales : paroles aimées, que le P. Boyer
avait prononcées tous les matins de sa vie en baisant
la soutane, qui fut toujours pour lui le vêtement de la
science et de la sainteté : *Dominus pars hæreditatis
meæ et calicis mei* : « Le Seigneur est la part de mon
héritage et de mon calice. » « Mon héritage, s'écrie-t-
il, c'est l'Eglise !... » Et, dans l'Eglise, il salue d'abord
avec vénération le grand Pape Léon XIII ; il salue son
archevêque bien-aimé, ses frères en religion et dans
le sacerdoce, sa Communauté de la Providence,
sa famille, ses amis, sa paroisse de Pontigny, et il
rend grâces à Dieu des consolations de son Sacerdoce.
« Mais, ajoute-t-il, il y a le calice ! » Dans ce calice,
il a bu avec les joies, les douleurs, les humiliations,
les travaux, les souffrances de toute sorte ; il les a
bus avec une sorte d'ivresse en pensant au fiel dont
son maître fut abreuvé. « Mais, dit-il avec un accent
navré, il y a une peine dont je ne me consolerai
jamais, c'est l'indifférence religieuse de mes chers
paroissiens. » Et, avec des larmes dans la voix, il
demande à Dieu d'accepter sa vie en sacrifice pour le
salut de son peuple.

Avant de quitter l'église, un spectacle non moins
émouvant attendait l'assemblée. Sur le seuil même

qui domine la nef, est préparée une estrade. Le Révérend Père, assisté du P. Robert, supérieur de la
résidence du Mont-Saint-Michel, et du P. Hamelin, supérieur du collège de l'Immaculée-Conception
de Laval, vient y prendre place dans l'attitude humble
et pénétrée d'un Pontife. Devant lui, une petite chapelle présente aux yeux émerveillés un magnifique don
offert par des cœurs amis : un calice et un ciboire en
or, émaillés de pierres précieuses et du plus beau travail artistique. Alors l'aîné de la famille religieuse,
celui qui écrit ces lignes, adresse, devant la foule
attendrie, à son Supérieur, l'allocution suivante, que
nous reproduisons comme le résumé de sa vie :

« MON TRÈS RÉVÉREND PÈRE,

« Au milieu de ce concert d'actions de grâce qui
montent vers le ciel et de bénédictions qui vous arrivent de toutes parts, votre famille religieuse a le
devoir très doux d'élever la première, vers Dieu et
vers vous, sa voix reconnaissante et de vous offrir ses
filiales félicitations. Il est toujours permis à des Fils
de se glorifier dans leur Père ; son nom, ses travaux,
sa gloire, ses mérites deviennent leur premier titre
d'honneur et leur patrimoine sacré. Nous ne saurions
oublier que, sur vos cinquante ans de sacerdoce, quarante nous appartiennent, et ces quarante années, les
plus belles et les plus fécondes de votre vie, vous les
avez consacrées à notre humble Communauté qui vous
doit sa croissance et sa stabilité. Aussi l'allégresse
mêlée d'amour et de gratitude que vous apporte votre

jubilé sacerdotal, devient-elle notre allégresse personnelle ; son éclat rejaillit sur nous, et, avec vous, nous
jubilons en Dieu, notre salut.

« Ah ! s'il est un jour où le cœur d'un prêtre ait
besoin de se souvenir et de remercier, c'est bien celui
où il entend sonner le cinquantième anniversaire de
son sacerdoce. Votre cœur est un de ceux qui n'ou-
blient pas, et, lorsque vous avez vu approcher cette cinquantaine bénie, vous n'avez pu contenir le trop plein
de votre gratitude et de votre amour. Vous n'avez pas
voulu que, sous prétexte d'humilité, cette date écrite en
lettres d'or au ciel et sur la terre passât inaperçue, et
sans éveiller dans le cœur de vos familles religieuses
et de vos nombreux amis l'écho profond de la reconnaissance. Vous nous avez crié à tous avec un accent qui
a été entendu jusque sur les bords de la Manche et de
la Mayenne : « Venez vous réjouir et glorifier le Seigneur avec moi ; venez m'aider à le remercier comme
il le mérite, venez donc : c'est mon jubilé ! Tressaillons d'allégresse en Dieu, notre Sauveur : » *Venite,
exultemus Domino ! Jubilemus Deo, salutari nostro !...
Magnificate Dominum mecum !* Père, les âmes qui
vous sont dévouées, et elles sont nombreuses, s'asso-
cient de près ou de loin à nos actions de grâces. Vos
deux fils très chers, représentants des maisons du
Mont-Saint-Michel et de Laval, qu'ils dirigent avec
un zèle infatigable, sont venus pour prendre part à
cette fête de notre famille religieuse.

« Lorsque vous redescendez aux rivages lointains
de votre jeunesse, pour y rechercher les larmes et les

joies de vos ordinations, le premier souvenir que vous aimez à évoquer, c'est celui que vous écrivait, dans une lettre admirable, votre vénéré père, la veille de vos engagements sacrés, et que vous avez arrosée de plus de larmes qu'elle ne renferme de mots. Il fut prophète ce jour-là, ce nouveau Siméon, quand, mettant ses espérances au-dessus de ses alarmes, il vous annonçait que vous seriez le salut de plusieurs en Israël. Dieu lui avait dit au cœur que le fils de sa tendresse serait l'honneur et le vaillant soldat de l'Eglise. Vous avez dépassé ses espérances, et, du haut du ciel où il partage nos allégresses, il bénit Dieu avec nous de tant d'œuvres saintes qu'il ne lui a pas été donné de voir de ses yeux mortels.

« Ces présages heureux, mon Révérend Père, vous les avez justifiés dès le début de votre ministère. La Providence vous confia une paroisse populeuse, où votre zèle se trouva au large et où vous attendaient des âmes de choix. Vous avez formé là des chrétiens dignes de la primitive Eglise. Le fils d'une de ces familles patriarcales, formé par vous, est devenu l'évêque de Cisame, et évangélise depuis de longues années les vastes régions de la Chine. Blanchi dans les fatigues d'un immense apostolat et dans les épreuves d'une récente persécution, il n'a pas oublié son premier Père et Maître, et, naguère encore, il vous exprimait avec toute l'abondance d'un cœur filial, son regret de ne pouvoir venir, comme il l'avait espéré d'abord, vous apporter à travers les mers le tribut de son impérissable reconnaissance. N'eussiez-vous que récolté cet épi dans le champ confié à vos soins, qu'il vaudrait à lui seul des gerbes nombreuses ! Mais il n'est pas seul, et vous avez laissé dans cette paroisse des traces de votre passage que le temps n'a point effacées.

Toutefois, ce n'était là que le prélude d'un plus laborieux ministère. Dieu, qui vous a toujours aimé, avait sur vous de plus hauts desseins et vous préparait à de plus utiles destinées. Il se servit de la vocation religieuse de votre pieuse sœur, dont je suis heureux de prononcer ici le nom béni, pour réveiller en votre âme essentiellement apostolique, le germe encore caché de votre propre vocation. En préparant le discours de sa profession, vous comprîtes que ce saint état était le dernier mot de la grandeur morale et la plus belle forme que puisse revêtir la vie humaine. Puis, par un retour généreux, vous appliquant à vous-même ces principes, vous n'avez pas hésité à quitter une paroisse très chère pour agrandir dans la vie religieuse, votre travail et votre dévouement.

« En ce temps-là, votre saint ami, le vénérable Père Muard, venait de rallumer à Pontigny le foyer de lumière et d'amour éteint par la Révolution, auquel, pendant sept siècles, toutes les générations voisines étaient venues réchauffer leur cœur et leur foi. C'est là que vous vîntes cacher votre vie, dans une Communauté à peine naissante et qui n'a pas même de nom et d'existence dans l'Eglise. Vous arriviez à l'heure providentielle : le R. P. Muard, de plus en plus altéré d'austérité, allait bientôt partir pour une fondation plus héroïque et nous laisser orphelins. La séparation fut cruelle, et il ne se consola de nous quitter qu'en remettant entre vos mains, connues et chères, ceux qu'il abandonnait avec tant de regret, pour obéir à un appel divin. L'héritage était lourd ; rien n'était fondé, la vieille abbaye et sa belle église n'étaient pas encore sorties de leurs ruines. Vous recueillîtes ce pesant héritage sans faiblir, mais non sans verser des larmes dont nous avons gardé le souvenir. Vous vous êtes mis à l'œuvre, sans compter avec les obstacles et les pénuries, et Dieu a béni vos efforts. La Communauté prit la forme qu'elle conserve encore aujourd'hui ; l'église restaurée a retrouvé la solidité et la beauté de sa jeunesse. Une école chrétienne fut fondée et vient d'être agrandie par vous selon l'exigence des temps. Une congrégation-sœur, née presque sur la même terre, à Ligny, privée, par la mort, de son saint fondateur, fit appel à votre dévouement, et, depuis de longues années, elle refleurit sous votre sage et religieuse direction. Vous avez envoyé au Mont-Saint-Michel, puis à Laval, vos fils, dont le courage et le zèle, bénis de Dieu, ont été couronnés de succès inespérés.

« Et, parmi tant de sollicitudes, vous restiez apôtre avant tout, apôtre par les plus intimes aspirations de votre être. Nos villes, mais plus souvent de préférence nos villages, ont entendu cette voix qui ne se lasse jamais de parler de Dieu, et ont admiré cette activité qu'aucun travail ne fatigue. Loin des brillants théâtres, où se nouent les relations et où se font les renommées, vous avez mûri à l'ombre de notre obscurité, comme ces raisins savoureux qui acquièrent plus de suavité, en mûrissant sous les feuilles.

« Cependant les années se succédaient et vous apportaient dans leurs vicissitudes, des joies et des douleurs ; car la famille religieuse, comme la famille naturelle, se cimente avec les sueurs et les larmes. Vous avez vu souffrir, vous avez vu partir, vous avez vu mourir, et vous avez versé dans le sein de Dieu des douleurs que seul il pouvait consoler. Depuis quarante ans, chacun de vos jours, commencé à 4 heures du matin, et parfois achevé dans des veilles prolongées, a coulé plein jusqu'au bord comme un fleuve fertile, laborieux comme un jour de semailles, joyeux comme un jour de moisson. Vous vous en alliez, semant vos œuvres dans les sillons arrosés de vos sueurs : *Euntes ibant et flebant, mittentes semina sua !*... et aujourd'hui, vous venez, portant vos gerbes abondantes.

« Ah ! lorsque du haut de vos cinquante ans de sacerdoce, vous abaissez vos regards sur ce vaste champ, tantôt champ de bataille où vous n'avez remporté que des victoires, tantôt champ de culture où vous avez vu fleurir et mûrir tout ce que vous avez semé, quel cri de reconnaissance doit s'échapper de votre cœur ! Plus de quinze mille fois vous êtes monté à l'autel et vos lèvres se sont empourprées du sang de Jésus-Christ. Les absolutions aux pécheurs, les consolations aux malheureux, les conseils de perfection prodigués aux âmes fidèles, qui pourra les compter ? Nous n'en saurons le nombre que dans l'éternité.

« Tandis que vous jetiez ainsi à toute bonne œuvre

vos forces et votre vie, les années descendaient sans
apporter une ride à votre cœur, et les rides qu'elles
amenaient à votre front, ne semblent se montrer là
que pour rendre à votre vie un honorable témoignage.
C'était donc la vieillesse qui venait d'un pas timide
et lent, comme un hôte qui n'ose pas approcher et
surtout s'installer. On dit que c'est la vieillesse, est-
ce vrai? Mais où est donc son inévitable cortège de
douleurs et d'humiliantes infirmités? Vous nous ap-
paraissez avec l'éclat d'une seconde jeunesse, portant
dans un corps sain et radieux, une âme radieuse et
saine : *Mens sana in corpore sano.* Est-ce bien la
vieillesse? Est-ce l'ombre du soir qui descend, ou
plutôt n'est-ce pas l'aurore de l'éternel matin qui se
lève? On dit aussi que les noces d'or sont les premières vêpres du Paradis. Nous en acceptons l'au-
gure, mais avec la condition que la fête ne se
célébrera que vingt-cinq ans après les premières
vêpres. Nos espérances, un peu ambitieuses, sont-
elles donc si téméraires? N'êtes-vous pas le fils d'une
digne et vertueuse mère, qui est morte à quatre-
vingt-onze ans, avec la plénitude de son esprit et de
son cœur? Comme elle, et plus qu'elle, mon Révérend
Père, vivez longtemps ; demeurez avec nous, car il
se fait tard et nous avons encore besoin de votre présence. En célébrant aujourd'hui vos noces d'or, nous
vous donnons rendez-vous pour vos noces de diamant... *Ad multos annos!* Mes Frères, chantons :
*Longues années à notre Père! Que Dieu le garde à
notre amour!...* »

Tandis que l'orateur, avec une émotion qu'il avait peine à dominer, retraçait ainsi à grands traits la vie de son Supérieur, celui-ci, recueilli, laissait couler, couler encore ses larmes silencieuses, ses larmes de reconnaissance et d'amour.

A peine ces dernières paroles : *Longues années à notre Père!* furent-elles prononcées, que le chœur des novices les reprit dans un chant enthousiaste ; l'orgue se mit de la partie, et les cantates les plus ravissantes firent retentir les voûtes et portèrent à son comble l'émotion de l'assemblée.

Des agapes fraternelles réunirent ensuite les conviés, où le dessert fut agrémenté par des toasts variés et charmants. Un ancien zouave pontifical ouvrit le feu et termina ses félicitations affectueuses par ces mots : « Nous sommes les amis du prêtre, et le prêtre, nous le défendrons envers et contre tous jusqu'à la mort. » Vint ensuite un neveu du Révérend Père, qui joint aux goûts de la science la verve poétique, et qui célébra les hauts faits de son héros en vers gracieux, vingt fois entrecoupés par les applaudissements. Ce fut le tour du bien-aimé Supérieur du Petit Séminaire, qui, au nom de cette pépinière, espoir de l'Eglise, apportait à celui qui en fut autrefois l'honneur, les souhaits de ses élèves dont il était connu et vénéré. Enfin, le vénérable doyen du canton offrit ses félicitations au nom de tous les confrères du diocèse.

La série des toasts fut close par les Pères du Mont-Saint-Michel et de Laval, qui apportèrent, toujours en poésie, les souhaits des Apostoliques, les vœux

des élèves et des professeurs du collège finement
exprimés et dont la lecture souleva de joyeux applaudissements. En même temps, on remettait au Révérend Père une belle statuette de son patron, réduc-
tion de la statue dont les pèlerins baisent les pieds à
Saint-Pierre de Rome.

Comme couronnement de la fête et pour donner à
ces souvenirs une consécration artistique, le P. Maître
des novices vint s'incliner devant son Supérieur, et
lui offrit un splendide album avec couverture sculptée, renfermant les discours, lettres, poésies latines
et françaises, écrits sur parchemin en superbes caractères et magnifiquement illustrés par des mains
filiales. Ces compliments s'achèvent par un ingénieux
dessin à la plume : saint Pierre, les clés en main,
présente à Notre-Seigneur le R. P. Boyer très recon-
naissable, et s'apprête à lui ouvrir les portes du Paradis. Le doux Sauveur regarde avec amour son
apôtre fidèle et lui dit : « Mon fils, l'heure de la récompense n'est pas encore venue. »

En présentant cet album à son Père bien-aimé, son fils
aîné lui dit : « Les hommes de noble race se glorifient
volontiers dans leurs titres de noblesse qu'ils appellent
des parchemins et ils s'en font un légitime titre d'honneur. Il est juste que vous aussi, mon vénéré Père,
vous ayez vos titres de noblesse, vous les avez bien
gagnés. Les voici : quand vous arriverez devant saint
Pierre, votre glorieux patron, vous n'aurez qu'à lui présenter ces parchemins, qui sont les vôtres, et les portes
du Ciel s'ouvriront devant vous à deux battants. »

Tout n'était pas fini. Le soir, à l'école des Sœurs, édifiée par le R. Père, il y avait réunion, et la plus charmante qu'on puisse imaginer. Des chœurs d'enfants faisaient entendre les plus joyeuses mélodies, et récitaient à sa louange, devant lui, des dialogues ravissants de grâce et d'à-propos.

La scène se termina, à la sortie du P. Supérieur, par une pluie de dragées sur les heureux enfants se précipitant sur ses pas et lui faisant cortège.

Il n'y a pas de grande fête sans octave, et l'octave de celle-ci devait se célébrer à Sens, chez les Sœurs de la Providence, et, quelques jours plus tard, à Pourrain, la paroisse inoubliée.

La fête célébrée à la Communauté de Saint-Antoine, pour avoir été moins splendide que celle de Pontigny, ne fut pourtant ni moins douce, ni moins touchante. A Pontigny, on avait offert au P. Boyer un calice d'or pour célébrer le sacrifice commémoratif du premier ; à Sens, des mains non moins généreuses lui ont offert un bel orgue pour accompagner l'hymne de la reconnaissance, après cinquante ans de grâces et de bénédictions.

Le vénérable jubilaire, revêtu des ornements sacrés, entonna d'abord, dans la chapelle conventuelle, d'une voix que les années n'ont point affaiblie, le *Lætatus sum* de son ordination, écho béni d'émotions lointaines, mais toujours jeunes, et se rendit processionnellement au pied de la tribune, où l'orgue gracieux attendait comme un néophyte, sous les voiles de tulle et les guirlandes de fleurs, la bénédiction

liturgique, avant de faire entendre ses sons encore
profanes. Puis, aussitôt qu'il eût reçu sa destination
sainte, le chantre nouveau-né commença sous le
doigté habile d'un éminent artiste ses harmonies religieuses (1).

L'heureux officiant, entouré des vicaires généraux,
des chanoines, et d'un nombreux clergé, commença
le saint Sacrifice. A l'Evangile, il prit la parole.
Grâces à Dieu, elle n'a rien perdu de sa force, cette
voix apostolique! Ce ne sont « pas les restes d'une
voix qui tombe et d'une ardeur qui s'éteint. » Avec
cette chaleur pénétrante qui est son cachet distinctif et
sa saveur particulière, il commenta ce texte de saint
Paul : *Gratia Dei sum id quod sum* : « C'est par la
grâce de Dieu que je suis ce que je suis! » Le R. Père,
rappelant dans une esquisse rapide toutes les bénédictions de sa vie, en composa des strophes d'actions
de grâces ; puis, déclinant modestement la gloire de ses
nombreux succès, il en attribua le principal mérite
aux prières des âmes chrétiennes, au concours de sa
famille Religieuse, au bon esprit de la Communauté,
et conclut par une exhortation pressante à mettre à
profit toutes les faveurs providentielles.

Le saint Sacrifice s'acheva au milieu d'un recueillement ému, signifiant assez que les prières montaient
ardentes de tous les cœurs, et appelaient sur un
ministère déjà si fécond encore de nombreuses années.

---

(1) *Semaine religieuse* de Sens.

Des agapes fraternelles, comme celles de Pontigny, réunirent ensuite autour du vénérable jubilaire, ses anciens condisciples, ses fils en religion, ses élèves dans le Sacerdoce. Le R. P. Cornat, aumônier de la Communauté, porta au P. Boyer le toast de sa vieille affection, tout étincelant d'esprit et de cœur :

« Mon très Révérend Père,

« Nous voici décidément au rang des anciens du Sanctuaire. Il y a seulement quelques années, quand on parlait des vieillards, nous croyions qu'il s'agissait des autres. Doués par la divine Providence d'une robuste santé dont il reste bien encore quelque apparence, nous avancions dans la vie sans soupçonner la trahison des années; la vieillesse, c'était un mythe; le *fugaces labuntur anni,* c'était de la poésie. Mais présentement, il n'y a plus d'illusion possible. Célébrer sa cinquantaine de prêtrise, c'est déchirer tous les voiles... Ce qu'étaient, dans notre jeunesse cléricale, MM. de Vaudricourt, de Toustain, Tillot, Massé, Coquentin et les autres, nous le sommes aujourd'hui : des vieillards. Portons-nous tous nos cheveux blancs avec la même dignité? Je l'ignore... mais de vous, mon Révérend Père, je l'affirme avec l'assentiment universel. Oui, vous la portez dignement, cette couronne de cheveux blancs formée par les labeurs d'un long apostolat. Oui, votre carrière bénie de Dieu a été fructueuse pour sa gloire et pour le salut des âmes. Oui, vous avez fidèlement suivi les traces de notre saint ami et fondateur, le Père Muard!... Vous avez

été l'instrument de grandes grâces. Vous pouvez vous
appliquer dans une juste proportion ces paroles du
Cantique de Marie : *Fecit mihi magna qui potens est!*
« Celui qui est puissant a fait en moi de grandes
« choses. » Nous sommes ici assemblés, nous, vos
condisciples, vos enfants et vos amis, pour vous aider
dans l'action de grâces, pour vous encourager à combattre le bon combat jusqu'à la fin, et pour demander
au Ciel de vous conserver longtemps à notre tête. Ces
fêtes si chères à notre cœur, si douces pour le vôtre,
vous rajeuniront; *votre jeunesse se renouvellera
comme celle de l'aigle!* La parole que vous avez
dite à pareil jour, il y a cinquante ans, en montant
pour la première fois au saint autel : *Introïbo ad
altare Dei,* vous la redirez encore pendant de longues
années, à la grande joie et au grand avantage de vos
deux familles spirituelles : des Pères de Saint-Edme
et des Sœurs de la Providence. *Fiat! Fiat!* »

Les Sœurs de la Communauté vinrent ensuite offrir
leurs félicitations avec leur reconnaissance et exprimer leur joie de voir à l'honneur le vénéré Père
qu'elles avaient vu si longtemps à la peine. Elles pro-
testent qu'elles l'accompagneront sans cesse de leurs
prières, qu'elles consoleront sa vieillesse en le suivant dans les voies de la sainteté, qu'il leur trace tous
les jours par ses paroles et par ses exemples.

Le R. Père distribua à tous un souvenir de
cette charmante journée; et tous allèrent de nouveau
avec lui remercier le Dieu du Tabernacle de l'avoir
procurée, le conjurer d'en consacrer les joies par sa

bénédiction solennelle, de leur en garder longtemps le parfum délicieux, de leur en donner, dans dix ans, par les noces de diamant, un premier renouveau.

Il restait encore un petit coin de terre bien-aimé qui réclamait à grands cris sa part des fêtes jubilaires : c'était la chère paroisse de Pourrain. Le zélé pasteur, qui partageait les désirs de son troupeau, lui adressa la circulaire suivante : « Vous êtes invités à assister à une belle cérémonie qui aura lieu le dimanche 14 mars, dans votre église. Le R. P. Boyer viendra y célébrer ses *Noces d'or* et le cinquantième anniversaire du jour où, comme curé de cette paroisse, il vint y dire la messe pour la première fois !... »

Venait ensuite le programme, qui fut fidèlement suivi. M. le curé accueillit au seuil de l'église l'heureux jubilaire par les paroles suivantes :

« Mon très Révérend Père,

« Vos anciens paroissiens, qui ont reçu les prémices de votre si belle vie de prêtre et d'apôtre, sont accourus en foule pour revoir le pasteur d'autrefois qu'ils n'ont jamais oublié, et vous entourent en ce moment de leur filiale vénération. Que leur dirai-je de vous, cher Père? Je me contenterai de leur rappeler une parole de Notre-Seigneur à ses apôtres : *A fructibus eorum cognoscetis eos !* Aux œuvres, vous reconnaîtrez votre ancien curé. Dans cette paroisse, il a pleinement justifié ce qu'une voix bien-aimée a cru pouvoir lui dire la veille de son Ordination : « Mon fils « sera le salut de plusieurs en Israël. » N'est-il pas

25

vrai, mon Révérend Père, que dans cette paroisse
vous avez été, pour bien des âmes, l'apôtre du salut?
Après quarante années d'absence, les familles instrui-
tes par vous, les âmes privilégiées en qui vous avez
implanté la foi et comme buriné les principes de la
vraie piété, on les reconnaît encore comme marquées
de votre sceau, et, en les rencontrant, votre heureux
successeur ne peut s'empêcher de s'écrier : « Sans
« doute, le doigt de Dieu est là ; mais aussi la main
« ou plutôt le cœur du R. P. Boyer a passé par là ! »
Et ce n'était que le prélude de vos travaux gigantesques dans la carrière de l'apostolat!... Puissiez-vous
les continuer longtemps : *Ad multos annos !* »

Le R. Père célébra ensuite la sainte messe, admirablement interprétée par un chœur vraiment religieux.
A l'Evangile, il prit la parole, et sa voix, aussi
fraîche et aussi sonore qu'un demi-siècle auparavant, pénétra tous les cœurs; il fit de nouveau
couler les larmes qu'il avait alors fait verser pour la
première fois. Les cheveux seuls avaient blanchi;
mais l'esprit, le cœur, la voix, le visage lui-même
avaient conservé leur jeunesse. Quelles émotions il
réveilla dans les âmes quand il rappela ces jours lointains, où il parcourait allègrement les hameaux, où
il n'avait laissé derrière lui que les traces aimables de
la sainteté ! O vestiges d'un saint prêtre ! Le temps,
qui efface tout, ne vous efface pas. Les administra-
teurs temporels, même les meilleurs, passent et s'ou-
blient ; mais le ministre des âmes semble participer

dès ce monde à leur immortalité, et les pères en redisent le nom à leurs enfants.

Après les solennités de l'église, dans la soirée, une réunion nombreuse et pourtant intime et choisie fut comme le bouquet de la fête. On y vit comparaître tous les âges de la vie, apportant un souvenir d'autrefois, des félicitations et des vœux. C'était le savant chanoine Mémain qui, avec un légitime orgueil, se proclamait, lui et ses concitoyens, comme les fils aînés du R. Père Boyer : « Il y a cinquante ans, disait-il, vous avez contracté avec notre paroisse les noces spirituelles dont nous célébrons aujourd'hui l'anniversaire béni. Votre gloire est notre patrimoine, et je souhaite longue vie et abondantes bénédictions à celui qui guida mes jeunes ans, forma mon intelligence et cultiva mon cœur !... » — C'est un membre de la famille Rouger qui vient rappeler au bon Père les souvenirs aimés et si touchants des Montmartins. — C'est la fille du premier baptisé qui vient déclarer gracieusement, de la part de son père, que lui et le P. Boyer étant entrés ensemble dans cette paroisse, son vœu le plus cher est que l'un n'entre pas sans l'autre dans le Ciel : « Il espère, dit-elle, que, lui ayant ouvert par le baptême la porte du Paradis, vous obtiendrez de votre glorieux patron, saint Pierre, que cette porte reste ouverte pour votre premier fils spirituel et pour tous les siens... » — C'est la petite-fille des premiers mariés, qui rappelle que ces heureux époux sont toujours vivants et sont même là, entendant sa voix : « Dire, ajoute-t-elle, qu'ils ont bon pied et bon œil, comme leur ancien pasteur, serait une exagération ; mais, ce qui vaut beaucoup mieux, ils ont toujours été et sont encore de bons chrétiens, priant, aimant Dieu de tout leur cœur, et espérant se trouver un jour réunis dans le Ciel avec celui qui a béni leur alliance sur la terre ! »

Pourrain fut la dernière station de la marche triomphale du R. P. Boyer à travers les actions de grâces. Mais, pendant cette période jubilaire, partout où il portait ses pas, les acclamations venaient au-devant de lui. Nous ne voulons citer en finissant que les félicitations du clergé d'Auxerre.

Les Sœurs de la Providence, qui habitaient Auxerre, et, depuis de longues années, en élevaient les enfants avec un succès toujours croissant, profitèrent d'un passage du R. Père pour lui ménager une petite fête de famille. Les prêtres de la ville y furent conviés, et, en leur nom, l'archiprêtre, de pieuse mémoire, M. Méaume adressa au héros de la fête des paroles trop honorables au souvenir de l'un et de l'autre pour que nous puissions les passer sous silence :

« Mon très cher et très Révérend Père,

« Nous vous remercions du fond de notre cœur de nous avoir fourni l'occasion de prendre part aux fêtes si belles de votre Jubilé sacerdotal. Nous étions unis d'esprit et de cœur à ce qui se faisait ailleurs : Noyers, Pontigny, Saint-Antoine. Nous vous parlions par la bouche du plus éloquent de vos fils spirituels. Ce qu'on vous a souhaité, nous vous le souhaitions.

Mais enfin, nous n'étions pas là. Nous étions, il est vrai, représentés par des Auxerrois d'élite; ce n'était pas assez.

« Vous appartenez à Auxerre. Pontigny n'est-il pas, dans le passé et dans le présent, une des gloires de l'Evêché et de l'Archiprêtré d'Auxerre? Oui, vous êtes à nous, et nous sommes trop intéressés à cet honneur pour consentir à y renoncer.

« Nous ne vous rappellerons pas ce qui est relaté dans de si belles allocutions. On vous a fait entendre des vérités aussi dures pour votre humilité si connue, que douces pour ceux qui avaient le bonheur de vous entourer. Je veux simplement formuler un vœu : nous désirons que chacune des âmes auxquelles vous avez fait du bien, vous obtienne, pour sa part, seulement un jour de vie. Vous voyez, mon cher Père, que nous ne sommes pas ambitieux; mais cela ne laisse pas que de faire nombre. Combien sont-elles les âmes auxquelles vous avez fait du bien? Elles sont assurément plus nombreuses que les cheveux blancs de votre tête. Nous dépassons les vingt-cinq ans dont le R. P. Massé a si bien parlé dimanche dernier. Si ces âmes sont exaucées, la vie des anciens patriarches n'aura duré qu'un court espace en comparaison de la vôtre. Prenez garde à vous, car nous conjurons en ce moment contre votre part de paradis qui se trouvera tellement retardée, qu'on ne sait plus quand vous l'obtiendrez.

« Mais vous ne perdrez rien pour attendre. Vous vous arrangerez à l'amiable, en arrivant au Ciel, avec votre patron, saint Pierre, qui sera de bon compte avec vous, et ne refusera pas de vous payer les intérêts.

« Jusque-là, vous continuerez à faire votre paradis sur cette terre, à la manière de saint Paul, avec lequel vous direz : *Je me trouve pressé des deux côtés : car, d'une part, je désire être dégagé des liens du corps, et être avec Jésus-Christ, ce qui est le meilleur ; et de l'autre, il est plus utile pour votre bien que je demeure encore en cette vie. C'est pourquoi j'ai la confiance que je demeurerai encore avec vous tous, et que j'y resterai pour votre avancement spirituel, et pour la joie de votre foi.* (Philipp. I, 23, 24, 25.)

« Ainsi, mon très Révérend Père, pour résumer le vœu de vos amis d'Auxerre, nous disons : *Ad plurimos dies !* oui, à des jours très nombreux ; et puis, mais le plus tard possible : *Ad æternos dies !* à des jours éternels !... »

Ces témoignages d'amour et d'admirative vénération ne venaient pas seulement des amis présents ; ils venaient aussi des absents, des prélats et des prêtres de plusieurs diocèses de France, de la Chine, de l'Angleterre, de la Suisse. Nous taisons ces touchantes épîtres qui sont là sous nos yeux ; elles ne font que redire en échos prolongés ce que nous venons déjà d'entendre. Nous remercions Dieu de la gloire terrestre qu'il a accordée à notre Père, prélude de la gloire plus éclatante et plus durable dont il le comble au Ciel.

CHAPITRE XVIII

DERNIÈRES ANNÉES
PRÉPARATION A LA MORT ET RETRAITE A LOURDES
DERNIÈRE MALADIE — MORT — OBSÈQUES
LOUANGES APRÈS LA MORT — TESTAMENT

Les noces d'or ne furent pas seulement pour le R. P. Boyer une solennelle action de grâces ; elles furent encore un avertissement providentiel de se préparer aux noces éternelles. Il est vrai que ses forces fléchissaient à peine et semblaient défier les ravages du temps ; aucune infirmité n'annonçait la caducité, et c'était un si beau crépuscule qu'on eût pu le prendre pour un midi.

Nous retrouvons le R. Père dans nos villes et dans nos villages, prêchant retraites et missions avec une juvénile ardeur. Il y ajoutait seulement une continuelle et plus prochaine préparation à la mort. Il travaillait, travaillait encore comme l'ouvrier *inconfusible*, qui redouble d'activité quand il voit descendre le soir et la journée décliner vers sa fin. Et il répétait après chaque travail, avec une sérénité qui faisait plaisir à voir et un accent qui faisait plaisir à en-

tendre : « Je ne suis pas fatigué ! » Un prélat distingué lui écrivait en ce temps-là : « Quand on est en
train de recueillir une si ample moisson de mérites,
il est à souhaiter que le soleil s'arrête à l'horizon, afin
que le vaillant moissonneur ajoute de nouvelles gerbes
aux gerbes des heures écoulées... »

Mais le soleil ne s'arrêtait pas, et quoique la jeunesse du P. Boyer se renouvelât comme celle de
l'aigle, ainsi qu'on s'était plu à le lui répéter, cependant quelques signes précurseurs de cette messagère
de Dieu qu'on appelle la maladie, lui annoncèrent
qu'il fallait compter avec les années. Au commencement de 1890, il se sentit pris d'un mal mystérieux
venu de l'Italie et à qui, faute de mieux, on donna le
nom anodin d'*influenza*. C'était un mal bénin en
apparence, mais dont l'issue était souvent fatale,
surtout pour les vieillards ; c'était la maladie dont
deux ans plus tard le R. Père devait mourir. Il en fut
alors gravement atteint à Auxerre, chez les Sœurs de
la Providence. Grâce aux soins intelligents dont il
fut entouré, il échappa au danger qui le menaçait.
Il en était à peine remis qu'il partit, encore convalescent, prêcher à Ancy-le-Franc une mission dès longtemps promise. Il s'agissait de préparer la paroisse à
la bénédiction de l'église admirablement réparée par
les libéralités des habitants et de nobles et généreuses familles.

Etait-ce une imprudence ? Peut-être, et le Père,
dans sa vie, en fit plus d'une de ce genre ; mais ce
sont de ces imprudences généreuses dont l'histoire

absout les héros et dont l'Eglise absout les saints.
Saint Pierre, son patron, n'avait-il pas commis une
imprudence en se jetant à la mer pour aller plus vite
au-devant de son Maître? L'auteur de l'*Imitation*
avait d'avance justifié le P. Boyer en ces termes :
« Souvent l'amour ne garde pas de mesure, et son
ardeur l'emporte au-delà de toute mesure. Il veut
faire plus qu'il ne peut, parce qu'il croit que tout lui
est permis et possible. Tandis que celui qui n'aime
pas s'abat et se décourage, celui que l'amour em-
brase est capable de tous les sacrifices. »

Dieu bénit la mission d'Ancy-le-Franc, qui fut très
laborieuse, mais aussi très fructueuse. L'infatigable
ouvrier nous écrivait : « Je n'ai pas même la consolation de faire mes exercices spirituels comme je le
voudrais. Je ne puis écrire des lettres qui seraient
indispensables... Les communions ont été très nombreuses, et la cérémonie de la bénédiction magnifique... »

Le R. Père alla se remettre de ses fatigues dans
une mission de campagne qui lui fut à la fois un
doux travail et un doux repos. Dans le village de
Quincy (Côte-d'Or), habitaient les parents du pieux
parrain qui l'avait tenu sur les fonts du baptême. Cette
famille, l'édification de la paroisse, avait fait un pressant appel à son zèle d'apôtre et d'ami ; elle lui offrit
avec bonheur l'hospitalité, et elle fut pour son âme
une oasis, où elle goûta la rare joie de voir Jésus-
Christ connu et aimé selon son cœur. La population
était indifférente ; il put pourtant rapprocher de Dieu

ceux qui en étaient le plus éloignés, et glaner quelques épis qui, en ce pays-là, valaient des gerbes. Il en revint l'âme embaumée de tout ce qu'il avait vu et entendu, et il y laissa lui-même ce parfum qu'il portait partout avec lui, ce qui faisait dire : « Nous avons vu l'âme et le cœur de Jésus à travers le cœur du vénéré Père !... »

Le nouvel évêque de Dijon, qui le vit là pour la première fois, en remporta une impression qu'il exprimait dans les termes les plus sympathiques. Rentré à la Communauté, le R. Père reçut de la famille qu'il venait de quitter, les lignes suivantes : « Nous avons besoin de revenir vous exprimer toute notre reconnaissance au nom de la paroisse sur laquelle votre dévouement a attiré et attire encore des grâces, au nom surtout de la famille, de nous tous que vous avez éclairés, ranimés, fortifiés. Si vous aviez connu à fond et en détail l'état religieux de notre pauvre peuple, vous auriez trouvé merveilleux le résultat que vous avez obtenu. Un auditoire nombreux, des retours consolants, toute la paroisse respectueuse et sympathique, et bon nombre d'âmes remuées, c'est peu en retour de tant de zèle, mais ce peu, aucun autre que vous ne l'eût obtenu... »

Nous retrouvons, le 18 juillet suivant, le P. Boyer prêchant le triduum de Saint-Lazare à Avallon, comme il avait prêché auparavant le triduum de Sainte-Madeleine à Vézelay. Il avait une prédilection pour ces deux amis du Sauveur, et il en parlait avec une particulière émotion qui a été remarquée. Un auditeur cultivé et bon juge, nous disait : « J'ai entendu à Vézelay votre Père, qui m'a émerveillé et profondément édifié. »

Cependant la pensée de la mort ne le quittait pas et, quoique rien n'annonçât une fin prochaine et qu'il n'en eût aucun pressentiment, il s'y préparait tous les jours. C'est dans cette prévision qu'il résolut, peu de mois avant qu'elle arrivât, de s'y disposer plus prochainement par une retraite de neuf jours dans le sanctuaire de Lourdes.

Le R. Père était de ces hommes qui profitent de tout pour accroître leur fortune spirituelle. Remarquait-il, dans une âme qui s'ouvrait à lui, une vertu plus saillante, quelques pratiques plus sanctifiantes, il s'en emparait aussitôt et en faisait son profit. Il saisissait au vol une parole, une inspiration, un éclair de la grâce, et il les traduisait, dans sa conduite, en fruits de sainteté.

Une confidence toute filiale que nous lui adressions de Paray-le-Monial, où nous prêchions la station quadragésimale de 1891, fut pour lui un trait de lumière. Nous lui écrivions : « Je profite de quelques heures libres dans ce sanctuaire béni où Notre-Seigneur révéla son sacré Cœur, et où j'ai le bonheur·d'offrir tous les jours le saint sacrifice, pour y faire une sorte de préparation à la mort... » Le P. Boyer recueillit cette parole comme une inspiration d'en-haut. Il résolut, sans plus tarder, d'aller faire une revue de toute sa vie aux pieds de Notre-Dame de Lourdes. Il était temps ; s'il n'eût pas saisi ces jours de liberté si rares

dans sa vie, le loisir lui aurait manqué, et il serait
mort sans avoir recueilli les grâces extraordinaires
qui l'attendaient aux pieds de sa Mère dans ce sanctuaire privilégié.

Il partit le 20 avril 1891, et il profita, comme il faisait
toujours, de ce pèlerinage, pour porter et recevoir, à
l'aller et au retour, la consolante édification de quelques saintes amitiés. En allant, il s'arrêta à Toulouse,
chez les Pères de la Compagnie de Jésus, qui lui
offrirent, dans leur magnifique résidence, la plus
cordiale hospitalité :

« J'ai été accueilli avec une sympathie vraiment
touchante et une charité qui m'a beaucoup édifié !...
Je renvoie à notre chère Communauté tout ce qu'on
me témoigne d'honneurs et de gracieusetés de toutes
sortes. Après le repas pris au réfectoire avec tous les
Pères et la récréation commune, les Pères Régnault
et Candeloup vinrent m'avertir qu'une voiture m'attendait ; ils y sont montés avec moi, et, jusqu'à
6 heures, ils m'ont fait visiter les reliques insignes et
les beaux monuments qui sont la gloire de cette ville :
Saint-Sernin avec sa crypte magnifique, ses nombreuses chapelles, ses trésors de reliques, parmi lesquelles les corps entiers de six apôtres, le corps de
saint Georges, dont on célèbre aujourd'hui la fête, le
corps de saint Edmond, roi d'Angleterre... — Ici, le
printemps est plus avancé que chez vous. Je vous
écris, les fenêtres ouvertes, au milieu des arbres en
fleurs, au chant des fauvettes et des rossignols...
Adieu à tous ; je ne vous ai pas oublié près des saints

que j'ai invoqués en vénérant leurs reliques. »

Le P. Boyer laissa, de son passage à Toulouse, le plus édifiant souvenir, et le R. P. Régnault, directeur de l'*Apostolat de la prière,* nous écrivait : « Je remercie Notre-Seigneur de m'avoir fait la grâce de voir cet homme de Dieu si pleinement dévoué au bien. En se rendant à Lourdes, il me disait que cette retraite en ce sanctuaire y serait une véritable préparation à la mort. En le voyant si vigoureux, malgré le poids des années, j'étais loin de m'attendre à une mort si prochaine et si prompte. C'était le saint mûr pour le Ciel... »

De son côté, le Père, confus des hommages et des bontés dont on l'entourait, emporta de sa visite aux Pères Jésuites la plus salutaire impression, et elle fut comme la préparation immédiate à la retraite qu'il devait commencer le soir même. Il arrivait à Lourdes un samedi, à 4 heures, et il y fut reçu avec la plus respectueuse cordialité par les Religieux gardiens du sanctuaire, qui lui offrirent une chambre dans leur chalet voisin de la Basilique. Il se rendit aussitôt à la Grotte, et, dès sa première visite, il sentit son cœur pris. Il s'établit dans la solitude, le silence et l'esprit de prière le plus profond. Il était venu là pour méditer les années éternelles et s'abreuver à longs traits, de foi, d'espérance et d'amour. Il en fut enivré plus encore qu'il ne l'espérait. Il commença par soumettre à la plus minutieuse épreuve sa vie tout entière, et, après une absolution générale reçue comme si elle devait être la dernière, il ne pensa plus,

dans la joie de son âme renouvelée, qu'à remercier et
à aimer. Il passait ses journées et une partie de ses
nuits dans la sainte Grotte à prier toujours, à prier
pour tous. Dieu lui répondait par de suaves consolations et lui entr'ouvrait l'horizon de ce Ciel où il devait l'appeler bientôt. Laissons-le nous raconter lui-
même, avec sa sobriété ordinaire, les impressions de
son âme. Il nous écrivait le 27 avril : « Que vous dire
de ma retraite ? J'ai fait samedi ma revue générale...
Je ne fais comme exercices réguliers que ma méditation du matin et une lecture spirituelle le soir. Toute
ma journée se passe dans la prière, habituellement à
la grotte, dans l'une des basiliques ou à la crypte. Le
trajet de l'une à l'autre fait ma promenade. Je prends
repas et repos dans la chambre du chalet des Pères, à
quinze mètres de la basilique. C'est mon domicile de
droit, mais non de fait ; ce dernier, je l'ai établi aux
pieds de la sainte Vierge. Ici, on n'étudie pas la
prière, on la goûte, on la voit en action, comme l'ex-
pliquent les maîtres de la vie spirituelle. J'ai vraiment
retrouvé mon cœur pour le bon Dieu ; corps et âme,
tout se repose aux pieds de la Vierge-Immaculée. Je
prie pour moi, je prie peut-être plus encore pour les
autres. Je me souviens en gémissant de toutes mes
misères, comme supérieur de tant d'âmes à qui je
n'ai pas fait tout le bien qu'elles avaient droit d'attendre de moi... Je mets continuellement ceux qui
me sont confiés aux pieds de la divine Vierge, la conjurant de suppléer à toute mon impuissance dans le
passé et dans le présent. Mes familles religieuses,

toutes nos œuvres, Pontigny, Mont-Saint-Michel, Laval, nos Pères, nos Frères, nos scolastiques, nos novices, nos apostoliques, nos soldats, enfants, catéchismes de persévérance, je demande à notre Mère du Ciel de me remplacer auprès de tous, pour tout. C'est ma pensée de chaque instant, et elle met dans mon âme une joie calme et douce.

« Le séjour de Lourdes sera un des grands bonheurs de ma vie. Merveilles de la nature, merveilles de l'art et du génie religieux, merveilles mille fois plus splendides de la grâce, tout élève de la terre et vous porte vers le Ciel. Il me semble qu'après ces jours de recueillement, je pourrai dire mon *Nunc dimittis;* je serai prêt à mourir.

« Nous avons eu pendant deux jours un évêque polonais de la Lithuanie ; il compte dans son diocèse douze cent mille catholiques, faisant tous leurs Pâques ; il parle admirablement le français. Un bel auditoire remplissait toute la nef de la basilique ; on m'a donné la consolation d'y faire l'instruction. On célébrait dans le diocèse une fête dont j'ai dit la messe pour la première fois : Notre-Dame de la Paix. Mais je vois que je m'oublie et si je ne veillais, je ne serais plus à Lourdes que de corps, mon cœur serait à Pontigny. Veuillez dire à nos Pères et Frères qu'ils me continuent leurs prières comme je leur continue les miennes, et que de la Grotte de l'Immaculée, au milieu des centaines de cierges qui brûlent nuit et jour, au milieu des larmes et des prières, je les bénis tous de tout cœur, avec sentiments affectueux et respectueux. »

Lorsqu'il traçait ces lignes, l'heureux retraitant n'était encore qu'au quatrième jour de sa retraite, et au début des ineffables consolations dont Dieu voulait le combler. Il offrait tous les jours le saint sacrifice dans la crypte de la basilique, à l'autel de saint Joseph, patron de la bonne mort. Et, lorsqu'au neuvième jour il quitta Lourdes, il put dire comme adieu à la Vierge bénie :

> Quando corpus morietur
> Fac ut animœ donetur
> Paradisi gloria !

Le Père revint par Nantes, où il tenait à rendre aux enfants du P. Labonde devenus comme sa famille, une visite qui devait être la dernière. Il continua sa route par Orléans, où il arrivait le 7 mai, au milieu d'une affluence accourue pour la fête de Jeanne d'Arc. Le lendemain, il avait la joie d'assister à cette fête unique et de contempler un des plus beaux spectacles qu'il eût jamais vus dans sa longue vie. Il rentra à Pontigny rajeuni, content, radieux.

A partir de ces jours de renouvellement, la pensée du Ciel ne quittait plus le vénéré Père ; à mesure qu'il approchait du terme, son visage prenait une expression plus recueillie, il aspirait visiblement au Paradis. L'âme des justes exhale, comme les fleurs, plus de parfum vers le soir. Les tristes événements qui affligeaient l'Eglise, des défections douloureuses, la mort de plusieurs des siens achevèrent de le détacher de la terre; c'était le fruit mûr que Dieu allait cueillir. A chaque persécution nouvelle qui atteignait

la religion, on l'entendait s'écrier : « Ah ! mon Dieu,
que tout cela fait donc désirer la patrie !.. »

La dernière étape de ce vaillant et la dernière station de cette vie qui ne fut qu'un long chemin de
croix, fut la station d'Avent prêchée à l'église Saint-
Martin d'Avallon. On le voyait partir avant l'aurore,
sa petite lanterne à la main ; dès que l'église était
ouverte, il y entrait le premier. Il s'agenouillait, selon
sa coutume, entre le tabernacle et le tribunal du pardon, où il attendait les pécheurs. Il prêchait deux fois
par jour, le matin et le soir, et passait le reste du
temps au confessionnal, qu'il ne quittait souvent qu'à
une heure avancée de la nuit. Le jour de Noël, pour
la première fois, il sentit son corps lui refuser ses
services, et au pasteur qui lui offrait l'honneur de
célébrer la messe solennelle, il dut répondre que ses
forces ne le lui permettraient point. Le lendemain, il
s'arrêta à Arcy, pour ne pas voyager pendant les
saints offices, et, sur les instances du curé de la paroisse, il dut deux fois évangéliser son peuple. Il
arriva le soir à Auxerre, épuisé ; et, dans une visite
rapide qu'il fit à sa famille, on lui trouva le visage
exténué, et il lui fut dit avec une affection respectueuse et alarmée : « Vous croyez donc, cher oncle,
que Dieu fera constamment des miracles pour vous ?
Il vous a déjà tiré de plus d'un mauvais pas ; vous oubliez les années et vous abusez de vos forces. »

À ces reproches qu'il avait entendus plus d'une
fois, le Père avait coutume de répondre : « Le corps
est un serviteur, il doit obéir. » Il dut avouer, cette

fois, qu'il était allé jusqu'au bout de lui-même et au delà.

Après un voyage nécessaire à Sens, le P. Boyer revint à la Communauté, reçut des siens *les vœux* qui devaient inaugurer une année si terrible pour eux. Le lendemain, il se mit au lit sous l'impression d'un mal mystérieux qui le pénétrait et l'accablait tout entier. C'était l'influenza qui s'abattait sur notre maison, et y faisait sa première invasion dans la personne du Supérieur.

Après lui, plusieurs Pères furent frappés à la fois. Dans l'espace de huit jours, il en vit mourir deux à ses côtés, et il n'eut pas même la douloureuse consolation d'assister aux obsèques du premier, qui expirait le 11 janvier. Quant à lui, grâce à sa vigoureuse constitution, il résista aux premiers assauts du mal, et entra bientôt en pleine convalescence. Cependant, il fit preuve d'une religieuse condescendance aux recommandations qui lui furent faites, et ne se permit une première sortie qu'après un mois de repos. L'expérience a prouvé que c'était encore trop tôt. S'il se fût soumis à une réclusion prolongée, lui eût-elle sauvé la vie ? C'est le secret de Dieu. Son apparition à Sens et partout où il passait, amena une explosion de joie. Le 7 février, jour où il entrait dans sa quatre-vingtième année, après avoir échappé à une maladie si inquiétante, il fut fêté avec un redoublement de bonheur. Dans sa famille de Pontigny, l'aîné de ses fils lui adressa au nom de tous, après le dîner, en présence d'un magnifique bouquet envoyé par les Sœurs de la Providence, ces simples paroles :

« Cher et vénéré Père,

« Vos Filles ont eu l'ingénieuse pensée de vous offrir ces belles fleurs disposées avec art, et dont chacune symbolise une de vos vertus. Nous, vos Fils, nous ne savons pas manier les fleurs et nous ne ressemblons en rien à la célèbre bouquetière dont parle saint François de Sales. Nous avons pourtant des félicitations à vous adresser et des vœux à vous offrir. Qu'allons-nous demander pour vous à Dieu au seuil de vos quatre-vingts ans? Demanderons-nous que vous soyez un religieux exemplaire et irréprochable? C'est achevé depuis longtemps, et parachevé. — Que vous soyez un Supérieur zélé, doux et bon, condescendant à toutes nos faiblesses? C'est fait et parfait. — Que vous soyez un apôtre fervent et infatigable? C'est fait au vu et au su de tous. Il ne nous reste donc qu'un vœu à former, celui qu'un poète païen formait pour un grand homme qui ne vous valait pas : *Di tibi dent annos, a te nam cœtera sumes!* « Que Dieu vous « donne de longues années, et avec sa grâce vous « vous chargerez du reste. » Donc, mes Pères et mes Frères, *Ad multos annos!... Ad centum annos!...* Redisons de tout cœur : Longues années à notre Père, cent années à notre Père! Il nous faut un centenaire, *ad centum annos!...* Père, vous le serez! »

Hélas! dix jours après, nous pleurions sur un tombeau. Entre le 7 et le fatal 17 février, se déclara la rechute qui devait, quatre jours après, aboutir à la mort. Que s'est-il donc passé? Le P. Boyer a accompli deux actes de charité qui ont été accusés

d'avoir hâté sa fin. Le dimanche 8, n'ayant pas de
Père disponible, il alla lui-même remplacer, sur sa
demande, M. le Doyen de Ligny, malade depuis longtemps. Le jeudi suivant, il se rendit à Saint-Florentin
pour répondre à l'appel pressant d'âmes qui réclamaient son ministère. C'est en revenant de ce court
voyage qu'il ressentit, le soir, les premières atteintes
du mal qui devait l'emporter. Cette sortie par un
temps froid fut-elle la cause de ce mal ?

Lorsque sainte Chantal mourut à Moulins, à la
suite du voyage qu'elle avait entrepris sur les instances
de sa sainte amie, Mme de Montmorency, elle dit à
ses sœurs : « Cette grande âme, toute dévouée à
notre Institut et que Dieu manie à son gré, croit que
vous la blâmerez de ma mort ; mais vous savez, mes
chères Filles, que Dieu a ordonné nos jours et qu'ils
n'en auraient pas été plus longs d'un quart d'heure,
et ce voyage a été d'un grand bien pour la maison où
nous avons passé. Il faut vouloir ce que Dieu veut et
mourir quand il lui plaira. »

Le lendemain, vendredi, une violente douleur se
déclara sous forme de point de côté. Le samedi matin,
le médecin reconnut une légère atteinte de pneumonie,
mais qui n'offrait aucun caractère inquiétant. Il appli-
qua aussitôt un révulsif ; dans la journée, la douleur
disparut, la nuit fut bonne, et, le dimanche matin, le
docteur constata un mieux notable, et déclara, à notre
grande consolation, qu'il y avait cent chances contre
une de le sauver. C'était, hélas ! une illusion ; le mal,
sans causer une douleur sensible, continuait sa mar-

che sourde et insidieuse, et le lundi, vers 9 heures du matin, une congestion s'annonça avec les signes les plus alarmants. La langue s'embarrassa, la respiration devint pénible, sans que le pauvre malade éprouvât de souffrance et eût conscience de la gravité de son état. A la question du docteur, accouru à la hâte et consterné : « Mon Révérend Père, comment vous trouvez-vous ? » Il répondit : « Mais, je me trouve bien, je vais mieux, je ne souffre aucunement. » Le médecin nous déclara qu'il n'y avait plus aucun espoir, que nous devions prendre nos précautions, que le Père pourrait mourir dans la nuit.

A cette terrible nouvelle, toute la Communauté fut dans la consternation ; Pères et Frères, accablés de douleur, se répandaient en prières et en larmes devant le Saint-Sacrement. Dissimulant alors l'inexprimable angoisse qui brisait mon cœur, je m'approchai du cher malade, je m'inclinai vers son visage, et je lui dis avec simplicité et du ton le plus calme : « Eh bien ! mon Père, quoi qu'il en soit de votre état, si vous le voulez bien, je vais vous confesser et vous donner l'absolution. » Il ne soupçonnait rien jusque-là du péril imminent qui le menaçait ; il en comprit aussitôt l'annonce indirecte et me répondit vivement, mais sans le moindre trouble : « Oui, oui, je veux bien, je suis prêt à mourir, il y a si longtemps que je m'y prépare tous les jours ; je demande tous les sacrements... » La confession fut brève : « Elle a été faite à Lourdes, me dit-il, avec tous les détails ; d'ailleurs, vous connaissez toute ma vie, ma conscience vous a toujours été entièrement ouverte. » Il reçut l'absolution, comme toujours, avec l'humilité et la paix d'un saint.

Il était 2 heures ; il fut convenu que le saint Viatique et l'Extrême-Onction lui seraient administrés à 5 heures, après le départ du courrier. Des télégrammes et des missives furent expédiés dans toutes les directions, et, dès le soir, nous vîmes arriver d'Auxerre, de Sens, des villes et villages, les parents, les amis, les notables du pays et du voisinage, que l'effroyable nouvelle avait terrifiés, et il y eut dans le diocèse une telle stupeur que beaucoup refusaient d'y croire. Il semblait qu'un tel homme ne devait pas mourir ; en le voyant depuis tant d'années toujours ardent et actif sous ses cheveux blancs, nous nous étions habitués à le croire nécessaire et éternel. « La mort, dit Guizot, est toujours imprévue, surtout quand la vie a été grande. »

Quant au cher agonisant, il restait étendu sur sa couche, les yeux fermés, les lèvres légèrement entr'ouvertes pour aider la respiration qui devenait de plus en plus difficile, l'air profondément recueilli, et uni à Dieu.

Ce moment de la mort, si grand même dans la vie des hommes les plus vulgaires, revêt dans la vie des saints une beauté incomparable. Cette belle âme de prêtre qui, depuis tant d'années, s'exerçait à mettre dans ses moindres actions la perfection dont elle avait fait le vœu, quand approcha ce grand acte qui doit couronner les autres, sembla réunir ses forces pour lui donner toute la perfection possible.

A l'heure fixée pour la douloureuse cérémonie, les

Pères et les Frères qui s'y étaient préparés dans le recueillement, s'avancèrent un cierge à la main, la prière sur les lèvres, les yeux en larmes, et ils entourèrent le lit de leur vénéré Supérieur. Je parus alors sur le seuil, portant la sainte Eucharistie; et, après avoir souhaité la paix à cette demeure : *Pax huic Domui!* où la paix du ciel régnait déjà et mêlait sa sérénité aux affres de l'agonie, j'adressai quelques paroles tremblantes et troublées au bien-aimé malade. Se soulevant aussitôt sur sa couche, il prit lui-même la parole. Après un léger effort pour retrouver sa voix vibrante d'autrefois, il demanda pardon à ses Pères et à ses Frères, — un pardon que nous n'avions pas à lui accorder, — car il n'avait jamais offensé ni scandalisé personne. Il leur adressa ensuite ses dernières recommandations, qui étaient comme un écho affaibli du discours après la Cène : « Aimez-vous les uns les autres ! Que l'union et la charité règnent toujours parmi vous ! Aimez l'Eglise, aimez le Souverain-Pontife, soyez-lui à jamais dévoués. Aimez notre petite Communauté ; soyez fidèles à votre vocation, travaillez toujours au salut des âmes ! Priez pour moi; je prierai pour vous, si Dieu, comme je l'espère, me fait la grâce de vivre bientôt avec lui dans son saint Paradis !... » Il s'adressa ensuite aux fidèles chrétiens qui eurent la faveur d'assister à cette scène touchante. Il leur demanda de remplir courageusement leurs devoirs religieux et de demeurer inébranlables dans leur fidélité à l'Eglise, par les temps difficiles que nous traversons. Nous savons que ces suprêmes paroles de l'apô-

tre mourant ont porté leurs fruits dans plusieurs de
ceux qui les entendirent.

Un silence religieux, que troublaient seuls les soupirs et les sanglots étouffés, succéda à ces paroles, et
on entendit la voix du mourant s'unir aux prières
qu'il suivait avec une parfaite lucidité. Il joignit ensuite les mains et reçut avec une ferveur angélique le
viatique pour l'éternité.

Lorsque je me disposais à lui donner l'Extrême-
Onction, il me fit observer que j'oubliais de changer
d'étole ; et il offrait de lui-même ses sens aux saintes
onctions ; et quand, dans le trouble de ma douleur,
j'hésitais en prononçant quelques mots des formules
sacrées, il me les suggérait et y répondait par un
émouvant *Amen !*

Après l'ineffable consolation des derniers sacre
ments, lui, habitué à ces actions de grâces de chaque
jour, si recueillies et si prolongées, il demeura longtemps absorbé dans cette extase, dernier degré de
'amour, qui s'appelle l'adoration. Il en sortait à peine
pour répondre avec bonté à quelques-uns de ses Fils
ou des amis intimes qui venaient le visiter.

Dieu lui ménagea l'occasion d'exercer sa charité par
un dernier acte de générosité. Une lettre, qu'il n'eut
pas la force de lire, mais qu'il put entendre, lui annonçait la grande détresse de pauvres honteux. « Prenez,
me dit-il, ce billet de cent francs et envoyez-le à ces
malheureux. — Je l'enverrai demain. — Non, dit-il,
ce soir ; une prompte aumône a une double valeur
pour des indigents qui manquent peut-être de pain.

Ne faisons pas attendre les pauvres à notre porte de peur que Dieu ne nous fasse attendre à la porte du ciel. » Père, vous n'attendrez pas, car vous avez été prompt à prodiguer tous les bienfaits.

Un lit de mort est toujours sacré ; mais celui qui reçoit le dernier soupir d'un saint, qui entend ses derniers actes d'adoration, de foi, d'humilité, de mépris de la terre, où se consume dans le feu de l'amour l'holocauste d'une vie déjà mille fois immolée, un pareil lit est un autel, on s'en approche avec respect, on s'en retire avec émotion, et rien peut-être ne dit plus éloquemment à l'âme comment il faut vivre et comment on doit mourir. On comprend, avec le grand Gounod, que mourir c'est sortir de l'existence pour entrer dans la vie.

Jamais lit de mort, plus que celui de notre Père, ne mérita d'être appelé, comme la Croix de Jésus-Christ, l'autel du sacrificateur et la chaire du docteur : *Ara litantis et cathedra docentis.* Pendant les deux jours et les deux nuits qu'il survécut encore, contre toute attente, il demeura dans une sorte d'agonie qui inspirait la compassion et laissait croire qu'à tout instant il allait expirer. Dieu, par un miracle de bonté, lui conserva, avec la force de la parole, la plénitude de son intelligence et de son cœur, et jamais peut-être il ne fut plus prêtre et plus apôtre que dans ces derniers jours.

Il fut *sacrificateur,* et, sur cet autel où il allait se consumer, il offrit, comme sa dernière messe, pour ses familles religieuses et naturelle, et pour son peuple. Victime, avant de mourir, il mourut dix fois dans les deux Pères qui avaient expiré à ses côtés ; dans une chère nièce qui le réclamait et qu'il ne put assister à ses derniers moments ; dans sa sœur qui agonisait presque en même temps que lui. Il fut abreuvé de toutes les amertumes, et but le calice jusqu'à la lie.

Cette couche de douleur qui fut l'autel des derniers sacrifices, fut surtout la *chaire du docteur,* d'où, apôtre jusqu'à la fin, il ne cessa d'adresser à tous ses visiteurs des paroles qu'ils n'oublieront jamais. Dès le soir, malgré les fatigues de l'émouvante cérémonie, il reçut les parents et les plus intimes amis qui, à la première nouvelle, étaient accourus éplorés. Un des plus empressés fut le neveu du R. Père, qui entra en sanglotant et l'embrassa au milieu de ses larmes : « Ne pleurez pas sur moi, mon cher ami, lui dit le Père, toutes mes dispositions sont prises, mon sacrifice est consommé ; comme je l'avais fait tous les jours de ma vie, il ne m'est pas difficile, au dernier jour. Je viens de recevoir le bon Dieu, et avec lui, je ne crains pas la mort !... Je vais vous bénir et, avec vous, vos chers enfants et tous les membres de ma famille. Dites-leur bien de ma part qu'ils se conduisent toujours en bons chrétiens. Recommandez surtout à Hector, à Charles, à Henri, à Louis, qu'ils se fassent les amis du bon Dieu, afin que tous nous nous retrouvions là-haut, réunis dans la bienheureuse éternité. »

Il reçut ensuite la Supérieure générale des Sœurs de la Providence, à qui il fit les plus sages et les plus paternelles recommandations pour la conduite de sa Communauté. Après elle, le maire et les notables de Pontigny, les nobles amis du voisinage, des âmes pieuses et dévouées, furent accueillis avec des paroles affectueuses et de religieux conseils qu'il accompagnait toujours d'une cordiale bénédiction.

Cependant, neuf heures du soir sonnèrent, l'heure du coucher pour la Communauté ; on craignait que cette nuit ne fut la dernière, et les gardiens s'offrirent en nombre pour cette veille sacrée. Trois furent choisis : le neveu du R. Père, qui, malgré les fatigues du voyage et ses poignantes émotions, refusa de quitter son saint oncle et d'aller prendre du repos ; un Père et un Frère obtinrent la faveur de rester avec lui. Les heureux gardiens de ces deux dernières nuits déclarèrent qu'ils ne donneraient pour rien au monde les heures qu'il leur fut donné de passer auprès du cher mourant, — nuits de bénédiction ! n'eût été la terrible expectative. Le bon Père s'épanchait tendrement avec eux ; il avait sans cesse à la bouche des paroles saintes, tirées de l'Ecriture et appropriées à son état : « Je désire me dissoudre pour être avec Jésus-Christ ! » — « Le monde m'est crucifié, et je suis crucifié au monde ! » — « Je suis attaché à la Croix avec Jésus-Christ ! » — « Combien je remercie Dieu de me rappeler à lui en ces jours mauvais, et de m'épargner le spectacle des désolations de l'Eglise et de la perte de tant d'âmes !... Pour vous, mes enfants, montrez-vous toujours fidèles à Jésus-Christ, malgré les difficultés et le malheur des temps !... »

A minuit, il dit à ses gardes : « C'est l'heure sainte,

récitez-moi les prières des agonisants. » Il y répondait d'une voix haletante et pénétrée. A une heure, il demande à son neveu de lui réciter une dizaine de chapelet, et, lui tendant le cher objet de sa piété : « Voilà, dit-il, mon constant compagnon de voyage ; il m'a suivi dans tous mes pèlerinages, à Rome, à la Salette, à Lourdes, où je me suis, avec lui, préparé à la mort. — A qui destinez-vous ce précieux souvenir ? lui dit son neveu : si j'osais, je vous prierai de penser à moi. — Bien volontiers, dit le Père, mais quand je serai mort ; je veux qu'il me soit laissé jusqu'à ce qu'on me dépose au cercueil. »

Celui qui écrit ces lignes, alors épuisé de fatigue et encore convalescent, s'était jeté sur un lit dans une chambre voisine, en donnant l'ordre de l'avertir, à la première menace de mort. A 3 heures du matin, après quelques moments de sommeil angoissé, je crus entendre frapper à ma porte ; je me levai à la hâte et me précipitai au chevet de celui que je croyais trouver expirant. Mon inquiétude m'avait seule tiré du sommeil, le malade semblait plutôt aller mieux. Néanmoins, comme je redoutais le dénouement vers le lever du jour, je m'inclinai affectueusement vers mon Père et je lui proposai la grâce d'une nouvelle absolution : « Volontiers, faites retirer mes gardes. » Et, après une courte accusation, comme il le faisait en bonne santé, je prononçai sur sa tête baissée les paroles sacrées du pardon. Dès qu'il fut absous, il me dit, à mon grand étonnement : « Agenouillez-vous, et je vais vous absoudre à votre tour. » C'était une réminiscence de ce que nous faisions autrefois, et une faveur que je n'aurais jamais osé demander à un pauvre mourant et à laquelle je ne m'étais pas préparé. Je me recueillis un instant et je m'inclinai avec un douloureux bonheur sous cette main chérie qui m'avait si souvent béni.

La journée de mardi ainsi commencée se continua dans le calme, mais avec une respiration toujours plus difficile qui menaçait de devenir le râle. Après la visite matinale du médecin, le Père dit à son infirmier : « Que pense le docteur ? — Il s'étonne de vous trouver les yeux toujours fermés. — Il ignore sans doute, le bon docteur, que toute ma vie j'ai baissé les yeux ?... » Parole aussi grande que vraie ! Le cœur toujours pur du P. Boyer avait été le soleil de son regard toujours voilé par la modestie, en attendant qu'il le fût par les ombres de la mort.

Cependant, la nouvelle de l'état désespéré du vénérable malade s'était répandue partout, et les fidèles, avides de recevoir de lui une dernière parole, un regard, un adieu, se succédaient toujours plus nombreux. Il demanda qu'on n'en renvoyât aucun, mais qu'on laissât entrer auprès de lui tous ceux qui en témoigneraient le désir. Au son de leur voix, il les reconnaissait ; il ouvrait les yeux, leur demandait des nouvelles de leur famille, et leur parlait avec sa bonté habituelle, que l'approche de la mort rendait encore plus touchante : « Sanctifiez-vous, la vie n'est rien, l'éternité arrive ! Mon Jésus, tout ce qui est à moi est à vous, et tout ce qui est à vous est à moi !... » Il

adressait à chacun le mot qui lui convenait et qui était
reçu avec un saint respect comme le mot suprême. A
une âme éprouvée par la souffrance, il disait : « Vouloir ce que Dieu veut, comme Il le veut, autant qu'Il
le veut!... » A une autre trop sensible aux peines du
cœur et au point d'honneur, mais capable de grands
sacrifices, il donnait la parole célèbre de saint Jean
de la Croix, qui était à lui sa devise favorite : « Seigneur, souffrir et être méprisé pour Vous! » Après leur
avoir fait les plus touchants adieux jusqu'à l'éternel
revoir, il les bénissait avec effusion. Ces audiences qui
se renouvelaient et se prolongeaient souvent étaient
d'éloquentes prédications : « Reposez-vous, lui disait-
on, tant de paroles doivent vous épuiser. » — « Non,
répondait l'apôtre infatigable jusque dans la mort, je
suis content, laissez-les tous entrer, je puis leur faire
du bien. C'est utile de voir et d'entendre un mourant ! »

Il ne parlait de lui même que comme d'un mort :
Tanquam mortuus a corde. Quand on cherchait à
faire diversion : « Pourquoi, disait-il, ne pas penser à
la mort, puisqu'il faut toujours qu'on en vienne
là?... Et à quoi bon retarder puisque je suis prêt?
Il n'y a que ceux qui n'ont pas la conscience tranquille, où qui n'ont point de foi, d'espérance et d'a-
mour, qui redoutent la mort. N'est-elle pas la délivrance de tous les soucis et de toutes les misères de
cette vie? N'est-elle pas notre meilleure bienfaitrice,
puisque c'est elle qui nous met en possession du Souverain Bien? »

Lorsque le Frère infirmier lui apporta une potion ordonnée par le médecin : « A quoi bon? lui dit-il, et pourquoi me prolonger, puisqu'il me faut finir? » — « Allons, mon bon Père, n'oubliez pas que vous, étant malade, je suis votre supérieur et que vous devez m'obéir! Je vous prie de prendre ce breuvage. » — « Oui, répondit-il, quand j'étais valide, c'est vous qui m'obéissiez; malade, je dois vous obéir! » Et il accepta gracieusement la potion.

Un des Frères, atteint de phtisie, avait été administré quelques semaines auparavant et avait retrouvé un regain de santé qui le prolongea plusieurs mois. Il vint, comme les autres, visiter son Père. Celui-ci, souriant, lui dit : « Je ne veux pas faire comme vous, mon Frère; vous étiez à la porte du Paradis, vous êtes un maladroit, vous avez manqué votre coup; moi, je ne manquerai pas le mien. Vous y tenez donc bien à cette misérable vie que vous n'avez pas voulu me précéder là-haut? Elle ne vaut pourtant pas qu'on la regrette. »

Le dévoué médecin de la Providence de Sens, le docteur Lorne, envoyé en consultation, par une âme charitable, demanda au Père, en entrant, comment il allait? « Mais très bien, comme un homme qui est sur le chemin du Paradis. » — « Ah! ne vous frappez pas; nous essaierons de vous tirer de là. » — « Vous êtes bien bon, M. le Docteur, mais je crois que toute la science n'y pourra rien. Du reste, je ne me frappe nullement, car je suis content de mourir et je suis tout prêt. Je m'en remets complètement à la décision du

bon Dieu. » Les chrétiens meurent résignés, il n'y a
que les saints qui meurent contents.

Au milieu de ces visites qu'il rendait saintes, il restait pleinement uni à Dieu. On entendait sans cesse ses
lèvres défaillantes murmurer des oraisons jacula-
toires. De temps en temps, il invitait les assistants à
s'agenouiller, à lui suggérer des prières et à les réciter tout haut pour lui et avec lui. Il envoya son
neveu porter à sa sœur, résidant à Ligny, ses derniers
adieux. « Allez, mon cher ami, allez lui dire qu'elle
se console par la pensée que là-haut je prierai pour
elle, et par l'espérance de nous trouver bientôt réunis
au Ciel. » Il fit ensuite ses recommandations pour la
conduite de la Communauté, pour les missions promises, en indiquant les Pères qui devraient les donner. Il défendit de mettre aucune couronne sur son
cercueil. Il demanda, enfin, qu'aussitôt après sa mort
on descendit son corps dans la salle de Communauté,
afin que ses chers paroissiens pussent venir le visiter
encore une fois. Cet émouvant spectacle leur rappelle-
rait combien il avait désiré les ramener à Dieu.

Le mercredi, dans la journée qui devait être la
dernière, la mort qui jusque-là avait ralenti sa marche et semblait hésiter à frapper cette grande victime,
s'annonça plus imminente. Quelques paroles de délire
et d'hallucination se mêlaient à des phrases lucides et
trahissaient une défaillance rapide. Le R. Père tomba
dans une somnolence dont on ne le retirait que par
des invocations pieuses auxquelles il répondait faiblement. Vers six heures, il fut encore visité par quel-

ques âmes privilégiées, admises à recevoir sa suprème bénédiction; mais sa voix était éteinte, et sa main qu'il essayait de soulever encore retombait, impuissante à bénir. Enfin, à huit heures, nous vîmes son teint se décolorer, ses lèvres pâlir, sa respiration se précipiter, et les sueurs, qu'on appelle les sueurs de la mort, perler sur son front. Un coup de cloche d'alarme avertit la Communauté que le dernier moment approchait. Pères et Frères se précipitèrent dans la cellule de leur Supérieur mourant. Je voulus, au nom de tous, lui adresser un dernier adieu, mais il n'entendait plus. Les prières des agonisants avaient été récitées le matin; tous s'agenouillèrent pour la recommandation de l'âme; et, après que nous lui eûmes dit, au milieu de nos larmes : *Partez, âme chrétienne!* notre Père rejeta légèrement la tête en arrière et exhala un profond soupir. C'était le dernier. Nous lui fermâmes les yeux en pleurant. Huit heures et demie venaient de sonner; c'était un mercredi, jour consacré à saint Joseph, patron de la bonne mort, le 17 février, mois où le R. Père était né, où il avait été baptisé et ordonné prêtre.

La psalmodie de l'office des morts commença aussitôt, tandis qu'on revêtait le corps vénérable de cet habit sacerdotal qui fut toujours pour lui l'habit de la science et de la sainteté.

Le corps fut ensuite descendu à la salle de Communauté où il resta exposé jusqu'au samedi, jour fixé pour la sépulture. Il était là, couché sur un humble lit, dans la majesté de la mort, pressant sur son

cœur l'image de son Dieu crucifié. Les traits semblaient rajeunis et tout empreints de la paix et de la
sérénité du Ciel. Il paraissait dormir d'un léger sommeil, prêt à se lever comme tous les jours pour répondre
à l'appel de Dieu. De nombreux visiteurs se succédèrent sans interruption auprès du lit funèbre. Dans
la matinée du samedi surtout, la foule, pieusement
agenouillée, remplissait la salle, et chacun venait à son
tour faire toucher à ce corps, vénéré comme la relique
d'un saint, des objets de piété qu'on remportait
comme un souvenir et une protection.

Les obsèques furent simples, recueillies, profondément religieuses. Le R. P. Boyer était mort comme
il avait vécu, humble, loin de toute gloire humaine,
loin des hommes et des villes qui donnent cette gloire
même à un cercueil, digne dans sa mort comme dans
sa vie du Maître qu'il avait choisi.

Le plus bel ornement de ses funérailles fut un nombreux cortège de prêtres et de religieuses, accourus de
toute la région, malgré la neige et l'intempérie. Ils
venaient représenter les paroisses et les Communautés
du diocèse, et payer un suprême tribut d'hommage et de
reconnaissance à celui qui avait été le grand zélateur
de toutes les œuvres religieuses et l'universel apôtre
du pays. Les Sœurs de la Providence surtout étaient
là en grand nombre, priant, pleurant, avec des larmes
inconsolables, l'incomparable Père que la mort venait
de leur ravir. Une foule de laïques de toute condition,
une députation de Pourrain, la paroisse inoubliée,
tout Pontigny avec les autorités municipales, avaient

voulu, par leur empressement, témoigner leur affection au vénérable défunt et leur sympathie à sa famille religieuse si cruellement frappée.

Le regretté cardinal Bernadou, qui aimait tant le R. P. Boyer, était mort trois mois avant lui, et M. Dizien, vicaire capitulaire, le remplaçait pour présider les funérailles. M. Mourrut, supérieur du Grand Séminaire et vicaire général, célébrait la messe solennelle. Avant l'absoute, je montai en chaire, chancelant sous le poids de mon émotion et la parole voilée par les larmes. Je ne pouvais faire en ce moment l'éloge funèbre que réclamait une telle vie; mais je ne voulais pas laisser notre bien-aimé Père descendre au tombeau, sans lui adresser au nom de tous le mot d'*adieu* que tous attendaient, et sans effleurer au moins le sommet de cette grande existence. Ces paroles, mouillées malgré moi de mes pleurs, furent accueillies de même par la foule vivement impressionnée : « Ah! ce n'est pas le temps de parler, c'est le temps de pleurer et de prier; bientôt le temps de parler viendra ! »

En effet, deux mois après, un appel fut adressé à tout le diocèse, et on annonça, pour le 26 avril, un service solennel où serait prononcé l'éloge funèbre du R. P. Boyer. Une affluence plus nombreuse encore que celle des obsèques répondit à cet appel.

L'éloge funèbre fut prononcé au milieu de l'émotion générale, et, imprimé d'avance, il fut bientôt dans toutes les mains. C'était la fleur et la substance de la vie que nous venons de raconter. On entendait dans la

foule ces paroles, expression du sentiment public :
« Nous ne sommes pas venus prier pour cette âme
qui est déjà au Ciel; nous sommes venus pour invoquer un saint. »

Toutefois, dans ces touchantes manifestations de la
douleur et de la vénération publiques, nous étions
loin de rencontrer tous les amis de notre famille religieuse et tous les admirateurs de notre Père, répandus
dans le diocèse et un peu dans toute la France. De
nombreuses lettres de condoléance nous arrivèrent de
toutes parts, et des congrégations qu'il avait évangélisées, et des nobles familles qu'il avait visitées, et des
prêtres appartenant à tous les rangs de la sainte hiérarchie qu'il avait édifiés, et des hommes distingués,
et des zélateurs de la cause de Dieu, et des défenseurs
ardents de l'Eglise qu'il avait rencontrés sur tous les
chemins de son apostolat. Ah ! si les voix réunies
des pontifes, des prêtres et des fidèles suffisaient
comme autrefois pour canoniser un saint, le nom du
R. P. Boyer serait déjà inscrit au catalogue des bienheureux.

Il nous est impossible de rapporter ici tous ces témoignages. Qu'il nous soit permis de choisir, parmi
les fleurs variées déposées sur son tombeau et de
cueillir d'abord celles qui ont été envoyées par les premiers pasteurs au nom de leurs diocèses, et qui sont
pour nous un patrimoine d'honneur.

L'éloquent et pieux évêque de Troyes, Mgr Cortet.
nous écrivait de Cannes, où sa santé ébranlée avait
dû chercher un climat plus doux :

« Mon bon Père,

« Je suis avec vous de cœur et d'âme dans la douleur, les regrets et la prière, depuis que j'ai reçu la
douloureuse nouvelle du coup qui vous frappe, je
devrais dire, qui nous frappe tous. Les diocèses de
Sens et de Troyes surtout, sans compter les autres,
font une grande perte, et soyez sûr qu'en ce qui me
concerne cette perte est vivement sentie.

« Oui, je prie de tout mon cœur pour votre Communauté si cruellement éprouvée depuis quelque
temps, et pour vos chers et regrettés défunts.

« Priez aussi pour moi, mon bon Père ; je suis vieux,
bien vieux. *Jam delibor !* Que la sainte volonté de
Dieu soit faite !

« Tout à vous de cœur en Notre-Seigneur,

            « † PIERRE, *évêque de Troyes.* »

Monseigneur de Nevers, lui aussi, un des grands
amis de Pontigny et de nos chers défunts, s'empres-
sait, le lendemain même des funérailles, de nous
adresser ces lignes pleines de cœur :

       « Mon Révérend Père,

« Je prends la part la plus vive et la plus cordiale
à la douleur si légitime que vous cause la mort du
R. P. Boyer, et je vous remercie de m'avoir permis,
en m'annonçant sans retard cette triste nouvelle,
d'associer mes prières aux vôtres à l'intention de cette
chère âme. Après une vie si bien remplie, elle a
trouvé sans doute ou ne tardera guère à recevoir un

favorable accueil auprès du juste Juge. Néanmoins,
il vaut mieux, selon le conseil de saint François de
Sales, en trop faire que de n'en pas faire assez pour
nos chers défunts : au premier jour libre, je dirai la
sainte messe pour celui que je pleure avec vous, et je
demanderai en même temps à Notre-Seigneur de vous
consoler et de vous soutenir dans les embarras et
dans les difficultés de l'heure présente. J'ai bien regretté également l'excellent P. Jannon, dont j'ai
appris tout récemment la mort. Il était, lui aussi, un
saint religieux et un véritable missionnaire.

« Veuillez agréer, mon Révérend Père, l'assurance
de mes sentiments respectueux et religieusement dévoués en Notre-Seigneur.

« † ETIENNE, *évêque de Nevers.* »

M. Marilley, vicaire général de Mgr Lelong, nous
adressait, de son côté, ces paroles :

« La perte que vous faites en votre vénérable et
saint P. Boyer et que font en même temps les diocèses
de Sens, de Nevers, et tant d'autres où se dépensait
le zèle de ce vaillant missionnaire, cette perte est
immense et ne trouve de compensation que dans la
présence d'un intercesseur de plus au Ciel. »

Monseigneur Berthet, évêque de Gap, qui avait vu
notre Père à l'œuvre, nous écrit dans l'effusion de son
cœur :

« Mes très Révérends Pères,
« La mort du très Révérend Père Boyer m'a dou-

loureusement surpris. Je l'avais vu à Sens, il y a deux mois, et il me paraissait encore plein de vigueur malgré son grand âge. Vous ne doutez pas de ma profonde sympathie pour vous et pour votre Congrégation en cette triste circonstance. J'avais pu apprécier le P. Boyer, et ses vertus étaient de celles qui parlent au cœur. Aussi nous font-elles espérer pour lui le repos de Dieu.

« Néanmoins, j'unirai mes prières aux vôtres pour cette âme qui vous fut si chère. Que de souvenirs le P. Boyer emporte avec lui, et que de souvenirs il vous laisse ! Ils sont de ceux dont on vit et qui honorent une famille. Avec le P. Muard, il devient un de vos protecteurs, et je suis bien sûr que cette douce pensée vous est une vraie consolation dans votre deuil. Je le partage avec vous, et à vous tous, chers Pères, j'offre mes sentiments les plus respectueux et les plus dévoués.

« Veuillez agréer l'assurance de ma religieuse sympathie,

« PROSPER-AMABLE, *évêque de Gap.* »

Monseigneur de Langres nous offre, en quelques lignes brèves mais très cordiales, sa vénération pour le R. P. Boyer, et sa douleur pour une telle perte.

Mᵍʳ Thomas, archevêque d'Andrinople, nous écrit de Paris :

« Mon Révérend Père,

« Je vous remercie d'avoir pensé à moi, comme à

un ami, pour m'associer à la douleur qui afflige si
profondément votre famille religieuse. Vous faites
une perte immense et dans des circonstances bien
pénibles.

« Le P. Boyer était vraiment un prêtre selon le
cœur de Dieu, un homme d'abnégation et de devoir,
un parfait missionnaire.

« Agréez, mon Révérend Père, avec mes condoléances, mes sentiments d'affectueux dévouement.

                « † J-H. Thomas, c. m.
                    « *Archevêque d'Andrinople.* »

Le vénérable curé de Saint-Roch de Paris, l'ami
intime du R. Père, à qui il était heureux d'offrir
l'hospitalité lors de ses passages à la capitale, nous
envoie « ses mille expressions de profonde et respectueuse sympathie dans une si douloureuse circonstance, et promet ses meilleures prières pour le grand
ouvrier de Dieu, le saint, le vrai prêtre de Jésus-
Christ. »

Mᵍʳ Broquet, le savant prélat et grand-vicaire de
Genève, n'avait garde d'oublier dans la mort celui
qu'il avait entouré de tant d'affection pendant sa vie.
Le lendemain même des obsèques, il nous écrivait :

            « Mon Révérend Père ,

« Je ne saurais vous dépeindre à quel point je suis
peiné de la douloureuse nouvelle que vous me mandez.
Ce cher, bon et si vénérable P. Boyer ! Depuis les
quelques jours qu'il avait passés chez moi, en 1882,

je n'ai pu oublier cette figure toujours douce et souriante, cet apôtre zélé, ce confesseur infatigable, ce vrai saint. Pour moi, cet adjectif est inséparable de son nom, et il en était de même de tous ceux qui l'avaient vu de près. Plusieurs personnes m'en ont reparlé maintes fois.

« Il est donc facile de comprendre ce qu'il en est de votre pieuse Communauté, dont il était le père et l'âme depuis près d'un demi-siècle, surtout quand cette immense perte est un rude coup ajouté à deux autres.

« Que d'épreuves à la fois ! Il est bon de se rappeler, en lisant dans l'épître d'aujourd'hui celles de saint Paul, que Dieu se plaît à passer ainsi ses plus fidèles au crible des tribulations, et néanmoins nous chanterons avec le psalmiste : *Castigans, castigavit me Dominus et morti non tradidit me !* « Jamais Dieu n'est plus près, a dit saint Augustin, que lorsque tout semble perdu. » Et qui sait s'il ne fera pas tourner au plus grand bien de votre Société tant de conjonctures qui semblent propres à décourager ? En prêchant aux moines de Solesmes, cet automne, j'admirais comment cette abbaye n'a jamais été si vivante, si florissante, si riche en vocations que depuis que ses membres, jusqu'au dernier, ont été jetés sur le grand chemin.

« Les trois serviteurs de Dieu que vous venez d'envoyer à l'éternité ne vous délaisseront point, et leurs prières dans le Ciel auront pour le moins autant de valeur que leur activité sur la terre : *Nolite timere,*

pusillus grex... — *Si exurgat adversum me proe-
lium, in hoc ego sperabo !*

« Adieu, mon cher et Révérend Père, et croyez aux
sentiments respectueux avec lesquels je suis votre
tout dévoué en Notre-Seigneur Jésus-Christ,

« J. BROQUET, *v. g.* »

Le Révérendissime Père Dom Etienne, abbé de la
Pierre-Qui-Vire, notre frère, puisqu'il est, lui aussi,
des fils du P. Muard, s'associa à notre deuil comme
à un deuil de famille :

« Mon cher et bon Père,

« C'est aujourd'hui, en la fête de la Chaire de
Saint-Pierre, que j'apprends la mort et le passage à
la vie bienheureuse de notre Père bien-aimé. Nous
unissons nos regrets si légitimes aux vôtres, nos
espérances à vos espérances pour la couronne qu'il
a si bien gagnée au service de Notre-Seigneur Jésus-
Christ, et nos prières aussi à vos prières, dans la
mesure où elles lui sont nécessaires afin de jouir de
la béatitude éternelle. Je n'oublie pas les bonnes paroles que vous me disiez touchant votre vénéré Père,
dans notre dernière entrevue, en le comparant avec
notre P. Muard. Il y a quinze jours, je citais ces
paroles en communauté, à l'occasion de la lettre, la
dernière qu'il voulut bien m'écrire, le bon Père, en
réponse à celle que je lui adressais au moment de vos
précédentes épreuves.

« Adorons, espérons, prions. Le vénéré P. Muard

et le vénéré P. Boyer, se retrouvant au Ciel, prendront en main la cause de leurs fils qu'ils ont laissés sur la terre. Qu'ils nous obtiennent de marcher sur leurs traces !

« Votre affectionné en Notre-Seigneur,

« Fr. D. Etienne,

« O. S. B. »

Les vicaires généraux joignirent leur voix à celles des évêques, dans un même concert de regrets et de louanges.

Quant aux prêtres du diocèse de Sens, le concert fut unanime, et, pour donner une idée des sentiments qu'ils professaient pour notre regretté Père, nous ne citerons qu'une seule lettre, celle de M. Jourde, le distingué doyen de Vermenton. Nous la choisissons parmi les autres, parce qu'elle les résume toutes, et surtout parce qu'elle a reçu la consécration de la mort :

« Mes Révérends Pères,

« Le temps et ma mauvaise santé ne me permettant pas d'aller mêler mes prières et mes larmes aux vôtres dans la triste cérémonie de demain, je tiens à vous dire que personne plus que moi ne comprend et ne déplore la perte irréparable que vient de faire le diocèse de Sens.

« Depuis cinquante ans que je contemplais le R. P. Boyer, avec une admiration toujours croissante, dans les merveilles de sa vie privée et de sa vie apostolique, je déclare que je n'ai jamais vu aucun

prêtre présenter une image aussi parfaite du divin
modèle des prêtres, Notre-Seigneur Jésus-Christ ; je
l'ai toujours regardé comme un des plus grands
bienfaits que Dieu ait accordés à notre diocèse pendant le demi-siècle écoulé.

« Veuillez, s'il vous plaît, déposer sur son cercueil
cet hommage d'un prêtre qu'il honorait de sa bien-
veillance, qui gémit de lui avoir si peu ressemblé,·
et qui s'estime heureux de l'avoir toujours admiré
et toujours aimé. »

A ces touchants témoignages, et pour les conclure,
nous ajoutons celui que se rendait involontairement
à lui-même le R. P. Boyer, dans ce testament spirituel, expression de sa dernière volonté :

« Je meurs dans le sein de l'Eglise catholique, apostolique et romaine, croyant tout ce qu'elle croit, espérant tout ce qu'elle espère, aimant tout ce qu'elle
aime, soumis d'esprit et de cœur à l'autorité de
N. T. S. P. le Pape, que je vénère comme son chef
visible, tenant la place de Notre-Seigneur Jésus-
Christ.

« Je rétracte de grand cœur tout ce qu'à mon insu
j'aurais pu dire, écrire ou faire, en opposition aux
dogmes, à la morale ou à la discipline de l'Eglise
catholique, ma Mère.

« Je prie ceux à qui j'ai pu causer quelque peine
par mes vivacités, mes impatiences, mes brusqueries,
ma mauvaise humeur ou de quelque autre manière

que ce puisse être, de me pardonner le mal que je leur
ai fait et les ennuis que je leur ai donnés. Je leur demande au nom du divin Maître d'exercer à mon égard
une charité et une miséricorde dont j'ai grand besoin,
en oubliant tous mes torts et en priant pour ma pauvre âme. Je pardonne moi-même de grand cœur toutes
les offenses qui auraient pu m'être faites volontaire-
ment ou involontairement, et je prie Notre-Seigneur
de bénir tous ceux qui croiraient m'avoir contristé.

« Je remercie Dieu de tout mon cœur de toutes les
grâces que, tout indigne que j'en étais, j'ai reçues de
sa bonté miséricordieuse et infinie, et spécialement
de la grâce d'être né de parents chrétiens, d'un père
et d'une mère animés d'une foi vive et d'une piété
sincère, de la grâce de mon baptême, de la grâce de
mon éducation chrétienne et pieuse, et à la maison
paternelle, et au Petit Séminaire d'Auxerre et au
Grand Séminaire de Sens, de la grâce de ma vocation
au Sacerdoce et au ministère des Missions et de toutes
les bénédictions qui y ont été surajoutées.

« Je demande à Notre-Seigneur, si tel est son bon
plaisir et que ce soit pour sa plus grande gloire, qu'il
m'accorde la grâce si précieuse de recevoir, à la mort,
les derniers Sacrements et de gagner toutes les Indulgences que la sainte Eglise a attachées aux différentes
confréries du Sacré-Cœur, des Saints-Scapulaires et
d'un grand nombre de pratiques de piété...

« Je me confie pour le moment de la mort au Cœur
si bon et si miséricordieux du divin Maître, et je le
conjure par avance de me donner asile dans ses plaies

sacrées à cet instant si redoutable. Je recommande
mon âme à tous les Saints et Saintes que j'ai le plus
souvent invoqués pendant ma vie, particulièrement à la sainte Vierge Marie, ma bonne Mère, aux
saints Anges, à saint Michel, à saint Joseph, à saint
Pierre et à saint Edme. J'invoque aujourd'hui pour
l'heure de ma mort ces saints protecteurs, s'il me
devient impossible de le faire à cet instant.

« Avant de quitter ce monde, je veux bénir une
dernière fois les Pères et les Frères avec lesquels j'ai
vécu et auxquels je reste uni par les liens d'une charité
indissoluble. Ils voudront bien oublier et prier le
Seigneur qu'il oublie toutes mes misères, tous mes
manquements et toutes mes fautes qui les ont si souvent mal édifiés ; et ils se souviendront, je l'espère,
de ma pauvre âme dans leurs prières et leurs saints
sacrifices.

« Je bénis aussi toutes mes chères Filles de la Providence et toutes les âmes près desquelles le Seigneur
m'a donné d'exercer le saint ministère, quel que soit
le lieu qu'elles habitent. Que chacune d'elles, malgré
les difficultés des temps présents, s'efforce de s'avancer
de plus en plus dans la voie du service de Dieu. Que
chacune d'elles me continue le secours de ses suffrages
aux pieds des saints autels.

« Je ne veux pas oublier dans mes bénédictions ma
première paroisse de Pourrain et ceux qui ont conservé
le souvenir de leur ancien curé. Quant à la paroisse de
Pontigny, j'ai fait pour elle ce que je pouvais en tra-
vaillant à la restauration de son église et à l'entre-

tien du culte de saint Edme. J'offre ma vie pour le
salut des âmes qui la composent, que j'ai tant désiré
voir revenir à la pratique des devoirs religieux.

« Je demande un souvenir devant Dieu à tous les
prêtres avec lesquels j'ai eu des relations de ministère
et de charité. Ils sont trop nombreux pour que je puisse
les nommer autrement que devant Dieu. Que le Seigneur, pour tout le bien qu'ils m'ont fait, les sou-
tienne, les console et les sanctifie de plus en plus au
milieu de leurs travaux et de leurs épreuves !... »

Quel est le mot qui doit résumer et clore cette
vie ? Ce mot, nous l'avons redit plusieurs fois dans
le cours de ce récit, mais nous avons besoin de le
déclarer, sans vouloir prévenir le jugement de
l'Eglise, et uniquement pour exprimer l'innocence
de vie, l'excellence et l'ensemble des vertus du
R. P. Boyer.

Ce mot de la fin, on le pressent, ce n'est pas, —
il fut un grand orateur, — un grand théologien,
— un savant, — un lettré ! Sans doute, il eut un reflet
de toutes ces gloires, mais aucun de ces noms ne lui
convient. Il en est un autre plus grand et plus beau
que tous ceux-là, un nom qui renferme toute sagesse,
toute bonté, toute éloquence, toute gloire ; un nom
qui ressort de tous les faits que nous avons racontés,
de tous les témoignages que nous venons de citer, un
nom qui rayonne sur sa vie, la colore tout entière, et
qui doit la couronner : IL FUT UN SAINT.

Père aimé et vénéré ! Je dépose sur votre tombeau

ces pages, les dernières qui sortiront de ma plume, et
où j'aurais voulu mettre tout mon cœur !

Doux et cher livre! je le rêvais plein de belles pensées et de touchants récits, qui feraient germer des
vocations et mûrir des vertus. Je rêvais d'y laisser
vivant et parlant, l'esprit et l'âme de mon Père, ce
que Tacite appelle « la forme impérissable d'une âme ; »
cette forme, la plus belle qui soit sur la terre et qui
s'appelle la sainteté. Mais, hélas! qui donc, ici-bas,
atteint son idéal ? Je n'ai pas réalisé le mien.

Néanmoins, allez, ô mon œuvre trop imparfaite,
porter l'image et la présence survivante de l'homme de
Dieu, à tant d'âmes qui l'ont connu, admiré, et de la
mort duquel plusieurs ne se sont pas consolées et ne se
consoleront jamais. Allez dans l'humble presbytère,
dire à nos bien-aimés confrères comment on se sanctifie
dans leur belle vie de curé de campagne. Allez dans
le cloître, et dans les nombreuses communautés qui
ont entendu sa voix toujours goûtée, allez surtout dans
cette Famille de la Providence qui fut la sienne, redire,
comme par un écho de sa voix d'outre-tombe, avec
quelle infatigable ardeur il a tendu et elles doivent
tendre à la perfection. Allez dans nos pépinières sacerdotales, rappeler à nos jeunes lévites comment ils
doivent se préparer à devenir d'habiles et intrépides
officiers de l'Eglise militante. Allez dire à la jeunesse
studieuse, répandue dans nos écoles et nos collèges,
comment, par le travail et la prière, on se prépare
aux grandes carrières et à la plus grande de toutes qui
est le Sacerdoce !

Et même, s'il vous arrivait, ô mon pauvre livre, de vous égarer dans une de ces maisons peu fréquentées de vos pareils, dures à Dieu et réfractaires à l'Eglise, ne craignez pas d'entrer ! Celui dont vous racontez la vie y est entré avant vous et y a fait tomber bien des préjugés. Ne craignez pas de vous installer à côté du mauvais journal étalé sur la table ; laissez froisser vos pages par une main prévenue et hostile ; elle ne tardera pas à vous devenir clémente et même sympathique !

Et surtout, ô mon livre, prenez dans cette chère maison de Pontigny, une place d'honneur que vous ne méritez pas par vous-même, mais qui est due à celui que vous représentez et qui a fait Pontigny ce qu'il est aujourd'hui. Demeurez-y toujours ouvert pour rappeler aux jeunes recrues, qui viendront après nous, que leurs premiers ancêtres ont été de saints religieux, de vrais missionnaires, qu'ils doivent marcher sur leurs traces et continuer leur sillon !

FIN

TABLE DES MATIÈRES

VIA DVCENS AD LVCEM

PAVL DVCHEMIN   IMPRIMEVR A SENS

Imprimé en France
FROC032045210120
23239FR00013B/134/P